T&P BOOKS

NOORS
WOORDENSCHAT

THEMATISCHE WOORDENLIJST

NEDERLANDS NOORS

De meest bruikbare woorden
Om uw woordenschat uit te breiden en
uw taalvaardigheid aan te scherpen

9000 woorden

Thematische woordenschat Nederlands-Noors - 9000 woorden

Door Andrey Taranov

Woordenlijsten van T&P Books zijn bedoeld om u woorden van een vreemde taal te helpen leren, onthouden, en bestudering. Dit woordenboek is ingedeeld in thema's en behandelt alle belangrijk terreinen van het dagelijkse leven, bedrijven, wetenschap, cultuur, etc.

Het proces van het leren van woorden met behulp van de op thema's gebaseerde aanpak van T&P Books biedt u de volgende voordelen:

- Correct gegroepeerde informatie is bepalend voor succes bij opeenvolgende stadia van het leren van woorden
- De beschikbaarheid van woorden die van dezelfde stam zijn maakt het mogelijk om woordgroepen te onthouden (in plaats van losse woorden)
- Kleine groepen van woorden faciliteren het proces van het aanmaken van associatieve verbindingen, die nodig zijn bij het consolideren van de woordenschat
- Het niveau van talenkennis kan worden ingeschat door het aantal geleerde woorden

T&P Books Publishing
www.tpbooks.com

ISBN: 978-1-78492-281-8

Dit boek is ook beschikbaar in e-boek formaat.
Gelieve www.tpbooks.com te bezoeken of de belangrijkste online boekwinkels.

NOORSE WOORDENSCHAT
nieuwe woorden leren

T&P Books woordenlijsten zijn bedoeld om u te helpen vreemde woorden te leren, te onthouden, en te bestuderen. De woordenschat bevat meer dan 9000 veel gebruikte woorden die thematisch geordend zijn.

- De woordenlijst bevat de meest gebruikte woorden
- Aanbevolen als aanvulling bij welke taalcursus dan ook
- Voldoet aan de behoeften van de beginnende en gevorderde student in vreemde talen
- Geschikt voor dagelijks gebruik, bestudering en zelftestactiviteiten
- Maakt het mogelijk om uw woordenschat te evalueren

Bijzondere kenmerken van de woordenschat

- De woorden zijn gerangschikt naar hun betekenis, niet volgens alfabet
- De woorden worden weergegeven in drie kolommen om bestudering en zelftesten te vergemakkelijken
- Woorden in groepen worden verdeeld in kleine blokken om het leerproces te vergemakkelijken
- De woordenschat biedt een handige en eenvoudige beschrijving van elk buitenlands woord

De woordenschat bevat 256 onderwerpen zoals:

Basisconcepten, getallen, kleuren, maanden, seizoenen, meeteenheden, kleding en accessoires, eten & voeding, restaurant, familieleden, verwanten, karakter, gevoelens, emoties, ziekten, stad, dorp, bezienswaardigheden, winkelen, geld, huis, thuis, kantoor, werken op kantoor, import & export, marketing, werk zoeken, sport, onderwijs, computer, internet, gereedschap, natuur, landen, nationaliteiten en meer ...

INHOUDSOPGAVE

UITSPRAAKGIDS

Letter	Noors voorbeeld	T&P fonetisch alfabet	Nederlands voorbeeld
Aa	plass	[ɑ], [ɑ:]	acht
Bb	bøtte, albue	[b]	hebben
Cc [1]	centimeter	[s]	spreken, kosten
Cc [2]	Canada	[k]	kennen, kleur
Dd	radius	[d]	Dank u, honderd
Ee	rett	[e:]	twee, ongeveer
Ee [3]	begå	[ɛ]	elf, zwembad
Ff	fattig	[f]	feestdag, informeren
Gg [4]	golf	[g]	goal, tango
Gg [5]	gyllen	[j]	New York, januari
Gg [6]	regnbue	[ŋ]	optelling, jongeman
Hh	hektar	[ɦ]	hitte, hypnose
Ii	kilometer	[ı], [i]	iemand, bidden
Kk	konge	[k]	kennen, kleur
Kk [7]	kirke	[ɦ]	hitte, hypnose
Jj	fjerde	[j]	New York, januari
kj	bikkje	[ɦ]	hitte, hypnose
Ll	halvår	[l]	delen, luchter
Mm	middag	[m]	morgen, etmaal
Nn	november	[n]	nemen, zonder
ng	id_langt	[ŋ]	optelling, jongeman
Oo [8]	honning	[ɔ]	aankomst, bot
Oo [9]	fot, krone	[u]	hoed, doe
Pp	plomme	[p]	parallel, koper
Qq	sequoia	[k]	kennen, kleur
Rr	sverge	[r]	roepen, breken
Ss	appelsin	[s]	spreken, kosten
sk [10]	skikk, skyte	[ʃ]	shampoo, machine
Tt	stør, torsk	[t]	tomaat, taart
Uu	brudd	[y]	fuut, uur
Vv	kraftverk	[v]	beloven, schrijven
Ww	webside	[v]	beloven, schrijven
Xx	mexicaner	[ks]	links, maximaal
Yy	nytte	[ı], [i]	iemand, bidden
Zz [11]	New Zealand	[s]	souperen, rechts
Ææ	vær, stær	[æ]	Nederlands Nedersaksisch - dät, Engels - cat
Øø	ørn, gjø	[ø]	neus, beu
Åå	gås, værhår	[o:]	rood, knoop

Opmerkingen

[1] voor **e, i**
[2] elders
[3] onbeklemtoond
[4] voor **a, o, u, å**
[5] voor **i** en **y**
[6] in combinatie **gn**
[7] voor **i** en **y**
[8] voor twee medeklinkers
[9] voor een medeklinker
[10] voor **i** en **y**
[11] alleen in leenwoorden

AFKORTINGEN gebruikt in de woordenschat

Nederlandse afkortingen

abn	-	als bijvoeglijk naamwoord
bijv.	-	bijvoorbeeld
bn	-	bijvoeglijk naamwoord
bw	-	bijwoord
enk.	-	enkelvoud
enz.	-	enzovoort
form.	-	formele taal
inform.	-	informele taal
mann.	-	mannelijk
mil.	-	militair
mv.	-	meervoud
on.ww.	-	onovergankelijk werkwoord
ontelb.	-	ontelbaar
ov.	-	over
ov.ww.	-	overgankelijk werkwoord
telb.	-	telbaar
vn	-	voornaamwoord
vrouw.	-	vrouwelijk
vw	-	voegwoord
vz	-	voorzetsel
wisk.	-	wiskunde
ww	-	werkwoord

Nederlandse artikelen

de	-	gemeenschappelijk geslacht
de/het	-	gemeenschappelijk geslacht, onzijdig
het	-	onzijdig

Noorse afkortingen

f	-	vrouwelijk zelfstandig naamwoord
f pl	-	vrouwelijk meervoud
m	-	mannelijk zelfstandig naamwoord
m pl	-	mannelijk meervoud
m/f	-	mannelijk, onzijdig

m/f pl	-	mannelijk/vrouwelijk meervoud
m/f/n	-	mannelijk/vrouwelijk/onzijdig
m/n	-	mannelijk, vrouwelijk
n	-	onzijdig
n pl	-	onzijdig meervoud
pl	-	meervoud

BASISBEGRIPPEN

Basisbegrippen Deel 1

1. Voornaamwoorden

ik	**jeg**	['jæj]
jij, je	**du**	[dʉ]
hij	**han**	['hɑn]
zij, ze	**hun**	['hʉn]
het	**det, den**	['de], ['den]
wij, we	**vi**	['vi]
jullie	**dere**	['derə]
zij, ze	**de**	['de]

2. Begroetingen. Begroetingen. Afscheid

Hallo! Dag!	**Hei!**	['hæj]
Hallo!	**Hallo! God dag!**	[hɑ'lʊ], [gʊ 'dɑ]
Goedemorgen!	**God morn!**	[gʊ 'mɔ:ɳ]
Goedemiddag!	**God dag!**	[gʊ'dɑ]
Goedenavond!	**God kveld!**	[gʊ 'kvɛl]
gedag zeggen (groeten)	**å hilse**	[ɔ 'hilsə]
Hoi!	**Hei!**	['hæj]
groeten (het)	**hilsen** (m)	['hilsən]
verwelkomen (ww)	**å hilse**	[ɔ 'hilsə]
Hoe gaat het met u?	**Hvordan står det til?**	['vʊ:ɖɑn sto:r de til]
Hoe is het?	**Hvordan går det?**	['vʊ:ɖɑn gor de]
Is er nog nieuws?	**Hva nytt?**	[vɑ 'nʏt]
Tot ziens! (form.)	**Ha det bra!**	[hɑ de 'brɑ]
Doei!	**Ha det!**	[hɑ 'de]
Tot snel! Tot ziens!	**Vi ses!**	[vi sɛs]
Vaarwel!	**Farvel!**	[fɑr'vɛl]
afscheid nemen (ww)	**å si farvel**	[ɔ 'si fɑr'vɛl]
Tot kijk!	**Ha det!**	[hɑ 'de]
Dank u!	**Takk!**	['tɑk]
Dank u wel!	**Tusen takk!**	['tʉsən tɑk]
Graag gedaan	**Bare hyggelig**	['bɑrə 'hʏgeli]
Geen dank!	**Ikke noe å takke for!**	['ikə 'nʊe ɔ 'tɑkə fɔr]
Geen moeite.	**Ingen årsak!**	['iŋən 'o:ʂɑk]
Excuseer me, ... (inform.)	**Unnskyld, ...**	['ʉn,ʂyl ...]
Excuseer me, ... (form.)	**Unnskyld meg, ...**	['ʉn,ʂyl me ...]

excuseren (verontschuldigen)	**å unnskylde**	[ɔ 'ʉnˌʂylə]
zich verontschuldigen	**å unnskylde seg**	[ɔ 'ʉnˌʂylə sæj]
Mijn excuses.	**Jeg ber om unnskyldning**	[jæj ber ɔm 'ʉnˌʂyldniŋ]
Het spijt me!	**Unnskyld!**	['ʉnˌʂyl]
vergeven (ww)	**å tilgi**	[ɔ 'tilˌji]
Maakt niet uit!	**Ikke noe problem**	['ikə 'nʊe prʊ'blem]
alsjeblieft	**vær så snill**	['vær ʂɔ 'snil]
Vergeet het niet!	**Ikke glem!**	['ikə 'glem]
Natuurlijk!	**Selvfølgelig!**	[sɛl'følgəli]
Natuurlijk niet!	**Selvfølgelig ikke!**	[sɛl'følgəli 'ikə]
Akkoord!	**OK! Enig!**	[ɔ'kɛj], ['ɛni]
Zo is het genoeg!	**Det er nok!**	[de ær 'nɔk]

3. Hoe aan te spreken

Excuseer me, ...	**Unnskyld, ...**	['ʉnˌʂyl ...]
meneer	**Herr**	['hær]
mevrouw	**Fru**	['frʉ]
juffrouw	**Frøken**	['frøkən]
jongeman	**unge mann**	['ʉŋə ˌman]
jongen	**guttunge**	['gʉtˌʉŋə]
meisje	**frøken**	['frøkən]

4. Kardinale getallen. Deel 1

nul	**null**	['nʉl]
een	**en**	['en]
twee	**to**	['tʉ]
drie	**tre**	['tre]
vier	**fire**	['fire]
vijf	**fem**	['fɛm]
zes	**seks**	['sɛks]
zeven	**sju**	['ʂʉ]
acht	**åtte**	['ɔtə]
negen	**ni**	['ni]
tien	**ti**	['ti]
elf	**elleve**	['ɛlvə]
twaalf	**tolv**	['tɔl]
dertien	**tretten**	['trɛtən]
veertien	**fjorten**	['fjɔ:ʈən]
vijftien	**femten**	['fɛmtən]
zestien	**seksten**	['sæjstən]
zeventien	**sytten**	['sʏtən]
achttien	**atten**	['ɑtən]
negentien	**nitten**	['nitən]
twintig	**tjue**	['çʉe]
eenentwintig	**tjueen**	['çʉe en]

tweeëntwintig	**tjueto**	['çʉe tʊ]
drieëntwintig	**tjuetre**	['çʉe tre]
dertig	**tretti**	['trɛti]
eenendertig	**trettien**	['trɛti en]
tweeëndertig	**trettito**	['trɛti tʊ]
drieëndertig	**trettitre**	['trɛti tre]
veertig	**førti**	['fœ:ʈi]
eenenveertig	**førtien**	['fœ:ʈi en]
tweeënveertig	**førtito**	['fœ:ʈi tʊ]
drieënveertig	**førtitre**	['fœ:ʈi tre]
vijftig	**femti**	['fɛmti]
eenenvijftig	**femtien**	['fɛmti en]
tweeënvijftig	**femtito**	['fɛmti tʊ]
drieënvijftig	**femtitre**	['fɛmti tre]
zestig	**seksti**	['sɛksti]
eenenzestig	**sekstien**	['sɛksti en]
tweeënzestig	**sekstito**	['sɛksti tʊ]
drieënzestig	**sekstitre**	['sɛksti tre]
zeventig	**sytti**	['sʏti]
eenenzeventig	**syttien**	['sʏti en]
tweeënzeventig	**syttito**	['sʏti tʊ]
drieënzeventig	**syttitre**	['sʏti tre]
tachtig	**åtti**	['ɔti]
eenentachtig	**åttien**	['ɔti en]
tweeëntachtig	**åttito**	['ɔti tʊ]
drieëntachtig	**åttitre**	['ɔti tre]
negentig	**nitti**	['niti]
eenennegentig	**nittien**	['niti en]
tweeënnegentig	**nittito**	['niti tʊ]
drieënnegentig	**nittitre**	['niti tre]

5. Kardinale getallen. Deel 2

honderd	**hundre**	['hʉndrə]
tweehonderd	**to hundre**	['tʊ ˌhʉndrə]
driehonderd	**tre hundre**	['tre ˌhʉndrə]
vierhonderd	**fire hundre**	['fire ˌhʉndrə]
vijfhonderd	**fem hundre**	['fɛm ˌhʉndrə]
zeshonderd	**seks hundre**	['sɛks ˌhʉndrə]
zevenhonderd	**syv hundre**	['syv ˌhʉndrə]
achthonderd	**åtte hundre**	['ɔtə ˌhʉndrə]
negenhonderd	**ni hundre**	['ni ˌhʉndrə]
duizend	**tusen**	['tʉsən]
tweeduizend	**to tusen**	['tʊ ˌtʉsən]
drieduizend	**tre tusen**	['tre ˌtʉsən]

tienduizend	**ti tusen**	['ti ˌtʉsən]
honderdduizend	**hundre tusen**	['hʉndrə ˌtʉsən]
miljoen (het)	**million** (m)	[mi'ljun]
miljard (het)	**milliard** (m)	[mi'lja:ɖ]

6. Ordinale getallen

eerste (bn)	**første**	['fœʂtə]
tweede (bn)	**annen**	['ɑnən]
derde (bn)	**tredje**	['trɛdjə]
vierde (bn)	**fjerde**	['fjærə]
vijfde (bn)	**femte**	['fɛmtə]
zesde (bn)	**sjette**	['ʂɛtə]
zevende (bn)	**sjuende**	['ʂʉenə]
achtste (bn)	**åttende**	['ɔtenə]
negende (bn)	**niende**	['nienə]
tiende (bn)	**tiende**	['tienə]

7. Getallen. Breuken

breukgetal (het)	**brøk** (m)	['brøk]
half	**en halv**	[en 'hɑl]
een derde	**en tredjedel**	[en 'trɛdjəˌdel]
kwart	**en fjerdedel**	[en 'fjæreˌdel]
een achtste	**en åttendedel**	[en 'ɔtenəˌdel]
een tiende	**en tiendedel**	[en 'tienəˌdel]
twee derde	**to tredjedeler**	['tʊ 'trɛdjəˌdelər]
driekwart	**tre fjerdedeler**	['tre 'fjærˌdelər]

8. Getallen. Eenvoudige berekeningen

aftrekking (de)	**subtraksjon** (m)	[sʉbtrɑk'ʂʊn]
aftrekken (ww)	**å subtrahere**	[ɔ 'sʉbtrɑˌherə]
deling (de)	**divisjon** (m)	[divi'ʂʊn]
delen (ww)	**å dividere**	[ɔ divi'derə]
optelling (de)	**addisjon** (m)	[ɑdi'ʂʊn]
erbij optellen (bij elkaar voegen)	**å addere**	[ɔ ɑ'derə]
optellen (ww)	**å addere**	[ɔ ɑ'derə]
vermenigvuldiging (de)	**multiplikasjon** (m)	[mʉltiplikɑ'ʂʊn]
vermenigvuldigen (ww)	**å multiplisere**	[ɔ mʉltipli'serə]

9. Getallen. Diversen

cijfer (het)	**siffer** (n)	['sifər]
nummer (het)	**tall** (n)	['tɑl]

telwoord (het)	**tallord** (n)	['tal͵u:r]
minteken (het)	**minus** (n)	['minʉs]
plusteken (het)	**pluss** (n)	['plʉs]
formule (de)	**formel** (m)	['fɔrməl]
berekening (de)	**beregning** (m/f)	[be'rɛjniŋ]
tellen (ww)	**å telle**	[ɔ 'tɛlə]
bijrekenen (ww)	**å telle opp**	[ɔ 'tɛlə ɔp]
vergelijken (ww)	**å sammenlikne**	[ɔ 'samən͵liknə]
Hoeveel? (ontelb.)	**Hvor mye?**	[vʊr 'mye]
Hoeveel? (telb.)	**Hvor mange?**	[vʊr 'maŋə]
som (de), totaal (het)	**sum** (m)	['sʉm]
uitkomst (de)	**resultat** (n)	[resʉl'tat]
rest (de)	**rest** (m)	['rɛst]
enkele (bijv. ~ minuten)	**noen**	['nʊən]
weinig (telb.)	**få, ikke mange**	['fɔ], ['ikə ͵maŋə]
een beetje (ontelb.)	**lite**	['litə]
restant (het)	**rest** (m)	['rɛst]
anderhalf	**halvannen**	[hal'anən]
dozijn (het)	**dusin** (n)	[dʉ'sin]
middendoor (bw)	**i 2 halvdeler**	[i tʊ hal'delər]
even (bw)	**jevnt**	['jɛvnt]
helft (de)	**halvdel** (m)	['haldel]
keer (de)	**gang** (m)	['gaŋ]

10. De belangrijkste werkwoorden. Deel 1

aanbevelen (ww)	**å anbefale**	[ɔ 'anbe͵falə]
aandringen (ww)	**å insistere**	[ɔ insi'sterə]
aankomen (per auto, enz.)	**å ankomme**	[ɔ 'an͵kɔmə]
aanraken (ww)	**å røre**	[ɔ 'rørə]
adviseren (ww)	**å råde**	[ɔ 'ro:də]
afdalen (on.ww.)	**å gå ned**	[ɔ 'gɔ ne]
afslaan (naar rechts ~)	**å svinge**	[ɔ 'sviŋə]
antwoorden (ww)	**å svare**	[ɔ 'svarə]
bang zijn (ww)	**å frykte**	[ɔ 'fryktə]
bedreigen (bijv. met een pistool)	**å true**	[ɔ 'trʉə]
bedriegen (ww)	**å fuske**	[ɔ 'fʉskə]
beëindigen (ww)	**å slutte**	[ɔ 'ʂlʉtə]
beginnen (ww)	**å begynne**	[ɔ be'jinə]
begrijpen (ww)	**å forstå**	[ɔ fɔ'ʂtɔ]
beheren (managen)	**å styre, å lede**	[ɔ 'styrə], [ɔ 'ledə]
beledigen (met scheldwoorden)	**å fornærme**	[ɔ fɔ:'ɳærmə]
beloven (ww)	**å love**	[ɔ 'lɔvə]
bereiden (koken)	**å lage**	[ɔ 'lagə]
bespreken (spreken over)	**å diskutere**	[ɔ diskʉ'terə]

bestellen (eten ~)	**å bestille**	[ɔ be'stilə]
bestraffen (een stout kind ~)	**å straffe**	[ɔ 'strɑfə]
betalen (ww)	**å betale**	[ɔ be'tɑlə]
betekenen (beduiden)	**å bety**	[ɔ 'bety]
betreuren (ww)	**å beklage**	[ɔ be'klɑgə]
bevallen (prettig vinden)	**å like**	[ɔ 'likə]
bevelen (mil.)	**å beordre**	[ɔ be'ɔrdrə]
bevrijden (stad, enz.)	**å befri**	[ɔ be'fri]
bewaren (ww)	**å beholde**	[ɔ be'hɔlə]
bezitten (ww)	**å besidde, å eie**	[ɔ bɛ'sidə], [ɔ 'æje]
bidden (praten met God)	**å be**	[ɔ 'be]
binnengaan (een kamer ~)	**å komme inn**	[ɔ 'kɔmə in]
breken (ww)	**å bryte**	[ɔ 'brytə]
controleren (ww)	**å kontrollere**	[ɔ kʊntrɔ'lerə]
creëren (ww)	**å opprette**	[ɔ 'ɔpˌrɛtə]
deelnemen (ww)	**å delta**	[ɔ 'dɛltɑ]
denken (ww)	**å tenke**	[ɔ 'tɛnkə]
doden (ww)	**å døde, å myrde**	[ɔ 'dødə], [ɔ 'mʏ:ɖə]
doen (ww)	**å gjøre**	[ɔ 'jørə]
dorst hebben (ww)	**å være tørst**	[ɔ 'værə 'tœʂt]

11. De belangrijkste werkwoorden. Deel 2

een hint geven	**å gi et vink**	[ɔ 'ji et 'vink]
eisen (met klem vragen)	**å kreve**	[ɔ 'krevə]
excuseren (vergeven)	**å unnskylde**	[ɔ 'ʉnˌʂylə]
existeren (bestaan)	**å eksistere**	[ɔ ɛksi'sterə]
gaan (te voet)	**å gå**	[ɔ 'gɔ]
gaan zitten (ww)	**å sette seg**	[ɔ 'sɛtə sæj]
gaan zwemmen	**å bade**	[ɔ 'bɑdə]
geven (ww)	**å gi**	[ɔ 'ji]
glimlachen (ww)	**å smile**	[ɔ 'smilə]
goed raden (ww)	**å gjette**	[ɔ 'jɛtə]
grappen maken (ww)	**å spøke**	[ɔ 'spøkə]
graven (ww)	**å grave**	[ɔ 'grɑvə]
hebben (ww)	**å ha**	[ɔ 'hɑ]
helpen (ww)	**å hjelpe**	[ɔ 'jɛlpə]
herhalen (opnieuw zeggen)	**å gjenta**	[ɔ 'jɛntɑ]
honger hebben (ww)	**å være sulten**	[ɔ 'værə 'sʉltən]
hopen (ww)	**å håpe**	[ɔ 'ho:pə]
horen (waarnemen met het oor)	**å høre**	[ɔ 'hørə]
huilen (wenen)	**å gråte**	[ɔ 'gro:tə]
huren (huis, kamer)	**å leie**	[ɔ 'læjə]
informeren (informatie geven)	**å informere**	[ɔ infɔr'merə]
instemmen (akkoord gaan)	**å samtykke**	[ɔ 'sɑmˌtʏkə]
jagen (ww)	**å jage**	[ɔ 'jɑgə]

kennen (kennis hebben van iemand)	**å kjenne**	[ɔ 'çɛnə]
kiezen (ww)	**å velge**	[ɔ 'vɛlgə]
klagen (ww)	**å klage**	[ɔ 'klɑgə]
kosten (ww)	**å koste**	[ɔ 'kɔstə]
kunnen (ww)	**å kunne**	[ɔ 'kʉnə]
lachen (ww)	**å le, å skratte**	[ɔ 'le], [ɔ 'skrɑtə]
laten vallen (ww)	**å tappe**	[ɔ 'tɑpə]
lezen (ww)	**å lese**	[ɔ 'lesə]
liefhebben (ww)	**å elske**	[ɔ 'ɛlskə]
lunchen (ww)	**å spise lunsj**	[ɔ 'spisə ˌlʉnʂ]
nemen (ww)	**å ta**	[ɔ 'tɑ]
nodig zijn (ww)	**å være behøv**	[ɔ 'værə bə'høv]

12. De belangrijkste werkwoorden. Deel 3

onderschatten (ww)	**å undervurdere**	[ɔ 'ʉnərvʉːˌɖerə]
ondertekenen (ww)	**å underskrive**	[ɔ 'ʉnəˌʂkrivə]
ontbijten (ww)	**å spise frokost**	[ɔ 'spisə ˌfrʊkɔst]
openen (ww)	**å åpne**	[ɔ 'ɔpnə]
ophouden (ww)	**å slutte**	[ɔ 'ʂlʉtə]
opmerken (zien)	**å bemerke**	[ɔ be'mærkə]
opscheppen (ww)	**å prale**	[ɔ 'prɑlə]
opschrijven (ww)	**å skrive ned**	[ɔ 'skrivə ne]
plannen (ww)	**å planlegge**	[ɔ 'plɑnˌlegə]
prefereren (verkiezen)	**å foretrekke**	[ɔ 'fɔrəˌtrɛkə]
proberen (trachten)	**å prøve**	[ɔ 'prøvə]
redden (ww)	**å redde**	[ɔ 'rɛdə]
rekenen op ...	**å regne med ...**	[ɔ 'rɛjnə me ...]
rennen (ww)	**å løpe**	[ɔ 'løpə]
reserveren (een hotelkamer ~)	**å reservere**	[ɔ resɛr'verə]
roepen (om hulp)	**å tilkalle**	[ɔ 'tilˌkɑlə]
schieten (ww)	**å skyte**	[ɔ 'ʂytə]
schreeuwen (ww)	**å skrike**	[ɔ 'skrikə]
schrijven (ww)	**å skrive**	[ɔ 'skrivə]
souperen (ww)	**å spise middag**	[ɔ 'spisə 'miˌdɑ]
spelen (kinderen)	**å leke**	[ɔ 'lekə]
spreken (ww)	**å tale**	[ɔ 'tɑlə]
stelen (ww)	**å stjele**	[ɔ 'stjelə]
stoppen (pauzeren)	**å stoppe**	[ɔ 'stɔpə]
studeren (Nederlands ~)	**å studere**	[ɔ stʉ'derə]
sturen (zenden)	**å sende**	[ɔ 'sɛnə]
tellen (optellen)	**å telle**	[ɔ 'tɛlə]
toebehoren ...	**å tilhøre ...**	[ɔ 'tilˌhørə ...]
toestaan (ww)	**å tillate**	[ɔ 'tiˌlɑtə]
tonen (ww)	**å vise**	[ɔ 'visə]
twijfelen (onzeker zijn)	**å tvile**	[ɔ 'tvilə]

uitgaan (ww)	**å gå ut**	[ɔ 'gɔ ʉt]
uitnodigen (ww)	**å innby, å invitere**	[ɔ 'inby], [ɔ invi'terə]
uitspreken (ww)	**å uttale**	[ɔ 'ʉtˌtɑlə]
uitvaren tegen (ww)	**å skjelle**	[ɔ 'ʂɛ:lə]

13. De belangrijkste werkwoorden. Deel 4

vallen (ww)	**å falle**	[ɔ 'fɑlə]
vangen (ww)	**å fange**	[ɔ 'fɑŋə]
veranderen (anders maken)	**å endre**	[ɔ 'ɛndrə]
verbaasd zijn (ww)	**å bli forundret**	[ɔ 'bli fɔ'rʉndrət]
verbergen (ww)	**å gjemme**	[ɔ 'jɛmə]
verdedigen (je land ~)	**å forsvare**	[ɔ fɔ'ʂvɑrə]
verenigen (ww)	**å forene**	[ɔ fɔ'renə]
vergelijken (ww)	**å sammenlikne**	[ɔ 'sɑmənˌliknə]
vergeten (ww)	**å glemme**	[ɔ 'glemə]
vergeven (ww)	**å tilgi**	[ɔ 'tilˌji]
verklaren (uitleggen)	**å forklare**	[ɔ fɔr'klɑrə]
verkopen (per stuk ~)	**å selge**	[ɔ 'sɛlə]
vermelden (praten over)	**å omtale, å nevne**	[ɔ 'ɔmˌtɑlə], [ɔ 'nɛvnə]
versieren (decoreren)	**å pryde**	[ɔ 'prydə]
vertalen (ww)	**å oversette**	[ɔ 'ɔvəˌʂɛtə]
vertrouwen (ww)	**å stole på**	[ɔ 'stʊlə pɔ]
vervolgen (ww)	**å fortsette**	[ɔ 'fɔrtˌʂɛtə]
verwarren (met elkaar ~)	**å forveksle**	[ɔ fɔr'vɛkʂlə]
verzoeken (ww)	**å be**	[ɔ 'be]
verzuimen (school, enz.)	**å skulke**	[ɔ 'skʉlkə]
vinden (ww)	**å finne**	[ɔ 'finə]
vliegen (ww)	**å fly**	[ɔ 'fly]
volgen (ww)	**å følge etter ...**	[ɔ 'følə 'ɛtər ...]
voorstellen (ww)	**å foreslå**	[ɔ 'fɔrəˌʂlɔ]
voorzien (verwachten)	**å forutse**	[ɔ 'fɔrʉtˌsə]
vragen (ww)	**å spørre**	[ɔ 'spørə]
waarnemen (ww)	**å observere**	[ɔ ɔbsɛr'verə]
waarschuwen (ww)	**å varsle**	[ɔ 'vɑʂlə]
wachten (ww)	**å vente**	[ɔ 'vɛntə]
weerspreken (ww)	**å innvende**	[ɔ 'inˌvɛnə]
weigeren (ww)	**å vegre seg**	[ɔ 'vɛgrə sæj]
werken (ww)	**å arbeide**	[ɔ 'ɑrˌbæjdə]
weten (ww)	**å vite**	[ɔ 'vitə]
willen (verlangen)	**å ville**	[ɔ 'vilə]
zeggen (ww)	**å si**	[ɔ 'si]
zich haasten (ww)	**å skynde seg**	[ɔ 'ʂynə sæj]
zich interesseren voor ...	**å interessere seg**	[ɔ intərə'serə sæj]
zich vergissen (ww)	**å gjøre feil**	[ɔ 'jørə ˌfæjl]
zich verontschuldigen	**å unnskylde seg**	[ɔ 'ʉnˌʂylə sæj]
zien (ww)	**å se**	[ɔ 'se]

zijn (ww)	**å være**	[ɔ 'værə]
zoeken (ww)	**å søke ...**	[ɔ 'søkə ...]
zwemmen (ww)	**å svømme**	[ɔ 'svœmə]
zwijgen (ww)	**å tie**	[ɔ 'tie]

14. Kleuren

kleur (de)	**farge** (m)	['fargə]
tint (de)	**nyanse** (m)	[ny'anse]
kleurnuance (de)	**fargetone** (m)	['fargə,tʊnə]
regenboog (de)	**regnbue** (m)	['ræjn,bʉ:ə]
wit (bn)	**hvit**	['vit]
zwart (bn)	**svart**	['sva:ʈ]
grijs (bn)	**grå**	['grɔ]
groen (bn)	**grønn**	['grœn]
geel (bn)	**gul**	['gʉl]
rood (bn)	**rød**	['rø]
blauw (bn)	**blå**	['blɔ]
lichtblauw (bn)	**lyseblå**	['lysə,blɔ]
roze (bn)	**rosa**	['rɔsa]
oranje (bn)	**oransje**	[ɔ'ranʂɛ]
violet (bn)	**fiolett**	[fiʊ'lət]
bruin (bn)	**brun**	['brʉn]
goud (bn)	**gullgul**	['gʉl]
zilverkleurig (bn)	**sølv-**	['søl-]
beige (bn)	**beige**	['bɛ:ʂ]
roomkleurig (bn)	**kremfarget**	['krɛm,fargət]
turkoois (bn)	**turkis**	[tʉr'kis]
kersrood (bn)	**kirsebærrød**	['çiʂəbær,rød]
lila (bn)	**lilla**	['lila]
karmijnrood (bn)	**karminrød**	['karmʊ'sin,rød]
licht (bn)	**lys**	['lys]
donker (bn)	**mørk**	['mœrk]
fel (bn)	**klar**	['klar]
kleur-, kleurig (bn)	**farge-**	['fargə-]
kleuren- (abn)	**farge-**	['fargə-]
zwart-wit (bn)	**svart-hvit**	['sva:ʈ vit]
eenkleurig (bn)	**ensfarget**	['ɛns,fargət]
veelkleurig (bn)	**mangefarget**	['maŋə,fargət]

15. Vragen

Wie?	**Hvem?**	['vɛm]
Wat?	**Hva?**	['va]
Waar?	**Hvor?**	['vʊr]

Waarheen?	**Hvorhen?**	['vʊrhen]
Waar ... vandaan?	**Hvorfra?**	['vʊrfrɑ]
Wanneer?	**Når?**	[nɔr]
Waarom?	**Hvorfor?**	['vʊrfʊr]
Waarom?	**Hvorfor?**	['vʊrfʊr]
Waarvoor dan ook?	**Hvorfor?**	['vʊrfʊr]
Hoe?	**Hvordan?**	['vʊːɖɑn]
Wat voor ...?	**Hvilken?**	['vilkən]
Welk?	**Hvilken?**	['vilkən]
Aan wie?	**Til hvem?**	[til 'vɛm]
Over wie?	**Om hvem?**	[ɔm 'vɛm]
Waarover?	**Om hva?**	[ɔm 'vɑ]
Met wie?	**Med hvem?**	[me 'vɛm]
Hoeveel? (ontelb.)	**Hvor mye?**	[vʊr 'mye]
Hoeveel? (telb.)	**Hvor mange?**	[vʊr 'mɑŋə]
Van wie? (mann.)	**Hvis?**	['vis]

16. Voorzetsels

met (bijv. ~ beleg)	**med**	[me]
zonder (~ accent)	**uten**	['ʉtən]
naar (in de richting van)	**til**	['til]
over (praten ~)	**om**	['ɔm]
voor (in tijd)	**før**	['før]
voor (aan de voorkant)	**foran, framfor**	['fɔrɑn], ['frɑmfɔr]
onder (lager dan)	**under**	['ʉnər]
boven (hoger dan)	**over**	['ɔvər]
op (bovenop)	**på**	['pɔ]
van (uit, afkomstig van)	**fra**	['frɑ]
van (gemaakt van)	**av**	[ɑː]
over (bijv. ~ een uur)	**om**	['ɔm]
over (over de bovenkant)	**over**	['ɔvər]

17. Functiewoorden. Bijwoorden. Deel 1

Waar?	**Hvor?**	['vʊr]
hier (bw)	**her**	['hɛr]
daar (bw)	**der**	['dɛr]
ergens (bw)	**et sted**	[et 'sted]
nergens (bw)	**ingensteds**	['iŋən͵stɛts]
bij ... (in de buurt)	**ved**	['ve]
bij het raam	**ved vinduet**	[ve 'vindʉə]
Waarheen?	**Hvorhen?**	['vʊrhen]
hierheen (bw)	**hit**	['hit]

daarheen (bw)	**dit**	['dit]
hiervandaan (bw)	**herfra**	['hɛr͵fra]
daarvandaan (bw)	**derfra**	['dɛr͵fra]
dichtbij (bw)	**nær**	['nær]
ver (bw)	**langt**	['laŋt]
in de buurt (van ...)	**nær**	['nær]
vlakbij (bw)	**i nærheten**	[i 'nær͵hetən]
niet ver (bw)	**ikke langt**	['ikə 'laŋt]
linker (bn)	**venstre**	['vɛnstrə]
links (bw)	**til venstre**	[til 'vɛnstrə]
linksaf, naar links (bw)	**til venstre**	[til 'vɛnstrə]
rechter (bn)	**høyre**	['højrə]
rechts (bw)	**til høyre**	[til 'højrə]
rechtsaf, naar rechts (bw)	**til høyre**	[til 'højrə]
vooraan (bw)	**foran**	['fɔran]
voorste (bn)	**fremre**	['frɛmrə]
vooruit (bw)	**fram**	['fram]
achter (bw)	**bakom**	['bakɔm]
van achteren (bw)	**bakfra**	['bak͵fra]
achteruit (naar achteren)	**tilbake**	[til'bakə]
midden (het)	**midt** (m)	['mit]
in het midden (bw)	**i midten**	[i 'mitən]
opzij (bw)	**fra siden**	[fra 'sidən]
overal (bw)	**overalt**	[ɔvər'alt]
omheen (bw)	**rundt omkring**	['rʉnt ɔm'kriŋ]
binnenuit (bw)	**innefra**	['inə͵fra]
naar ergens (bw)	**et sted**	[et 'sted]
rechtdoor (bw)	**rett, direkte**	['rɛt], ['di'rɛktə]
terug (bijv. ~ komen)	**tilbake**	[til'bakə]
ergens vandaan (bw)	**et eller annet steds fra**	[et 'elər ͵a:nt 'stɛʦ fra]
ergens vandaan (en dit geld moet ~ komen)	**et eller annet steds fra**	[et 'elər ͵a:nt 'stɛʦ fra]
ten eerste (bw)	**for det første**	[fɔr de 'fœʂtə]
ten tweede (bw)	**for det annet**	[fɔr de 'a:nt]
ten derde (bw)	**for det tredje**	[fɔr de 'trɛdje]
plotseling (bw)	**plutselig**	['plʉtseli]
in het begin (bw)	**i begynnelsen**	[i be'jinəlsən]
voor de eerste keer (bw)	**for første gang**	[fɔr 'fœʂtə ͵gaŋ]
lang voor ... (bw)	**lenge før ...**	['leŋə 'før ...]
opnieuw (bw)	**på nytt**	[pɔ 'nʏt]
voor eeuwig (bw)	**for godt**	[fɔr 'gɔt]
nooit (bw)	**aldri**	['aldri]
weer (bw)	**igjen**	[i'jɛn]

nu (bw)	**nå**	['nɔ]
vaak (bw)	**ofte**	['ɔftə]
toen (bw)	**da**	['dɑ]
urgent (bw)	**omgående**	['ɔmˌgɔ:nə]
meestal (bw)	**vanligvis**	['vɑnliˌvis]
trouwens, ... (tussen haakjes)	**forresten, ...**	[fɔ'rɛstən ...]
mogelijk (bw)	**mulig, kanskje**	['mʉli], ['kɑnʂə]
waarschijnlijk (bw)	**sannsynligvis**	[sɑn'sʏnliˌvis]
misschien (bw)	**kanskje**	['kɑnʂə]
trouwens (bw)	**dessuten, ...**	[des'ʉtən ...]
daarom ...	**derfor ...**	['dɛrfɔr ...]
in weerwil van ...	**på tross av ...**	['pɔ 'trɔs ɑ: ...]
dankzij ...	**takket være ...**	['tɑkət ˌværə ...]
wat (vn)	**hva**	['vɑ]
dat (vw)	**at**	[ɑt]
iets (vn)	**noe**	['nʊe]
iets	**noe**	['nʊe]
niets (vn)	**ingenting**	['iŋəntiŋ]
wie (~ is daar?)	**hvem**	['vɛm]
iemand (een onbekende)	**noen**	['nʊən]
iemand (een bepaald persoon)	**noen**	['nʊən]
niemand (vn)	**ingen**	['iŋən]
nergens (bw)	**ingensteds**	['iŋənˌstɛts]
niemands (bn)	**ingens**	['iŋəns]
iemands (bn)	**noens**	['nʊəns]
zo (Ik ben ~ blij)	**så**	['sɔ:]
ook (evenals)	**også**	['ɔsɔ]
alsook (eveneens)	**også**	['ɔsɔ]

18. Functiewoorden. Bijwoorden. Deel 2

Waarom?	**Hvorfor?**	['vʊrfʊr]
om een bepaalde reden	**av en eller annen grunn**	[ɑ: en elər 'ɑnən ˌgrʉn]
omdat ...	**fordi ...**	[fɔ'di ...]
voor een bepaald doel	**av en eller annen grunn**	[ɑ: en elər 'ɑnən ˌgrʉn]
en (vw)	**og**	['ɔ]
of (vw)	**eller**	['elər]
maar (vw)	**men**	['men]
voor (vz)	**for, til**	[fɔr], [til]
te (~ veel mensen)	**for, altfor**	['fɔr], ['altfɔr]
alleen (bw)	**bare**	['bɑrə]
precies (bw)	**presis, eksakt**	[prɛ'sis], [ɛk'sɑkt]
ongeveer (~ 10 kg)	**cirka**	['sirkɑ]
omstreeks (bw)	**omtrent**	[ɔm'trɛnt]
bij benadering (bn)	**omtrentlig**	[ɔm'trɛntli]

bijna (bw)	**nesten**	['nɛstən]
rest (de)	**rest** (m)	['rɛst]
de andere (tweede)	**den annen**	[den 'ɑnən]
ander (bn)	**andre**	['ɑndrə]
elk (bn)	**hver**	['vɛr]
om het even welk	**hvilken som helst**	['vilkən sɔm 'hɛlst]
veel (grote hoeveelheid)	**mye**	['mye]
veel mensen	**mange**	['mɑŋə]
iedereen (alle personen)	**alle**	['ɑlə]
in ruil voor …	**til gjengjeld for …**	[til 'jɛnjɛl fɔr …]
in ruil (bw)	**istedenfor**	[i'steden,fɔr]
met de hand (bw)	**for hånd**	[fɔr 'hɔn]
onwaarschijnlijk (bw)	**neppe**	['nepə]
waarschijnlijk (bw)	**sannsynligvis**	[sɑn'sʏnli,vis]
met opzet (bw)	**med vilje**	[me 'vilje]
toevallig (bw)	**tilfeldigvis**	[til'fɛldivis]
zeer (bw)	**meget**	['megət]
bijvoorbeeld (bw)	**for eksempel**	[fɔr ɛk'sɛmpəl]
tussen (~ twee steden)	**mellom**	['mɛlɔm]
tussen (te midden van)	**blant**	['blɑnt]
zoveel (bw)	**så mye**	['sɔ: mye]
vooral (bw)	**særlig**	['sæ:ɭi]

Basisbegrippen Deel 2

19. Dagen van de week

maandag (de)	**mandag** (m)	['man,da]
dinsdag (de)	**tirsdag** (m)	['tiʂ,da]
woensdag (de)	**onsdag** (m)	['ʉns,da]
donderdag (de)	**torsdag** (m)	['tɔʂ,da]
vrijdag (de)	**fredag** (m)	['frɛ,da]
zaterdag (de)	**lørdag** (m)	['lør,da]
zondag (de)	**søndag** (m)	['søn,da]
vandaag (bw)	**i dag**	[i 'da]
morgen (bw)	**i morgen**	[i 'mɔ:ən]
overmorgen (bw)	**i overmorgen**	[i 'ɔvər,mɔ:ən]
gisteren (bw)	**i går**	[i 'gɔr]
eergisteren (bw)	**i forgårs**	[i 'fɔr,gɔʂ]
dag (de)	**dag** (m)	['da]
werkdag (de)	**arbeidsdag** (m)	['arbæjds,da]
feestdag (de)	**festdag** (m)	['fɛst,da]
verlofdag (de)	**fridag** (m)	['fri,da]
weekend (het)	**ukeslutt** (m), **helg** (f)	['ʉkə,ʂlʉt], ['hɛlg]
de hele dag (bw)	**hele dagen**	['helə 'dagən]
de volgende dag (bw)	**neste dag**	['nɛstə ,da]
twee dagen geleden	**for to dager siden**	[fɔr tʊ 'dagər ,sidən]
aan de vooravond (bw)	**dagen før**	['dagən 'før]
dag-, dagelijks (bn)	**daglig**	['dagli]
elke dag (bw)	**hver dag**	['vɛr da]
week (de)	**uke** (m/f)	['ʉkə]
vorige week (bw)	**siste uke**	['sistə 'ʉkə]
volgende week (bw)	**i neste uke**	[i 'nɛstə 'ʉkə]
wekelijks (bn)	**ukentlig**	['ʉkəntli]
elke week (bw)	**hver uke**	['vɛr 'ʉkə]
twee keer per week	**to ganger per uke**	['tʊ 'gaŋər per 'ʉkə]
elke dinsdag	**hver tirsdag**	['vɛr 'tiʂda]

20. Uren. Dag en nacht

morgen (de)	**morgen** (m)	['mɔ:ən]
's morgens (bw)	**om morgenen**	[ɔm 'mɔ:enən]
middag (de)	**middag** (m)	['mi,da]
's middags (bw)	**om ettermiddagen**	[ɔm 'ɛtər,midagən]
avond (de)	**kveld** (m)	['kvɛl]
's avonds (bw)	**om kvelden**	[ɔm 'kvɛlən]

nacht (de)	**natt** (m/f)	['nɑt]
's nachts (bw)	**om natta**	[ɔm 'nɑtɑ]
middernacht (de)	**midnatt** (m/f)	['mid,nɑt]
seconde (de)	**sekund** (m/n)	[se'kʉn]
minuut (de)	**minutt** (n)	[mi'nʉt]
uur (het)	**time** (m)	['timə]
halfuur (het)	**halvtime** (m)	['hɑl,timə]
kwartier (het)	**kvarter** (n)	[kvɑ:ʈer]
vijftien minuten	**femten minutter**	['fɛmtən mi'nʉtər]
etmaal (het)	**døgn** (n)	['døjn]
zonsopgang (de)	**soloppgang** (m)	['sʊlɔp,gɑŋ]
dageraad (de)	**daggry** (n)	['dɑg,gry]
vroege morgen (de)	**tidlig morgen** (m)	['tili 'mɔ:ən]
zonsondergang (de)	**solnedgang** (m)	['sʊlned,gɑŋ]
's morgens vroeg (bw)	**tidlig om morgenen**	['tili ɔm 'mɔ:enən]
vanmorgen (bw)	**i morges**	[i 'mɔrəs]
morgenochtend (bw)	**i morgen tidlig**	[i 'mɔ:ən 'tili]
vanmiddag (bw)	**i formiddag**	[i 'fɔrmi,dɑ]
's middags (bw)	**om ettermiddagen**	[ɔm 'ɛtər,midɑgən]
morgenmiddag (bw)	**i morgen ettermiddag**	[i 'mɔ:ən 'ɛtər,midɑ]
vanavond (bw)	**i kveld**	[i 'kvɛl]
morgenavond (bw)	**i morgen kveld**	[i 'mɔ:ən ,kvɛl]
klokslag drie uur	**presis klokka tre**	[prɛ'sis 'klɔkɑ tre]
ongeveer vier uur	**ved fire-tiden**	[ve 'fire ,tidən]
tegen twaalf uur	**innen klokken tolv**	['inən 'klɔkən tɔl]
over twintig minuten	**om tjue minutter**	[ɔm 'çʉə mi'nʉtər]
over een uur	**om en time**	[ɔm en 'timə]
op tijd (bw)	**i tide**	[i 'tidə]
kwart voor ...	**kvart på ...**	['kvɑ:ʈ pɔ ...]
binnen een uur	**innen en time**	['inən en 'time]
elk kwartier	**hvert kvarter**	['vɛ:ʈ kvɑ:'ʈer]
de klok rond	**døgnet rundt**	['døjne ,rʉnt]

21. Maanden. Seizoenen

januari (de)	**januar** (m)	['janʉ,ɑr]
februari (de)	**februar** (m)	['febrʉ,ɑr]
maart (de)	**mars** (m)	['mɑʂ]
april (de)	**april** (m)	[ɑ'pril]
mei (de)	**mai** (m)	['mɑj]
juni (de)	**juni** (m)	['jʉni]
juli (de)	**juli** (m)	['jʉli]
augustus (de)	**august** (m)	[aʊ'gʉst]
september (de)	**september** (m)	[sep'tɛmbər]
oktober (de)	**oktober** (m)	[ɔk'tʊbər]
november (de)	**november** (m)	[nʊ'vɛmbər]
december (de)	**desember** (m)	[de'sɛmbər]

lente (de)	**vår** (m)	['vɔ:r]
in de lente (bw)	**om våren**	[ɔm 'vo:rən]
lente- (abn)	**vår-, vårlig**	['vɔ:r-], ['vɔ:ḷi]
zomer (de)	**sommer** (m)	['sɔmər]
in de zomer (bw)	**om sommeren**	[ɔm 'sɔmerən]
zomer-, zomers (bn)	**sommer-**	['sɔmər-]
herfst (de)	**høst** (m)	['høst]
in de herfst (bw)	**om høsten**	[ɔm 'høstən]
herfst- (abn)	**høst-, høstlig**	['høst-], ['høstli]
winter (de)	**vinter** (m)	['vintər]
in de winter (bw)	**om vinteren**	[ɔm 'vinterən]
winter- (abn)	**vinter-**	['vintər-]
maand (de)	**måned** (m)	['mo:nət]
deze maand (bw)	**denne måneden**	['dɛnə 'mo:nedən]
volgende maand (bw)	**neste måned**	['nɛstə 'mo:nət]
vorige maand (bw)	**forrige måned**	['fɔriə ˌmo:nət]
een maand geleden (bw)	**for en måned siden**	[fɔr en 'mo:nət ˌsidən]
over een maand (bw)	**om en måned**	[ɔm en 'mo:nət]
over twee maanden (bw)	**om to måneder**	[ɔm 'tʊ 'mo:nedər]
de hele maand (bw)	**en hel måned**	[en 'hel 'mo:nət]
een volle maand (bw)	**hele måned**	['helə 'mo:nət]
maand-, maandelijks (bn)	**månedlig**	['mo:nədli]
maandelijks (bw)	**månedligt**	['mo:nedlət]
elke maand (bw)	**hver måned**	[ˌvɛr 'mo:nət]
twee keer per maand	**to ganger per måned**	['tʊ 'gɑŋər per 'mo:nət]
jaar (het)	**år** (n)	['ɔr]
dit jaar (bw)	**i år**	[i 'o:r]
volgend jaar (bw)	**neste år**	['nɛstə ˌo:r]
vorig jaar (bw)	**i fjor**	[i 'fjɔr]
een jaar geleden (bw)	**for et år siden**	[fɔr et 'o:r ˌsidən]
over een jaar	**om et år**	[ɔm et 'o:r]
over twee jaar	**om to år**	[ɔm 'tʊ 'o:r]
het hele jaar	**hele året**	['helə 'o:re]
een vol jaar	**hele året**	['helə 'o:re]
elk jaar	**hvert år**	['vɛ:ʈ 'o:r]
jaar-, jaarlijks (bn)	**årlig**	['o:ḷi]
jaarlijks (bw)	**årlig, hvert år**	['o:ḷi], ['vɛ:ʈ 'ɔr]
4 keer per jaar	**fire ganger per år**	['fire 'gɑŋər per 'o:r]
datum (de)	**dato** (m)	['dɑtʊ]
datum (de)	**dato** (m)	['dɑtʊ]
kalender (de)	**kalender** (m)	[kɑ'lendər]
een half jaar	**halvår** (n)	['hɑlˌo:r]
zes maanden	**halvår** (n)	['hɑlˌo:r]
seizoen (bijv. lente, zomer)	**årstid** (m/f)	['o:ʂˌtid]
eeuw (de)	**århundre** (n)	['ɔrˌhʉndrə]

22. Tijd. Diversen

tijd (de)	**tid** (m/f)	['tid]
ogenblik (het)	**øyeblikk** (n)	['øjə,blik]
moment (het)	**øyeblikk** (n)	['øjə,blik]
ogenblikkelijk (bn)	**øyeblikkelig**	['øjə,blikəli]
tijdsbestek (het)	**tidsavsnitt** (n)	['tids,ɑfsnit]
leven (het)	**liv** (n)	['liv]
eeuwigheid (de)	**evighet** (m)	['ɛvi,het]
epoche (de), tijdperk (het)	**epoke** (m)	[ɛ'pʊkə]
era (de), tijdperk (het)	**æra** (m)	['æɾɑ]
cyclus (de)	**syklus** (m)	['syklʉs]
periode (de)	**periode** (m)	[pæri'ʊdə]
termijn (vastgestelde periode)	**sikt** (m)	['sikt]
toekomst (de)	**framtid** (m/f)	['frɑm,tid]
toekomstig (bn)	**framtidig, fremtidig**	['frɑm,tidi], ['frɛm,tidi]
de volgende keer	**neste gang**	['nɛstə ,gɑŋ]
verleden (het)	**fortid** (m/f)	['fɔ:,tid]
vorig (bn)	**forrige**	['fɔriə]
de vorige keer	**siste gang**	['sistə ,gɑŋ]
later (bw)	**senere**	['senerə]
na (~ het diner)	**etterpå**	['ɛtər,pɔ]
tegenwoordig (bw)	**for nærværende**	[fɔr 'nær,værnə]
nu (bw)	**nå**	['nɔ]
onmiddellijk (bw)	**umiddelbart**	['ʉmidəl,bɑ:ʈ]
snel (bw)	**snart**	['snɑ:ʈ]
bij voorbaat (bw)	**på forhånd**	[pɔ 'fo:r,hɔn]
lang geleden (bw)	**for lenge siden**	[fɔr 'leŋə ,sidən]
kort geleden (bw)	**nylig**	['nyli]
noodlot (het)	**skjebne** (m)	['ʂɛbnə]
herinneringen (mv.)	**minner** (n pl)	['minər]
archief (het)	**arkiv** (n)	[ɑr'kiv]
tijdens ... (ten tijde van)	**under ...**	['ʉnər ...]
lang (bw)	**lenge**	['leŋə]
niet lang (bw)	**ikke lenge**	['ikə 'leŋə]
vroeg (bijv. ~ in de ochtend)	**tidlig**	['tili]
laat (bw)	**sent**	['sɛnt]
voor altijd (bw)	**for alltid**	[fɔr 'ɑl,tid]
beginnen (ww)	**å begynne**	[ɔ be'jinə]
uitstellen (ww)	**å utsette**	[ɔ 'ʉt,sɛtə]
tegelijkertijd (bw)	**samtidig**	['sɑm,tidi]
voortdurend (bw)	**alltid, stadig**	['ɑl,tid], ['stɑdi]
constant (bijv. ~ lawaai)	**konstant**	[kʊn'stɑnt]
tijdelijk (bn)	**midlertidig, temporær**	['midlə,tidi], ['tɛmpɔ,rær]
soms (bw)	**av og til**	['ɑv ɔ ,til]
zelden (bw)	**sjelden**	['ʂɛlən]
vaak (bw)	**ofte**	['ɔftə]

23. Tegenovergestelden

rijk (bn)	**rik**	['rik]
arm (bn)	**fattig**	['fati]
ziek (bn)	**syk**	['syk]
gezond (bn)	**frisk**	['frisk]
groot (bn)	**stor**	['stʊr]
klein (bn)	**liten**	['litən]
snel (bw)	**fort**	['fʊ:ʈ]
langzaam (bw)	**langsomt**	['lɑŋsɔmt]
snel (bn)	**hurtig**	['hø:ʈi]
langzaam (bn)	**langsom**	['lɑŋsɔm]
vrolijk (bn)	**glad**	['glɑ]
treurig (bn)	**sørgmodig**	[sør'mʊdi]
samen (bw)	**sammen**	['sɑmən]
apart (bw)	**separat**	[sepɑ'rɑt]
hardop (~ lezen)	**høyt**	['højt]
stil (~ lezen)	**for seg selv**	[fɔr sæj 'sɛl]
hoog (bn)	**høy**	['høj]
laag (bn)	**lav**	['lɑv]
diep (bn)	**dyp**	['dyp]
ondiep (bn)	**grunn**	['grʉn]
ja	**ja**	['ja]
nee	**nei**	['næj]
ver (bn)	**fjern**	['fjæ:ɳ]
dicht (bn)	**nær**	['nær]
ver (bw)	**langt**	['lɑŋt]
dichtbij (bw)	**i nærheten**	[i 'nærˌhetən]
lang (bn)	**lang**	['lɑŋ]
kort (bn)	**kort**	['kʊ:ʈ]
vriendelijk (goedhartig)	**god**	['gʊ]
kwaad (bn)	**ond**	['ʊn]
gehuwd (mann.)	**gift**	['jift]
ongehuwd (mann.)	**ugift**	[ʉ:'jift]
verbieden (ww)	**å forby**	[ɔ fɔr'by]
toestaan (ww)	**å tillate**	[ɔ 'tiˌlɑtə]
einde (het)	**slutt** (m)	['ʂlʉt]
begin (het)	**begynnelse** (m)	[be'jinəlsə]

linker (bn)	**venstre**	['vɛnstrə]
rechter (bn)	**høyre**	['højrə]
eerste (bn)	**første**	['fœʂtə]
laatste (bn)	**sist**	['sist]
misdaad (de)	**forbrytelse** (m)	[fɔr'brytəlsə]
bestraffing (de)	**straff** (m)	['strɑf]
bevelen (ww)	**å beordre**	[ɔ be'ɔrdrə]
gehoorzamen (ww)	**å underordne seg**	[ɔ 'ʉnər,ɔrdnə sæj]
recht (bn)	**rett**	['rɛt]
krom (bn)	**kroket**	['krɔkət]
paradijs (het)	**paradis** (n)	['pɑrɑ,dis]
hel (de)	**helvete** (n)	['hɛlvetə]
geboren worden (ww)	**å fødes**	[ɔ 'fødə]
sterven (ww)	**å dø**	[ɔ 'dø]
sterk (bn)	**sterk**	['stærk]
zwak (bn)	**svak**	['svɑk]
oud (bn)	**gammel**	['gɑməl]
jong (bn)	**ung**	['ʉŋ]
oud (bn)	**gammel**	['gɑməl]
nieuw (bn)	**ny**	['ny]
hard (bn)	**hard**	['hɑr]
zacht (bn)	**bløt**	['bløt]
warm (bn)	**varm**	['vɑrm]
koud (bn)	**kald**	['kɑl]
dik (bn)	**tykk**	['tʏk]
dun (bn)	**tynn**	['tʏn]
smal (bn)	**smal**	['smɑl]
breed (bn)	**bred**	['bre]
goed (bn)	**bra**	['brɑ]
slecht (bn)	**dårlig**	['do:ɭi]
moedig (bn)	**tapper**	['tɑpər]
laf (bn)	**feig**	['fæjg]

24. Lijnen en vormen

vierkant (het)	**kvadrat** (n)	[kvɑ'drɑt]
vierkant (bn)	**kvadratisk**	[kvɑ'drɑtisk]
cirkel (de)	**sirkel** (m)	['sirkəl]
rond (bn)	**rund**	['rʉn]

driehoek (de)	**trekant** (m)	['tre,kɑnt]
driehoekig (bn)	**trekantet**	['tre,kɑntət]
ovaal (het)	**oval** (m)	[ʊ'vɑl]
ovaal (bn)	**oval**	[ʊ'vɑl]
rechthoek (de)	**rektangel** (n)	['rɛk,tɑŋəl]
rechthoekig (bn)	**rettvinklet**	['rɛt,vinklət]
piramide (de)	**pyramide** (m)	[pyrɑ'midə]
ruit (de)	**rombe** (m)	['rʊmbə]
trapezium (het)	**trapes** (m/n)	[trɑ'pes]
kubus (de)	**kube, terning** (m)	['kʉbə], ['tæ:ɳiŋ]
prisma (het)	**prisme** (n)	['prismə]
omtrek (de)	**omkrets** (m)	['ɔm,krɛts]
bol, sfeer (de)	**sfære** (m)	['sfærə]
bal (de)	**kule** (m/f)	['kʉ:lə]
diameter (de)	**diameter** (m)	['diɑ,metər]
straal (de)	**radius** (m)	['rɑdiʉs]
omtrek (~ van een cirkel)	**perimeter** (n)	[peri'metər]
middelpunt (het)	**midtpunkt** (n)	['mit,pʉnkt]
horizontaal (bn)	**horisontal**	[hʊrisɔn'tɑl]
verticaal (bn)	**loddrett, lodd-**	['lɔd,rɛt], ['lɔd-]
parallel (de)	**parallell** (m)	[pɑrɑ'lel]
parallel (bn)	**parallell**	[pɑrɑ'lel]
lijn (de)	**linje** (m)	['linjə]
streep (de)	**strek** (m)	['strek]
rechte lijn (de)	**rett linje** (m/f)	['rɛt 'linjə]
kromme (de)	**kurve** (m)	['kʉrvə]
dun (bn)	**tynn**	['tʏn]
omlijning (de)	**kontur** (m)	[kʊn'tʉr]
snijpunt (het)	**skjæringspunkt** (n)	['ʂæriŋs,pʉnkt]
rechte hoek (de)	**rett vinkel** (m)	['rɛt 'vinkəl]
segment (het)	**segment** (n)	[seg'mɛnt]
sector (de)	**sektor** (m)	['sɛktʊr]
zijde (de)	**side** (m/f)	['sidə]
hoek (de)	**vinkel** (m)	['vinkəl]

25. Meeteenheden

gewicht (het)	**vekt** (m)	['vɛkt]
lengte (de)	**lengde** (m/f)	['leŋdə]
breedte (de)	**bredde** (m)	['brɛdə]
hoogte (de)	**høyde** (m)	['højdə]
diepte (de)	**dybde** (m)	['dʏbdə]
volume (het)	**volum** (n)	[vɔ'lʉm]
oppervlakte (de)	**areal** (n)	[,ɑre'ɑl]
gram (het)	**gram** (n)	['grɑm]
milligram (het)	**milligram** (n)	['mili,grɑm]

kilogram (het)	**kilogram** (n)	['çilu,gram]
ton (duizend kilo)	**tonn** (m/n)	['tɔn]
pond (het)	**pund** (n)	['pʉn]
ons (het)	**unse** (m)	['ʉnsə]
meter (de)	**meter** (m)	['metər]
millimeter (de)	**millimeter** (m)	['mili,metər]
centimeter (de)	**centimeter** (m)	['sɛnti,metər]
kilometer (de)	**kilometer** (m)	['çilu,metər]
mijl (de)	**mil** (m/f)	['mil]
duim (de)	**tomme** (m)	['tɔmə]
voet (de)	**fot** (m)	['fʊt]
yard (de)	**yard** (m)	['ja:rd]
vierkante meter (de)	**kvadratmeter** (m)	[kva'drat,metər]
hectare (de)	**hektar** (n)	['hɛktar]
liter (de)	**liter** (m)	['litər]
graad (de)	**grad** (m)	['grad]
volt (de)	**volt** (m)	['vɔlt]
ampère (de)	**ampere** (m)	[am'pɛr]
paardenkracht (de)	**hestekraft** (m/f)	['hɛstə,kraft]
hoeveelheid (de)	**mengde** (m)	['mɛŋdə]
een beetje ...	**få ...**	['fɔ ...]
helft (de)	**halvdel** (m)	['haldel]
dozijn (het)	**dusin** (n)	[dʉ'sin]
stuk (het)	**stykke** (n)	['stʏkə]
afmeting (de)	**størrelse** (m)	['stœrəlsə]
schaal (bijv. ~ van 1 op 50)	**målestokk** (m)	['mo:lə,stɔk]
minimaal (bn)	**minimal**	[mini'mal]
minste (bn)	**minste**	['minstə]
medium (bn)	**middel-**	['midəl-]
maximaal (bn)	**maksimal**	[maksi'mal]
grootste (bn)	**største**	['stœʂtə]

26. Containers

glazen pot (de)	**glaskrukke** (m/f)	['glas,krʉkə]
blik (conserven~)	**boks** (m)	['bɔks]
emmer (de)	**bøtte** (m/f)	['bœtə]
ton (bijv. regenton)	**tønne** (m)	['tœnə]
ronde waterbak (de)	**vaskefat** (n)	['vaskə,fat]
tank (bijv. watertank-70-ltr)	**tank** (m)	['tank]
heupfles (de)	**lommelerke** (m/f)	['lʊmə,lærkə]
jerrycan (de)	**bensinkanne** (m/f)	[bɛn'sin,kanə]
tank (bijv. ketelwagen)	**tank** (m)	['tank]
beker (de)	**krus** (n)	['krʉs]
kopje (het)	**kopp** (m)	['kɔp]

schoteltje (het)	tefat (n)	['te‚fɑt]
glas (het)	glass (n)	['glɑs]
wijnglas (het)	vinglass (n)	['vin‚glɑs]
steelpan (de)	gryte (m/f)	['grytə]

| fles (de) | flaske (m) | ['flɑskə] |
| flessenhals (de) | flaskehals (m) | ['flɑskə‚hɑls] |

karaf (de)	karaffel (m)	[kɑ'rɑfəl]
kruik (de)	mugge (m/f)	['mʉgə]
vat (het)	beholder (m)	[be'hɔlər]
pot (de)	pott, potte (m)	['pɔt], ['pɔtə]
vaas (de)	vase (m)	['vɑsə]

flacon (de)	flakong (m)	[flɑ'kɔŋ]
flesje (het)	flaske (m/f)	['flɑskə]
tube (bijv. ~ tandpasta)	tube (m)	['tʉbə]

zak (bijv. ~ aardappelen)	sekk (m)	['sɛk]
tasje (het)	pose (m)	['pʉsə]
pakje (~ sigaretten, enz.)	pakke (m/f)	['pɑkə]

doos (de)	eske (m/f)	['ɛskə]
kist (de)	kasse (m/f)	['kɑsə]
mand (de)	kurv (m)	['kʉrv]

27. Materialen

materiaal (het)	materiale (n)	[mɑteri'ɑlə]
hout (het)	tre (n)	['trɛ]
houten (bn)	tre-, av tre	['trɛ-], [ɑ: 'trɛ]

| glas (het) | glass (n) | ['glɑs] |
| glazen (bn) | glass- | ['glɑs-] |

| steen (de) | stein (m) | ['stæjn] |
| stenen (bn) | stein- | ['stæjn-] |

| plastic (het) | plast (m) | ['plɑst] |
| plastic (bn) | plast- | ['plɑst-] |

| rubber (het) | gummi (m) | ['gʉmi] |
| rubber-, rubberen (bn) | gummi- | ['gʉmi-] |

| stof (de) | tøy (n) | ['tøj] |
| van stof (bn) | tøy- | ['tøj-] |

| papier (het) | papir (n) | [pɑ'pir] |
| papieren (bn) | papir- | [pɑ'pir-] |

karton (het)	papp, kartong (m)	['pɑp], [kɑ:'tɔŋ]
kartonnen (bn)	papp-, kartong-	['pɑp-], [kɑ:'tɔŋ-]
polyethyleen (het)	polyetylen (n)	['pʉlyɛty‚len]
cellofaan (het)	cellofan (m)	[sɛlu'fɑn]

multiplex (het)	**kryssfiner** (m)	['krʏsfiˌnɛr]
porselein (het)	**porselen** (n)	[pɔʂə'len]
porseleinen (bn)	**porselens-**	[pɔʂə'lens-]
klei (de)	**leir** (n)	['læjr]
klei-, van klei (bn)	**leir-**	['læjr-]
keramiek (de)	**keramikk** (m)	[çerɑ'mik]
keramieken (bn)	**keramisk**	[çe'rɑmisk]

28. Metalen

metaal (het)	**metall** (n)	[me'tɑl]
metalen (bn)	**metall-**	[me'tɑl-]
legering (de)	**legering** (m/f)	[le'geriŋ]
goud (het)	**gull** (n)	['gʉl]
gouden (bn)	**av gull, gull-**	[ɑ: 'gʉl], ['gʉl-]
zilver (het)	**sølv** (n)	['søl]
zilveren (bn)	**sølv-, av sølv**	['søl-], [ɑ: 'søl]
IJzer (het)	**jern** (n)	['jæ:ɳ]
IJzeren (bn)	**jern-**	['jæ:ɳ-]
staal (het)	**stål** (n)	['stɔl]
stalen (bn)	**stål-**	['stɔl-]
koper (het)	**kobber** (n)	['kɔbər]
koperen (bn)	**kobber-**	['kɔbər-]
aluminium (het)	**aluminium** (n)	[ɑlu'minium]
aluminium (bn)	**aluminium-**	[ɑlu'minium-]
brons (het)	**bronse** (m)	['brɔnsə]
bronzen (bn)	**bronse-**	['brɔnsə-]
messing (het)	**messing** (m)	['mɛsiŋ]
nikkel (het)	**nikkel** (m)	['nikəl]
platina (het)	**platina** (m/n)	['plɑtinɑ]
kwik (het)	**kvikksølv** (n)	['kvikˌsøl]
tin (het)	**tinn** (n)	['tin]
lood (het)	**bly** (n)	['bly]
zink (het)	**sink** (m/n)	['sink]

MENS

Mens. Het lichaam

29. Mensen. Basisbegrippen

mens (de)	**menneske** (n)	['mɛnəskə]
man (de)	**mann** (m)	['mɑn]
vrouw (de)	**kvinne** (m/f)	['kvinə]
kind (het)	**barn** (n)	['bɑ:ɳ]
meisje (het)	**jente** (m/f)	['jɛntə]
jongen (de)	**gutt** (m)	['gʉt]
tiener, adolescent (de)	**tenåring** (m)	['tɛno:riŋ]
oude man (de)	**eldre mann** (m)	['ɛldrə ˌmɑn]
oude vrouw (de)	**eldre kvinne** (m/f)	['ɛldrə ˌkvinə]

30. Menselijke anatomie

organisme (het)	**organisme** (m)	[ɔrgɑ'nismə]
hart (het)	**hjerte** (n)	['jæ:ʈə]
bloed (het)	**blod** (n)	['blʊ]
slagader (de)	**arterie** (m)	[ɑ:'ʈeriə]
ader (de)	**vene** (m)	['ve:nə]
hersenen (mv.)	**hjerne** (m)	['jæ:ɳə]
zenuw (de)	**nerve** (m)	['nærvə]
zenuwen (mv.)	**nerver** (m pl)	['nærvər]
wervel (de)	**ryggvirvel** (m)	['rʏgˌvirvəl]
ruggengraat (de)	**ryggrad** (m)	['rʏgˌrɑd]
maag (de)	**magesekk** (m)	['mɑgəˌsɛk]
darmen (mv.)	**innvoller, tarmer** (m pl)	['inˌvɔlər], ['tɑrmər]
darm (de)	**tarm** (m)	['tɑrm]
lever (de)	**lever** (m)	['levər]
nier (de)	**nyre** (m/n)	['nyrə]
been (deel van het skelet)	**bein** (n)	['bæjn]
skelet (het)	**skjelett** (n)	[ʂe'let]
rib (de)	**ribbein** (n)	['ribˌbæjn]
schedel (de)	**hodeskalle** (m)	['hʊdəˌskɑlə]
spier (de)	**muskel** (m)	['mʉskəl]
biceps (de)	**biceps** (m)	['bisɛps]
triceps (de)	**triceps** (m)	['trisɛps]
pees (de)	**sene** (m/f)	['se:nə]
gewricht (het)	**ledd** (n)	['led]

longen (mv.)	**lunger** (m pl)	['lʉŋər]
geslachtsorganen (mv.)	**kjønnsorganer** (n pl)	['çœnsˌɔr'ganər]
huid (de)	**hud** (m/f)	['hʉd]

31. Hoofd

hoofd (het)	**hode** (n)	['hʊdə]
gezicht (het)	**ansikt** (n)	['ansikt]
neus (de)	**nese** (m/f)	['nese]
mond (de)	**munn** (m)	['mʉn]
oog (het)	**øye** (n)	['øjə]
ogen (mv.)	**øyne** (n pl)	['øjnə]
pupil (de)	**pupill** (m)	[pʉ'pil]
wenkbrauw (de)	**øyenbryn** (n)	['øjənˌbryn]
wimper (de)	**øyenvipp** (m)	['øjənˌvip]
ooglid (het)	**øyelokk** (m)	['øjəˌlɔk]
tong (de)	**tunge** (m/f)	['tʉŋə]
tand (de)	**tann** (m/f)	['tan]
lippen (mv.)	**lepper** (m/f pl)	['lepər]
jukbeenderen (mv.)	**kinnbein** (n pl)	['çinˌbæjn]
tandvlees (het)	**tannkjøtt** (n)	['tanˌçœt]
gehemelte (het)	**gane** (m)	['ganə]
neusgaten (mv.)	**nesebor** (n pl)	['neseˌbʊr]
kin (de)	**hake** (m/f)	['hakə]
kaak (de)	**kjeve** (m)	['çɛvə]
wang (de)	**kinn** (n)	['çin]
voorhoofd (het)	**panne** (m/f)	['panə]
slaap (de)	**tinning** (m)	['tiniŋ]
oor (het)	**øre** (n)	['ørə]
achterhoofd (het)	**bakhode** (n)	['bakˌhɔdə]
hals (de)	**hals** (m)	['hals]
keel (de)	**strupe, hals** (m)	['strʉpə], ['hals]
haren (mv.)	**hår** (n pl)	['hɔr]
kapsel (het)	**frisyre** (m)	[fri'syrə]
haarsnit (de)	**hårfasong** (m)	['ho:rfaˌsɔŋ]
pruik (de)	**parykk** (m)	[pa'rʏk]
snor (de)	**mustasje** (m)	[mʉ'staʂə]
baard (de)	**skjegg** (n)	['ʂɛg]
dragen (een baard, enz.)	**å ha**	[ɔ 'ha]
vlecht (de)	**flette** (m/f)	['fletə]
bakkebaarden (mv.)	**bakkenbarter** (pl)	['bakənˌba:ʈər]
ros (roodachtig, rossig)	**rødhåret**	['røˌho:rət]
grijs (~ haar)	**grå**	['grɔ]
kaal (bn)	**skallet**	['skalət]
kale plek (de)	**skallet flekk** (m)	['skalət ˌflek]
paardenstaart (de)	**hestehale** (m)	['hɛstəˌhalə]
pony (de)	**pannelugg** (m)	['panəˌlʉg]

32. Menselijk lichaam

hand (de)	**hånd** (m/f)	['hɔn]
arm (de)	**arm** (m)	['ɑrm]
vinger (de)	**finger** (m)	['fiŋər]
teen (de)	**tå** (m/f)	['tɔ]
duim (de)	**tommel** (m)	['tɔməl]
pink (de)	**lillefinger** (m)	['lilə,fiŋər]
nagel (de)	**negl** (m)	['nɛjl]
vuist (de)	**knyttneve** (m)	['knʏt,nevə]
handpalm (de)	**håndflate** (m/f)	['hɔn,flɑtə]
pols (de)	**håndledd** (n)	['hɔn,led]
voorarm (de)	**underarm** (m)	['ʉnər,ɑrm]
elleboog (de)	**albue** (m)	['ɑl,bʉə]
schouder (de)	**skulder** (m)	['skʉldər]
been (rechter ~)	**bein** (n)	['bæjn]
voet (de)	**fot** (m)	['fʊt]
knie (de)	**kne** (n)	['knɛ]
kuit (de)	**legg** (m)	['leg]
heup (de)	**hofte** (m)	['hɔftə]
hiel (de)	**hæl** (m)	['hæl]
lichaam (het)	**kropp** (m)	['krɔp]
buik (de)	**mage** (m)	['mɑgə]
borst (de)	**bryst** (n)	['brʏst]
borst (de)	**bryst** (n)	['brʏst]
zijde (de)	**side** (m/f)	['sidə]
rug (de)	**rygg** (m)	['rʏg]
lage rug (de)	**korsrygg** (m)	['kɔ:ʂ,rʏg]
taille (de)	**liv** (n), **midje** (m/f)	['liv], ['midjə]
navel (de)	**navle** (m)	['nɑvlə]
billen (mv.)	**rumpeballer** (m pl)	['rʉmpə,bɑlər]
achterwerk (het)	**bak** (m)	['bɑk]
huidvlek (de)	**føflekk** (m)	['fø,flek]
moedervlek (de)	**fødselsmerke** (n)	['føtsəls,mærke]
tatoeage (de)	**tatovering** (m/f)	[tɑtʊ'vɛriŋ]
litteken (het)	**arr** (n)	['ɑr]

Kleding en accessoires

33. Bovenkleding. Jassen

kleren (mv.), kleding (de)	**klær** (n)	['klær]
bovenkleding (de)	**yttertøy** (n)	['ytə,tøj]
winterkleding (de)	**vinterklær** (n pl)	['vintər,klær]
jas (de)	**frakk** (m), **kåpe** (m/f)	['frɑk], ['ko:pə]
bontjas (de)	**pels** (m), **pelskåpe** (m/f)	['pɛls], ['pɛls,ko:pə]
bontjasje (het)	**pelsjakke** (m/f)	['pɛls,jakə]
donzen jas (de)	**dunjakke** (m/f)	['dʉn,jakə]
jasje (bijv. een leren ~)	**jakke** (m/f)	['jakə]
regenjas (de)	**regnfrakk** (m)	['ræjn,frɑk]
waterdicht (bn)	**vanntett**	['vɑn,tɛt]

34. Heren & dames kleding

overhemd (het)	**skjorte** (m/f)	['ʂœ:ʈə]
broek (de)	**bukse** (m)	['bʉksə]
jeans (de)	**jeans** (m)	['dʒins]
colbert (de)	**dressjakke** (m/f)	['drɛs,jakə]
kostuum (het)	**dress** (m)	['drɛs]
jurk (de)	**kjole** (m)	['çulə]
rok (de)	**skjørt** (n)	['ʂø:ʈ]
blouse (de)	**bluse** (m)	['blʉsə]
wollen vest (de)	**strikket trøye** (m/f)	['strikə 'trøjə]
blazer (kort jasje)	**blazer** (m)	['blæsər]
T-shirt (het)	**T-skjorte** (m/f)	['te,ʂœ:ʈə]
shorts (mv.)	**shorts** (m)	['ʂɔ:ʈs]
trainingspak (het)	**treningsdrakt** (m/f)	['treniŋs,drɑkt]
badjas (de)	**badekåpe** (m/f)	['bɑdə,ko:pə]
pyjama (de)	**pyjamas** (m)	[py'ʂɑmɑs]
sweater (de)	**sweater** (m)	['svɛtər]
pullover (de)	**pullover** (m)	[pʉ'lɔvər]
gilet (het)	**vest** (m)	['vɛst]
rokkostuum (het)	**livkjole** (m)	['liv,çulə]
smoking (de)	**smoking** (m)	['smɔkiŋ]
uniform (het)	**uniform** (m)	[ʉni'fɔrm]
werkkleding (de)	**arbeidsklær** (n pl)	['ɑrbæjds,klær]
overall (de)	**kjeledress, overall** (m)	['çelə,drɛs], ['ɔvɛr,ɔl]
doktersjas (de)	**kittel** (m)	['çitəl]

35. Kleding. Ondergoed

ondergoed (het)	**undertøy** (n)	['ʉnə,tøj]
herenslip (de)	**underbukse** (m/f)	['ʉnər,bʉksə]
slipjes (mv.)	**truse** (m/f)	['trʉsə]
onderhemd (het)	**undertrøye** (m/f)	['ʉnə,trøjə]
sokken (mv.)	**sokker** (m pl)	['sɔkər]
nachthemd (het)	**nattkjole** (m)	['nɑt,çulə]
beha (de)	**behå** (m)	['be,hɔ]
kniekousen (mv.)	**knestrømper** (m/f pl)	['knɛ,strømpər]
panty (de)	**strømpebukse** (m/f)	['strømpə,bʉksə]
nylonkousen (mv.)	**strømper** (m/f pl)	['strømpər]
badpak (het)	**badedrakt** (m/f)	['badə,drakt]

36. Hoofddeksels

hoed (de)	**hatt** (m)	['hat]
deukhoed (de)	**hatt** (m)	['hat]
honkbalpet (de)	**baseball cap** (m)	['bɛjsbɔl kɛp]
kleppet (de)	**sikspens** (m)	['sikspens]
baret (de)	**alpelue, baskerlue** (m/f)	['alpə,lʉə], ['baskə,lʉə]
kap (de)	**hette** (m/f)	['hɛtə]
panamahoed (de)	**panamahatt** (m)	['panama,hat]
gebreide muts (de)	**strikket lue** (m/f)	['strikə,lʉə]
hoofddoek (de)	**skaut** (n)	['skaʊt]
dameshoed (de)	**hatt** (m)	['hat]
veiligheidshelm (de)	**hjelm** (m)	['jɛlm]
veldmuts (de)	**båtlue** (m/f)	['bɔt,lʉə]
helm, valhelm (de)	**hjelm** (m)	['jɛlm]
bolhoed (de)	**bowlerhatt, skalk** (m)	['bɔuler,hat], ['skalk]
hoge hoed (de)	**flosshatt** (m)	['flɔs,hat]

37. Schoeisel

schoeisel (het)	**skotøy** (n)	['skʊtøj]
schoenen (mv.)	**skor** (m pl)	['skʊr]
vrouwenschoenen (mv.)	**pumps** (m pl)	['pʉmps]
laarzen (mv.)	**støvler** (m pl)	['støvlər]
pantoffels (mv.)	**tøfler** (m pl)	['tøflər]
sportschoenen (mv.)	**tennissko** (m pl)	['tɛnis,skʊ]
sneakers (mv.)	**canvas sko** (m pl)	['kanvas ,skʊ]
sandalen (mv.)	**sandaler** (m pl)	[san'dalər]
schoenlapper (de)	**skomaker** (m)	['skʊ,makər]
hiel (de)	**hæl** (m)	['hæl]

paar (een ~ schoenen)	**par** (n)	['pɑr]
veter (de)	**skolisse** (m/f)	['skʊ,lisə]
rijgen (schoenen ~)	**å snøre**	[ɔ 'snørə]
schoenlepel (de)	**skohorn** (n)	['skʊ,hʊ:ɳ]
schoensmeer (de/het)	**skokrem** (m)	['skʊ,krɛm]

38. Textiel. Weefsel

katoen (de/het)	**bomull** (m/f)	['bʊ,mʉl]
katoenen (bn)	**bomulls-**	['bʊ,mʉls-]
vlas (het)	**lin** (n)	['lin]
vlas-, van vlas (bn)	**lin-**	['lin-]
zijde (de)	**silke** (m)	['silkə]
zijden (bn)	**silke-**	['silkə-]
wol (de)	**ull** (m/f)	['ʉl]
wollen (bn)	**ull-, av ull**	['ʉl-], ['ɑ: ʉl]
fluweel (het)	**fløyel** (m)	['fløjəl]
suède (de)	**semsket skinn** (n)	['sɛmsket ,ʂin]
ribfluweel (het)	**kordfløyel** (m/n)	['kɔ:ɖ,fløjəl]
nylon (de/het)	**nylon** (n)	['ny,lɔn]
nylon-, van nylon (bn)	**nylon-**	['ny,lɔn-]
polyester (het)	**polyester** (m)	[pʊly'ɛstər]
polyester- (abn)	**polyester-**	[pʊly'ɛstər-]
leer (het)	**lær, skinn** (n)	['lær], ['ʂin]
leren (van leer gemaak)	**lær-, av lær**	['lær-], ['ɑ: lær]
bont (het)	**pels** (m)	['pɛls]
bont- (abn)	**pels-**	['pɛls-]

39. Persoonlijke accessoires

handschoenen (mv.)	**hansker** (m pl)	['hɑnskər]
wanten (mv.)	**votter** (m pl)	['vɔtər]
sjaal (fleece ~)	**skjerf** (n)	['ʂærf]
bril (de)	**briller** (m pl)	['brilər]
brilmontuur (het)	**innfatning** (m/f)	['in,fɑtniŋ]
paraplu (de)	**paraply** (m)	[pɑrɑ'ply]
wandelstok (de)	**stokk** (m)	['stɔk]
haarborstel (de)	**hårbørste** (m)	['hɔr,bœʂtə]
waaier (de)	**vifte** (m/f)	['viftə]
das (de)	**slips** (n)	['slips]
strikje (het)	**sløyfe** (m/f)	['ʂløjfə]
bretels (mv.)	**bukseseler** (m pl)	['bʉksə'selər]
zakdoek (de)	**lommetørkle** (n)	['lʊmə,tœrklə]
kam (de)	**kam** (m)	['kɑm]
haarspeldje (het)	**hårspenne** (m/f/n)	['ho:r,spɛnə]

schuifspeldje (het)	**hårnål** (m/f)	['ho:r,nol]
gesp (de)	**spenne** (m/f/n)	['spɛnə]
broekriem (de)	**belte** (m)	['bɛltə]
draagriem (de)	**skulderreim, rem** (m/f)	['skʉldə,ræjm], ['rem]
handtas (de)	**veske** (m/f)	['vɛskə]
damestas (de)	**håndveske** (m/f)	['hɔn,vɛskə]
rugzak (de)	**ryggsekk** (m)	['rʏg,sɛk]

40. Kleding. Diversen

mode (de)	**mote** (m)	['mʊtə]
de mode (bn)	**moteriktig**	['mʊtə,rikti]
kledingstilist (de)	**moteskaper** (m)	['mʊtə,skɑpər]
kraag (de)	**krage** (m)	['krɑgə]
zak (de)	**lomme** (m/f)	['lʊmə]
zak- (abn)	**lomme-**	['lʊmə-]
mouw (de)	**erme** (n)	['ærmə]
lusje (het)	**hempe** (m)	['hɛmpə]
gulp (de)	**gylf, buksesmekk** (m)	['gylf], ['bʉksə,smɛk]
rits (de)	**glidelås** (m/n)	['glidə,lɔs]
sluiting (de)	**hekte** (m/f), **knepping** (m)	['hɛktə], ['knɛpiŋ]
knoop (de)	**knapp** (m)	['knɑp]
knoopsgat (het)	**klapphull** (n)	['klɑp,hʉl]
losraken (bijv. knopen)	**å falle av**	[ɔ 'fɑlə ɑ:]
naaien (kleren, enz.)	**å sy**	[ɔ 'sy]
borduren (ww)	**å brodere**	[ɔ brʊ'derə]
borduursel (het)	**broderi** (n)	[brʊde'ri]
naald (de)	**synål** (m/f)	['sy,nɔl]
draad (de)	**tråd** (m)	['trɔ]
naad (de)	**søm** (m)	['søm]
vies worden (ww)	**å skitne seg til**	[ɔ 'ʂitnə sæj til]
vlek (de)	**flekk** (m)	['flek]
gekreukt raken (ov. kleren)	**å bli skrukkete**	[ɔ 'bli 'skrʉketə]
scheuren (ov.ww.)	**å rive**	[ɔ 'rivə]
mot (de)	**møll** (m/n)	['møl]

41. Persoonlijke verzorging. Schoonheidsmiddelen

tandpasta (de)	**tannpasta** (m)	['tɑn,pɑstɑ]
tandenborstel (de)	**tannbørste** (m)	['tɑn,bœʂtə]
tanden poetsen (ww)	**å pusse tennene**	[ɔ 'pʉsə 'tɛnənə]
scheermes (het)	**høvel** (m)	['høvəl]
scheerschuim (het)	**barberkrem** (m)	[bɑr'bɛr,krɛm]
zich scheren (ww)	**å barbere seg**	[ɔ bɑr'berə sæj]
zeep (de)	**såpe** (m/f)	['so:pə]

shampoo (de)	**sjampo** (m)	['ʂam,pʊ]
schaar (de)	**saks** (m/f)	['saks]
nagelvijl (de)	**neglefil** (m/f)	['nɛjlə,fil]
nagelknipper (de)	**negleklipper** (m)	['nɛjlə,klipər]
pincet (het)	**pinsett** (m)	[pin'sɛt]
cosmetica (de)	**kosmetikk** (m)	[kʊsme'tik]
masker (het)	**ansiktsmaske** (m/f)	['ansikts,maskə]
manicure (de)	**manikyr** (m)	[mani'kyr]
manicure doen	**å få manikyr**	[ɔ 'fɔ mani'kyr]
pedicure (de)	**pedikyr** (m)	[pedi'kyr]
cosmetica tasje (het)	**sminkeveske** (m/f)	['sminkə,vɛskə]
poeder (de/het)	**pudder** (n)	['pʉdər]
poederdoos (de)	**pudderdåse** (m)	['pʉdər,do:sə]
rouge (de)	**rouge** (m)	['ru:ʂ]
parfum (de/het)	**parfyme** (m)	[par'fymə]
eau de toilet (de)	**eau de toilette** (m)	['ɔ: də twa'let]
lotion (de)	**lotion** (m)	['lɔʊʂɛn]
eau de cologne (de)	**eau de cologne** (m)	['ɔ: də kɔ'lɔɲ]
oogschaduw (de)	**øyeskygge** (m)	['øjə,ʂygə]
oogpotlood (het)	**eyeliner** (m)	['a:j,lajnər]
mascara (de)	**maskara** (m)	[ma'skara]
lippenstift (de)	**leppestift** (m)	['lepə,stift]
nagellak (de)	**neglelakk** (m)	['nɛjlə,lak]
haarlak (de)	**hårlakk** (m)	['ho:r,lak]
deodorant (de)	**deodorant** (m)	[deudʊ'rant]
crème (de)	**krem** (m)	['krɛm]
gezichtscrème (de)	**ansiktskrem** (m)	['ansikts,krɛm]
handcrème (de)	**håndkrem** (m)	['hɔn,krɛm]
antirimpelcrème (de)	**antirynkekrem** (m)	[anti'rʏnkə,krɛm]
dagcrème (de)	**dagkrem** (m)	['dag,krɛm]
nachtcrème (de)	**nattkrem** (m)	['nat,krɛm]
dag- (abn)	**dag-**	['dag-]
nacht- (abn)	**natt-**	['nat-]
tampon (de)	**tampong** (m)	[tam'pɔŋ]
toiletpapier (het)	**toalettpapir** (n)	[tʊa'let pa'pir]
föhn (de)	**hårføner** (m)	['ho:r,fønər]

42. Juwelen

sieraden (mv.)	**smykker** (n pl)	['smʏkər]
edel (bijv. ~ stenen)	**edel-**	['ɛdəl-]
keurmerk (het)	**stempel** (n)	['stɛmpəl]
ring (de)	**ring** (m)	['riŋ]
trouwring (de)	**giftering** (m)	['jiftə,riŋ]
armband (de)	**armbånd** (n)	['arm,bɔn]
oorringen (mv.)	**øreringer** (m pl)	['ørə,riŋər]

halssnoer (het)	**halssmykke** (n)	['hals,smʏkə]
kroon (de)	**krone** (m/f)	['krʊnə]
kralen snoer (het)	**perlekjede** (m/n)	['pærlə,çɛ:də]
diamant (de)	**diamant** (m)	[dia'mant]
smaragd (de)	**smaragd** (m)	[sma'ragd]
robijn (de)	**rubin** (m)	[rʉ'bin]
saffier (de)	**safir** (m)	[sa'fir]
parel (de)	**perler** (m pl)	['pærlər]
barnsteen (de)	**rav** (n)	['rav]

43. Horloges. Klokken

polshorloge (het)	**armbåndsur** (n)	['armbɔns,ʉr]
wijzerplaat (de)	**urskive** (m/f)	['ʉ:,ʂivə]
wijzer (de)	**viser** (m)	['visər]
metalen horlogeband (de)	**armbånd** (n)	['arm,bɔn]
horlogebandje (het)	**rem** (m/f)	['rem]
batterij (de)	**batteri** (n)	[batɛ'ri]
leeg zijn (ww)	**å bli utladet**	[ɔ 'bli 'ʉt,ladət]
batterij vervangen	**å skifte batteriene**	[ɔ 'ʂiftə batɛ'riene]
voorlopen (ww)	**å gå for fort**	[ɔ 'gɔ fɔ 'fɔ:ʈ]
achterlopen (ww)	**å gå for sakte**	[ɔ 'gɔ fɔ 'saktə]
wandklok (de)	**veggur** (n)	['vɛg,ʉr]
zandloper (de)	**timeglass** (n)	['timə,glas]
zonnewijzer (de)	**solur** (n)	['sʊl,ʉr]
wekker (de)	**vekkerklokka** (m/f)	['vɛkər,klɔka]
horlogemaker (de)	**urmaker** (m)	['ʉr,makər]
repareren (ww)	**å reparere**	[ɔ repa'rerə]

Voedsel. Voeding

44. Voedsel

vlees (het)	**kjøtt** (n)	['çœt]
kip (de)	**høne** (m/f)	['hønə]
kuiken (het)	**kylling** (m)	['çyliŋ]
eend (de)	**and** (m/f)	['ɑn]
gans (de)	**gås** (m/f)	['gɔs]
wild (het)	**vilt** (n)	['vilt]
kalkoen (de)	**kalkun** (m)	[kɑl'kʉn]
varkensvlees (het)	**svinekjøtt** (n)	['svinəˌçœt]
kalfsvlees (het)	**kalvekjøtt** (n)	['kɑlvəˌçœt]
schapenvlees (het)	**fårekjøtt** (n)	['fo:rəˌçœt]
rundvlees (het)	**oksekjøtt** (n)	['ɔksəˌçœt]
konijnenvlees (het)	**kanin** (m)	[kɑ'nin]
worst (de)	**pølse** (m/f)	['pølsə]
saucijs (de)	**wienerpølse** (m/f)	['vinərˌpølsə]
spek (het)	**bacon** (n)	['bɛjkən]
ham (de)	**skinke** (m)	['ʂinkə]
gerookte achterham (de)	**skinke** (m)	['ʂinkə]
paté, pastei (de)	**pate, paté** (m)	[pɑ'te]
lever (de)	**lever** (m)	['levər]
gehakt (het)	**kjøttfarse** (m)	['çœtˌfɑʂə]
tong (de)	**tunge** (m/f)	['tʉŋə]
ei (het)	**egg** (n)	['ɛg]
eieren (mv.)	**egg** (n pl)	['ɛg]
eiwit (het)	**eggehvite** (m)	['ɛgəˌvitə]
eigeel (het)	**plomme** (m/f)	['plʊmə]
vis (de)	**fisk** (m)	['fisk]
zeevruchten (mv.)	**sjømat** (m)	['ʂøˌmɑt]
schaaldieren (mv.)	**krepsdyr** (n pl)	['krɛpsˌdyr]
kaviaar (de)	**kaviar** (m)	['kɑviˌɑr]
krab (de)	**krabbe** (m)	['krɑbə]
garnaal (de)	**reke** (m/f)	['rekə]
oester (de)	**østers** (m)	['østəʂ]
langoest (de)	**langust** (m)	[lɑŋ'gʉst]
octopus (de)	**blekksprut** (m)	['blekˌsprʉt]
inktvis (de)	**blekksprut** (m)	['blekˌsprʉt]
steur (de)	**stør** (m)	['stør]
zalm (de)	**laks** (m)	['lɑks]
heilbot (de)	**kveite** (m/f)	['kvæjtə]
kabeljauw (de)	**torsk** (m)	['tɔʂk]

makreel (de)	**makrell** (m)	[ma'krɛl]
tonijn (de)	**tunfisk** (m)	['tʉnˌfisk]
paling (de)	**ål** (m)	['ɔl]
forel (de)	**ørret** (m)	['øret]
sardine (de)	**sardin** (m)	[sa:'ɖin]
snoek (de)	**gjedde** (m/f)	['jɛdə]
haring (de)	**sild** (m/f)	['sil]
brood (het)	**brød** (n)	['brø]
kaas (de)	**ost** (m)	['ʊst]
suiker (de)	**sukker** (n)	['sʉkər]
zout (het)	**salt** (n)	['salt]
rijst (de)	**ris** (m)	['ris]
pasta (de)	**pasta, makaroni** (m)	['pasta], [maka'rʊni]
noedels (mv.)	**nudler** (m pl)	['nʉdlər]
boter (de)	**smør** (n)	['smør]
plantaardige olie (de)	**vegetabilsk olje** (m)	[vegeta'bilsk ˌɔljə]
zonnebloemolie (de)	**solsikkeolje** (m)	['sʊlsikəˌɔlje]
margarine (de)	**margarin** (m)	[marga'rin]
olijven (mv.)	**olivener** (m pl)	[ʊ'livenər]
olijfolie (de)	**olivenolje** (m)	[ʊ'livənˌɔljə]
melk (de)	**melk** (m/f)	['mɛlk]
gecondenseerde melk (de)	**kondensert melk** (m/f)	[kʊndən'se:ʈ ˌmɛlk]
yoghurt (de)	**jogurt** (m)	['jɔgʉ:ʈ]
zure room (de)	**rømme, syrnet fløte** (m)	['rœmə], ['sy:ɳet 'fløtə]
room (de)	**fløte** (m)	['fløtə]
mayonaise (de)	**majones** (m)	[majɔ'nɛs]
crème (de)	**krem** (m)	['krɛm]
graan (het)	**gryn** (n)	['gryn]
meel (het), bloem (de)	**mel** (n)	['mel]
conserven (mv.)	**hermetikk** (m)	[hɛrme'tik]
maïsvlokken (mv.)	**cornflakes** (m)	['kɔ:ɳˌflejks]
honing (de)	**honning** (m)	['hɔniŋ]
jam (de)	**syltetøy** (n)	['syltəˌtøj]
kauwgom (de)	**tyggegummi** (m)	['tygəˌgʉmi]

45. Drankjes

water (het)	**vann** (n)	['van]
drinkwater (het)	**drikkevann** (n)	['drikəˌvan]
mineraalwater (het)	**mineralvann** (n)	[minə'ralˌvan]
zonder gas	**uten kullsyre**	['ʉtən kʉl'syrə]
koolzuurhoudend (bn)	**kullsyret**	[kʉl'syrət]
bruisend (bn)	**med kullsyre**	[me kʉl'syrə]
IJs (het)	**is** (m)	['is]

met ijs	**med is**	[me 'is]
alcohol vrij (bn)	**alkoholfri**	['ɑlkʊhʊlˌfri]
alcohol vrije drank (de)	**alkoholfri drikk** (m)	['ɑlkʊhʊlˌfri drik]
frisdrank (de)	**leskedrikk** (m)	['leskəˌdrik]
limonade (de)	**limonade** (m)	[limɔ'nɑdə]

alcoholische dranken (mv.)	**rusdrikker** (m pl)	['rʉsˌdrikər]
wijn (de)	**vin** (m)	['vin]
witte wijn (de)	**hvitvin** (m)	['vitˌvin]
rode wijn (de)	**rødvin** (m)	['røˌvin]

likeur (de)	**likør** (m)	[li'kør]
champagne (de)	**champagne** (m)	[ʂɑm'pɑnjə]
vermout (de)	**vermut** (m)	['værmʉt]

whisky (de)	**whisky** (m)	['viski]
wodka (de)	**vodka** (m)	['vɔdkɑ]
gin (de)	**gin** (m)	['dʒin]
cognac (de)	**konjakk** (m)	['kʊnjɑk]
rum (de)	**rom** (m)	['rʊm]

koffie (de)	**kaffe** (m)	['kɑfə]
zwarte koffie (de)	**svart kaffe** (m)	['svɑːʈ 'kɑfə]
koffie (de) met melk	**kaffe** (m) **med melk**	['kɑfə me 'mɛlk]
cappuccino (de)	**cappuccino** (m)	[kɑpʊ'ʧinɔ]
oploskoffie (de)	**pulverkaffe** (m)	['pʉlvərˌkɑfə]

melk (de)	**melk** (m/f)	['mɛlk]
cocktail (de)	**cocktail** (m)	['kɔkˌtɛjl]
milkshake (de)	**milkshake** (m)	['milkˌʂɛjk]

sap (het)	**jus, juice** (m)	['dʒʉs]
tomatensap (het)	**tomatjuice** (m)	[tʊ'mɑtˌdʒʉs]
sinaasappelsap (het)	**appelsinjuice** (m)	[ɑpel'sinˌdʒʉs]
vers geperst sap (het)	**nypresset juice** (m)	['nyˌprɛsə 'dʒʉs]

bier (het)	**øl** (m/n)	['øl]
licht bier (het)	**lettøl** (n)	['letˌøl]
donker bier (het)	**mørkt øl** (n)	['mœrktˌøl]

thee (de)	**te** (m)	['te]
zwarte thee (de)	**svart te** (m)	['svɑːʈ ˌte]
groene thee (de)	**grønn te** (m)	['grœn ˌte]

46. Groenten

groenten (mv.)	**grønnsaker** (m pl)	['grœnˌsɑkər]
verse kruiden (mv.)	**grønnsaker** (m pl)	['grœnˌsɑkər]

tomaat (de)	**tomat** (m)	[tʊ'mɑt]
augurk (de)	**agurk** (m)	[ɑ'gʉrk]
wortel (de)	**gulrot** (m/f)	['gʉlˌrʊt]
aardappel (de)	**potet** (m/f)	[pʊ'tet]
ui (de)	**løk** (m)	['løk]

knoflook (de)	**hvitløk** (m)	['vit,løk]
kool (de)	**kål** (m)	['kɔl]
bloemkool (de)	**blomkål** (m)	['blɔm,kɔl]
spruitkool (de)	**rosenkål** (m)	['rʊsən,kɔl]
broccoli (de)	**brokkoli** (m)	['brɔkɔli]
rode biet (de)	**rødbete** (m/f)	['rø,betə]
aubergine (de)	**aubergine** (m)	[ɔbɛr'ʂin]
courgette (de)	**squash** (m)	['skvɔʂ]
pompoen (de)	**gresskar** (n)	['grɛskɑr]
raap (de)	**nepe** (m/f)	['nepə]
peterselie (de)	**persille** (m/f)	[pæ'ʂilə]
dille (de)	**dill** (m)	['dil]
sla (de)	**salat** (m)	[sɑ'lɑt]
selderij (de)	**selleri** (m/n)	[sɛle,ri]
asperge (de)	**asparges** (m)	[ɑ'spɑrʂəs]
spinazie (de)	**spinat** (m)	[spi'nɑt]
erwt (de)	**erter** (m pl)	['æ:ʈər]
bonen (mv.)	**bønner** (m/f pl)	['bœnər]
maïs (de)	**mais** (m)	['mɑis]
boon (de)	**bønne** (m/f)	['bœnə]
peper (de)	**pepper** (m)	['pɛpər]
radijs (de)	**reddik** (m)	['rɛdik]
artisjok (de)	**artisjokk** (m)	[,ɑ:ʈi'ʂɔk]

47. Vruchten. Noten

vrucht (de)	**frukt** (m/f)	['frʉkt]
appel (de)	**eple** (n)	['ɛplə]
peer (de)	**pære** (m/f)	['pærə]
citroen (de)	**sitron** (m)	[si'trʊn]
sinaasappel (de)	**appelsin** (m)	[ɑpel'sin]
aardbei (de)	**jordbær** (n)	['ju:r,bær]
mandarijn (de)	**mandarin** (m)	[mɑndɑ'rin]
pruim (de)	**plomme** (m/f)	['plʊmə]
perzik (de)	**fersken** (m)	['fæʂkən]
abrikoos (de)	**aprikos** (m)	[ɑpri'kʊs]
framboos (de)	**bringebær** (n)	['briŋə,bær]
ananas (de)	**ananas** (m)	['ɑnɑnɑs]
banaan (de)	**banan** (m)	[bɑ'nɑn]
watermeloen (de)	**vannmelon** (m)	['vɑnme,lʊn]
druif (de)	**drue** (m)	['drʉə]
zure kers (de)	**kirsebær** (n)	['çiʂə,bær]
zoete kers (de)	**morell** (m)	[mʊ'rɛl]
meloen (de)	**melon** (m)	[me'lun]
grapefruit (de)	**grapefrukt** (m/f)	['grɛjp,frʉkt]
avocado (de)	**avokado** (m)	[ɑvɔ'kɑdɔ]
papaja (de)	**papaya** (m)	[pɑ'pɑja]

mango (de)	**mango** (m)	['maŋu]
granaatappel (de)	**granateple** (n)	[gra'nat,ɛplə]
rode bes (de)	**rips** (m)	['rips]
zwarte bes (de)	**solbær** (n)	['sʊl,bær]
kruisbes (de)	**stikkelsbær** (n)	['stikəls,bær]
bosbes (de)	**blåbær** (n)	['blɔ,bær]
braambes (de)	**bjørnebær** (m)	['bjœ:ɳə,bær]
rozijn (de)	**rosin** (m)	[rʊ'sin]
vijg (de)	**fiken** (m)	['fikən]
dadel (de)	**daddel** (m)	['dadəl]
pinda (de)	**jordnøtt** (m)	['ju:r,nœt]
amandel (de)	**mandel** (m)	['mandəl]
walnoot (de)	**valnøtt** (m/f)	['val,nœt]
hazelnoot (de)	**hasselnøtt** (m/f)	['hasəl,nœt]
kokosnoot (de)	**kokosnøtt** (m/f)	['kʊkʊs,nœt]
pistaches (mv.)	**pistasier** (m pl)	[pi'staʂiər]

48. Brood. Snoep

suikerbakkerij (de)	**bakevarer** (m/f pl)	['bakə,varər]
brood (het)	**brød** (n)	['brø]
koekje (het)	**kjeks** (m)	['çɛks]
chocolade (de)	**sjokolade** (m)	[ʂʊkʊ'ladə]
chocolade- (abn)	**sjokolade-**	[ʂʊkʊ'ladə-]
snoepje (het)	**sukkertøy** (n), **karamell** (m)	['sʉkə:ʈøj], [kara'mɛl]
cakeje (het)	**kake** (m/f)	['kakə]
taart (bijv. verjaardags~)	**bløtkake** (m/f)	['bløt,kakə]
pastei (de)	**pai** (m)	['paj]
vulling (de)	**fyll** (m/n)	['fʏl]
confituur (de)	**syltetøy** (n)	['syltə,tøj]
marmelade (de)	**marmelade** (m)	[marme'ladə]
wafel (de)	**vaffel** (m)	['vafəl]
IJsje (het)	**iskrem** (m)	['iskrɛm]
pudding (de)	**pudding** (m)	['pʉdiŋ]

49. Bereide gerechten

gerecht (het)	**rett** (m)	['rɛt]
keuken (bijv. Franse ~)	**kjøkken** (n)	['çœkən]
recept (het)	**oppskrift** (m)	['ɔp,skrift]
portie (de)	**porsjon** (m)	[pɔ'ʂʊn]
salade (de)	**salat** (m)	[sa'lat]
soep (de)	**suppe** (m/f)	['sʉpə]
bouillon (de)	**buljong** (m)	[bu'ljɔŋ]
boterham (de)	**smørbrød** (n)	['smør,brø]

spiegelei (het)	**speilegg** (n)	['spæjlˌɛg]
hamburger (de)	**hamburger** (m)	['hɑmbʊrgər]
biefstuk (de)	**biff** (m)	['bif]
garnering (de)	**tilbehør** (n)	['tilbəˌhør]
spaghetti (de)	**spagetti** (m)	[spɑ'gɛti]
aardappelpuree (de)	**potetmos** (m)	[pʊ'tetˌmʊs]
pizza (de)	**pizza** (m)	['pitsɑ]
pap (de)	**grøt** (m)	['grøt]
omelet (de)	**omelett** (m)	[ɔmə'let]
gekookt (in water)	**kokt**	['kʊkt]
gerookt (bn)	**røkt**	['røkt]
gebakken (bn)	**stekt**	['stɛkt]
gedroogd (bn)	**tørket**	['tœrkət]
diepvries (bn)	**frossen, dypfryst**	['frɔsən], ['dypˌfrʏst]
gemarineerd (bn)	**syltet**	['sʏltət]
zoet (bn)	**søt**	['søt]
gezouten (bn)	**salt**	['sɑlt]
koud (bn)	**kald**	['kɑl]
heet (bn)	**het, varm**	['het], ['vɑrm]
bitter (bn)	**bitter**	['bitər]
lekker (bn)	**lekker**	['lekər]
koken (in kokend water)	**å koke**	[ɔ 'kʊkə]
bereiden (avondmaaltijd ~)	**å lage**	[ɔ 'lɑgə]
bakken (ww)	**å steke**	[ɔ 'stekə]
opwarmen (ww)	**å varme opp**	[ɔ 'vɑrmə ɔp]
zouten (ww)	**å salte**	[ɔ 'sɑltə]
peperen (ww)	**å pepre**	[ɔ 'pɛprə]
raspen (ww)	**å rive**	[ɔ 'rivə]
schil (de)	**skall** (n)	['skɑl]
schillen (ww)	**å skrelle**	[ɔ 'skrɛlə]

50. Kruiden

zout (het)	**salt** (n)	['sɑlt]
gezouten (bn)	**salt**	['sɑlt]
zouten (ww)	**å salte**	[ɔ 'sɑltə]
zwarte peper (de)	**svart pepper** (m)	['svɑːʈ 'pɛpər]
rode peper (de)	**rød pepper** (m)	['rø 'pɛpər]
mosterd (de)	**sennep** (m)	['sɛnəp]
mierikswortel (de)	**pepperrot** (m/f)	['pɛpərˌrʊt]
condiment (het)	**krydder** (n)	['krʏdər]
specerij , kruiderij (de)	**krydder** (n)	['krʏdər]
saus (de)	**saus** (m)	['saʊs]
azijn (de)	**eddik** (m)	['ɛdik]
anijs (de)	**anis** (m)	['ɑnis]
basilicum (de)	**basilik** (m)	[bɑsi'lik]

kruidnagel (de)	**nellik** (m)	['nɛlik]
gember (de)	**ingefær** (m)	['iŋə,fær]
koriander (de)	**koriander** (m)	[kʊri'ɑndər]
kaneel (de/het)	**kanel** (m)	[kɑ'nel]
sesamzaad (het)	**sesam** (m)	['sesɑm]
laurierblad (het)	**laurbærblad** (n)	['laʊrbær,blɑ]
paprika (de)	**paprika** (m)	['pɑprikɑ]
komijn (de)	**karve, kummin** (m)	['kɑrvə], ['kʉmin]
saffraan (de)	**safran** (m)	[sɑ'frɑn]

51. Maaltijden

eten (het)	**mat** (m)	['mɑt]
eten (ww)	**å spise**	[ɔ 'spisə]
ontbijt (het)	**frokost** (m)	['frʊkɔst]
ontbijten (ww)	**å spise frokost**	[ɔ 'spisə ,frʊkɔst]
lunch (de)	**lunsj, lunch** (m)	['lʉnʂ]
lunchen (ww)	**å spise lunsj**	[ɔ 'spisə ,lʉnʂ]
avondeten (het)	**middag** (m)	['mi,dɑ]
souperen (ww)	**å spise middag**	[ɔ 'spisə 'mi,dɑ]
eetlust (de)	**appetitt** (m)	[ɑpe'tit]
Eet smakelijk!	**God appetitt!**	['gʊ ɑpe'tit]
openen (een fles ~)	**å åpne**	[ɔ 'ɔpnə]
morsen (koffie, enz.)	**å spille**	[ɔ 'spilə]
zijn gemorst	**å bli spilt**	[ɔ 'bli 'spilt]
koken (water kookt bij 100°C)	**å koke**	[ɔ 'kʊkə]
koken (Hoe om water te ~)	**å koke**	[ɔ 'kʊkə]
gekookt (~ water)	**kokt**	['kʊkt]
afkoelen (koeler maken)	**å svalne**	[ɔ 'svɑlnə]
afkoelen (koeler worden)	**å avkjøles**	[ɔ 'ɑv,çœləs]
smaak (de)	**smak** (m)	['smɑk]
nasmaak (de)	**bismak** (m)	['bismɑk]
volgen een dieet	**å være på diet**	[ɔ 'værə pɔ di'et]
dieet (het)	**diett** (m)	[di'et]
vitamine (de)	**vitamin** (n)	[vitɑ'min]
calorie (de)	**kalori** (m)	[kɑlʊ'ri]
vegetariër (de)	**vegetarianer** (m)	[vegetɑri'ɑnər]
vegetarisch (bn)	**vegetarisk**	[vege'tɑrisk]
vetten (mv.)	**fett** (n)	['fɛt]
eiwitten (mv.)	**proteiner** (n pl)	[prɔte'inər]
koolhydraten (mv.)	**kullhydrater** (n pl)	['kʉlhy,drɑtər]
snede (de)	**skive** (m/f)	['ʂivə]
stuk (bijv. een ~ taart)	**stykke** (n)	['stʏkə]
kruimel (de)	**smule** (m)	['smʉlə]

52. Tafelschikking

lepel (de)	**skje** (m)	['ʂe]
mes (het)	**kniv** (m)	['kniv]
vork (de)	**gaffel** (m)	['gɑfəl]
kopje (het)	**kopp** (m)	['kɔp]
bord (het)	**tallerken** (m)	[tɑ'lærkən]
schoteltje (het)	**tefat** (n)	['te,fɑt]
servet (het)	**serviett** (m)	[sɛrvi'ɛt]
tandenstoker (de)	**tannpirker** (m)	['tɑn,pirkər]

53. Restaurant

restaurant (het)	**restaurant** (m)	[rɛstʊ'rɑŋ]
koffiehuis (het)	**kafé, kaffebar** (m)	[kɑ'fe], ['kɑfə,bɑr]
bar (de)	**bar** (m)	['bɑr]
tearoom (de)	**tesalong** (m)	['tesɑ,lɔŋ]
kelner, ober (de)	**servitør** (m)	['særvi'tør]
serveerster (de)	**servitrise** (m/f)	[særvi'trisə]
barman (de)	**bartender** (m)	['bɑ:ˌtɛndər]
menu (het)	**meny** (m)	[me'ny]
wijnkaart (de)	**vinkart** (n)	['vin,kɑ:ʈ]
een tafel reserveren	**å reservere bord**	[ɔ resɛr'verə 'bʊr]
gerecht (het)	**rett** (m)	['rɛt]
bestellen (eten ~)	**å bestille**	[ɔ be'stilə]
een bestelling maken	**å bestille**	[ɔ be'stilə]
aperitief (de/het)	**aperitiff** (m)	[ɑperi'tif]
voorgerecht (het)	**forrett** (m)	['fɔrɛt]
dessert (het)	**dessert** (m)	[de'sɛ:r]
rekening (de)	**regning** (m/f)	['rɛjniŋ]
de rekening betalen	**å betale regningen**	[ɔ be'tɑlə 'rɛjniŋən]
wisselgeld teruggeven	**å gi tilbake veksel**	[ɔ ji til'bɑkə 'vɛksəl]
fooi (de)	**driks** (m)	['driks]

Familie, verwanten en vrienden

54. Persoonlijke informatie. Formulieren

naam (de)	**navn** (n)	['navn]
achternaam (de)	**etternavn** (n)	['ɛtəˌɳavn]
geboortedatum (de)	**fødselsdato** (m)	['føtsəlsˌdatʊ]
geboorteplaats (de)	**fødested** (n)	['fødəˌsted]
nationaliteit (de)	**nasjonalitet** (m)	[naʂʊnali'tet]
woonplaats (de)	**bosted** (n)	['bʊˌsted]
land (het)	**land** (n)	['lan]
beroep (het)	**yrke** (n), **profesjon** (m)	['yrkə], [prʊfe'ʂʊn]
geslacht (ov. het vrouwelijk ~)	**kjønn** (n)	['çœn]
lengte (de)	**høyde** (m)	['højdə]
gewicht (het)	**vekt** (m)	['vɛkt]

55. Familieleden. Verwanten

moeder (de)	**mor** (m/f)	['mʊr]
vader (de)	**far** (m)	['far]
zoon (de)	**sønn** (m)	['sœn]
dochter (de)	**datter** (m/f)	['datər]
jongste dochter (de)	**yngste datter** (m/f)	['yŋstə 'datər]
jongste zoon (de)	**yngste sønn** (m)	['yŋstə 'sœn]
oudste dochter (de)	**eldste datter** (m/f)	['ɛlstə 'datər]
oudste zoon (de)	**eldste sønn** (m)	['ɛlstə 'sœn]
broer (de)	**bror** (m)	['brʊr]
oudere broer (de)	**eldre bror** (m)	['ɛldrə ˌbrʊr]
jongere broer (de)	**lillebror** (m)	['liləˌbrʊr]
zuster (de)	**søster** (m/f)	['søstər]
oudere zuster (de)	**eldre søster** (m/f)	['ɛldrə ˌsøstər]
jongere zuster (de)	**lillesøster** (m/f)	['liləˌsøster]
neef (zoon van oom, tante)	**fetter** (m/f)	['fɛtər]
nicht (dochter van oom, tante)	**kusine** (m)	[kʉ'sinə]
mama (de)	**mamma** (m)	['mama]
papa (de)	**pappa** (m)	['papa]
ouders (mv.)	**foreldre** (pl)	[fɔr'ɛldrə]
kind (het)	**barn** (n)	['ba:ɳ]
kinderen (mv.)	**barn** (n pl)	['ba:ɳ]
oma (de)	**bestemor** (m)	['bɛstəˌmʊr]
opa (de)	**bestefar** (m)	['bɛstəˌfar]

kleinzoon (de)	**barnebarn** (n)	['bɑ:ɳə,bɑ:ɳ]
kleindochter (de)	**barnebarn** (n)	['bɑ:ɳə,bɑ:ɳ]
kleinkinderen (mv.)	**barnebarn** (n pl)	['bɑ:ɳə,bɑ:ɳ]
oom (de)	**onkel** (m)	['ʊnkəl]
tante (de)	**tante** (m/f)	['tɑntə]
neef (zoon van broer, zus)	**nevø** (m)	[ne'vø]
nicht (dochter van broer ,zus)	**niese** (m/f)	[ni'esə]
schoonmoeder (de)	**svigermor** (m/f)	['svigər,mʊr]
schoonvader (de)	**svigerfar** (m)	['svigər,fɑr]
schoonzoon (de)	**svigersønn** (m)	['svigər,sœn]
stiefmoeder (de)	**stemor** (m/f)	['ste,mʊr]
stiefvader (de)	**stefar** (m)	['ste,fɑr]
zuigeling (de)	**brystbarn** (n)	['brʏst,bɑ:ɳ]
wiegenkind (het)	**spedbarn** (n)	['spe,bɑ:ɳ]
kleuter (de)	**lite barn** (n)	['litə 'bɑ:ɳ]
vrouw (de)	**kone** (m/f)	['kʊnə]
man (de)	**mann** (m)	['mɑn]
echtgenoot (de)	**ektemann** (m)	['ɛktə,mɑn]
echtgenote (de)	**hustru** (m)	['hʉstrʉ]
gehuwd (mann.)	**gift**	['jift]
gehuwd (vrouw.)	**gift**	['jift]
ongehuwd (mann.)	**ugift**	[ʉ:'jift]
vrijgezel (de)	**ungkar** (m)	['ʉŋ,kɑr]
gescheiden (bn)	**fraskilt**	['frɑ,ʂilt]
weduwe (de)	**enke** (m)	['ɛnkə]
weduwnaar (de)	**enkemann** (m)	['ɛnkə,mɑn]
familielid (het)	**slektning** (m)	['ʂlektniŋ]
dichte familielid (het)	**nær slektning** (m)	['nær 'slektniŋ]
verre familielid (het)	**fjern slektning** (m)	['fjæ:ɳ 'slektniŋ]
familieleden (mv.)	**slektninger** (m pl)	['ʂlektniŋər]
wees (de), weeskind (het)	**foreldreløst barn** (n)	[fɔr'ɛldrəløst ,bɑ:ɳ]
voogd (de)	**formynder** (m)	['fɔr,mʏnər]
adopteren (een jongen te ~)	**å adoptere**	[ɔ adɔp'terə]
adopteren (een meisje te ~)	**å adoptere**	[ɔ adɔp'terə]

56. Vrienden. Collega's

vriend (de)	**venn** (m)	['vɛn]
vriendin (de)	**venninne** (m/f)	[vɛ'ninə]
vriendschap (de)	**vennskap** (n)	['vɛn,skɑp]
bevriend zijn (ww)	**å være venner**	[ɔ 'værə 'vɛnər]
makker (de)	**venn** (m)	['vɛn]
vriendin (de)	**venninne** (m/f)	[vɛ'ninə]
partner (de)	**partner** (m)	['pɑ:ʈnər]
chef (de)	**sjef** (m)	['ʂɛf]
baas (de)	**overordnet** (m)	['ɔvər,ɔrdnet]

eigenaar (de)	**eier** (m)	['æjər]
ondergeschikte (de)	**underordnet** (m)	['ʉnərˌɔrdnet]
collega (de)	**kollega** (m)	[kʊ'legɑ]
kennis (de)	**bekjent** (m)	[be'çɛnt]
medereiziger (de)	**medpassasjer** (m)	['meˌpɑsɑ'ʂɛr]
klasgenoot (de)	**klassekamerat** (m)	['klɑsəˌkɑmə'rɑ:t]
buurman (de)	**nabo** (m)	['nɑbʊ]
buurvrouw (de)	**nabo** (m)	['nɑbʊ]
buren (mv.)	**naboer** (m pl)	['nɑbʊər]

57. Man. Vrouw

vrouw (de)	**kvinne** (m/f)	['kvinə]
meisje (het)	**jente** (m/f)	['jɛntə]
bruid (de)	**brud** (m/f)	['brʉd]
mooi(e) (vrouw, meisje)	**vakker**	['vɑkər]
groot, grote (vrouw, meisje)	**høy**	['høj]
slank(e) (vrouw, meisje)	**slank**	['ʂlɑnk]
korte, kleine (vrouw, meisje)	**liten av vekst**	['litən ɑ: 'vɛkst]
blondine (de)	**blondine** (m)	[blɔn'dinə]
brunette (de)	**brunette** (m)	[brʉ'nɛtə]
dames- (abn)	**dame-**	['dɑmə-]
maagd (de)	**jomfru** (m/f)	['ʉmfrʉ]
zwanger (bn)	**gravid**	[grɑ'vid]
man (de)	**mann** (m)	['mɑn]
blonde man (de)	**blond mann** (m)	['blɔn ˌmɑn]
bruinharige man (de)	**mørkhåret mann** (m)	['mœrkˌho:ret mɑn]
groot (bn)	**høy**	['høj]
klein (bn)	**liten av vekst**	['litən ɑ: 'vɛkst]
onbeleefd (bn)	**grov**	['grɔv]
gedrongen (bn)	**undersetsig**	['ʉnəˌʂɛtsi]
robuust (bn)	**robust**	[rʊ'bʉst]
sterk (bn)	**sterk**	['stærk]
sterkte (de)	**kraft, styrke** (m)	['krɑft], ['styrkə]
mollig (bn)	**tykk**	['tʏk]
getaand (bn)	**mørkhudet**	['mœrkˌhʉdət]
slank (bn)	**slank**	['ʂlɑnk]
elegant (bn)	**elegant**	[ɛle'gɑnt]

58. Leeftijd

leeftijd (de)	**alder** (m)	['ɑldər]
jeugd (de)	**ungdom** (m)	['ʉŋˌdɔm]
jong (bn)	**ung**	['ʉŋ]

jonger (bn)	**yngre**	['ʏŋrə]
ouder (bn)	**eldre**	['ɛldrə]
jongen (de)	**unge mann** (m)	['ʉŋə ˌman]
tiener, adolescent (de)	**tenåring** (m)	['tɛno:riŋ]
kerel (de)	**kar** (m)	['kar]
oude man (de)	**gammel mann** (m)	['gaməl ˌman]
oude vrouw (de)	**gammel kvinne** (m/f)	['gaməl ˌkvinə]
volwassen (bn)	**voksen**	['vɔksən]
van middelbare leeftijd (bn)	**middelaldrende**	['midəlˌaldrɛnə]
bejaard (bn)	**eldre**	['ɛldrə]
oud (bn)	**gammel**	['gaməl]
pensioen (het)	**pensjon** (m)	[pan'ʂʊn]
met pensioen gaan	**å gå av med pensjon**	[ɔ 'gɔ ɑ: me pan'ʂʊn]
gepensioneerde (de)	**pensjonist** (m)	[panʂʊ'nist]

59. Kinderen

kind (het)	**barn** (n)	['bɑ:ɳ]
kinderen (mv.)	**barn** (n pl)	['bɑ:ɳ]
tweeling (de)	**tvillinger** (m pl)	['tviliŋər]
wieg (de)	**vogge** (m/f)	['vɔgə]
rammelaar (de)	**rangle** (m/f)	['raŋlə]
luier (de)	**bleie** (m/f)	['blæjə]
speen (de)	**smokk** (m)	['smʊk]
kinderwagen (de)	**barnevogn** (m/f)	['bɑ:ɳəˌvɔŋn]
kleuterschool (de)	**barnehage** (m)	['bɑ:ɳəˌhagə]
babysitter (de)	**babysitter** (m)	['bɛbyˌsitər]
kindertijd (de)	**barndom** (m)	['bɑ:ɳˌdɔm]
pop (de)	**dukke** (m/f)	['dʉkə]
speelgoed (het)	**leketøy** (n)	['lekəˌtøj]
bouwspeelgoed (het)	**byggesett** (n)	['bʏgəˌsɛt]
welopgevoed (bn)	**veloppdragen**	['velˌɔp'dragən]
onopgevoed (bn)	**uoppdragen**	[ʉop'dragən]
verwend (bn)	**bortskjemt**	['bʊ:ʈʂɛmt]
stout zijn (ww)	**å være stygg**	[ɔ 'værə 'stʏg]
stout (bn)	**skøyeraktig**	['skøjəˌrakti]
stoutheid (de)	**skøyeraktighet** (m)	['skøjəˌraktihet]
stouterd (de)	**skøyer** (m)	['skøjər]
gehoorzaam (bn)	**lydig**	['lydi]
ongehoorzaam (bn)	**ulydig**	[ʉ'lydi]
braaf (bn)	**føyelig**	['føjli]
slim (verstandig)	**klok**	['klʊk]
wonderkind (het)	**vidunderbarn** (n)	['vidˌʉndərˌbɑ:ɳ]

60. Gehuwde paren. Gezinsleven

kussen (een kus geven)	**å kysse**	[ɔ 'çysə]
elkaar kussen (ww)	**å kysse hverandre**	[ɔ 'çysə ˌverandrə]
gezin (het)	**familie** (m)	[fɑ'miliə]
gezins- (abn)	**familie-**	[fɑ'miliə-]
paar (het)	**par** (n)	['pɑr]
huwelijk (het)	**ekteskap** (n)	['ɛktəˌskɑp]
thuis (het)	**hjemmets arne** (m)	['jɛmeʦ 'ɑ:ɳə]
dynastie (de)	**dynasti** (n)	[dinɑs'ti]
date (de)	**stevnemøte** (n)	['stɛvnəˌmøtə]
zoen (de)	**kyss** (n)	['çys]
liefde (de)	**kjærlighet** (m)	['çæ:ɭiˌhet]
liefhebben (ww)	**å elske**	[ɔ 'ɛlskə]
geliefde (bn)	**elskling**	['ɛlskliŋ]
tederheid (de)	**ømhet** (m)	['ømˌhet]
teder (bn)	**øm**	['øm]
trouw (de)	**troskap** (m)	['trʊˌskɑp]
trouw (bn)	**trofast**	['trʊfɑst]
zorg (bijv. bejaarden~)	**omsorg** (m)	['ɔmˌsɔrg]
zorgzaam (bn)	**omsorgsfull**	['ɔmˌsɔrgsfʉl]
jonggehuwden (mv.)	**nygifte** (n)	['nyˌjiftə]
wittebroodsweken (mv.)	**hvetebrødsdager** (m pl)	['vetɛbrøsˌdɑgər]
trouwen (vrouw)	**å gifte seg**	[ɔ 'jiftə sæj]
trouwen (man)	**å gifte seg**	[ɔ 'jiftə sæj]
bruiloft (de)	**bryllup** (n)	['brʏlʉp]
gouden bruiloft (de)	**gullbryllup** (n)	['gʉlˌbrʏlʉp]
verjaardag (de)	**årsdag** (m)	['o:ʂˌdɑ]
minnaar (de)	**elsker** (m)	['ɛlskər]
minnares (de)	**elskerinne** (m/f)	['ɛlskəˌrinə]
overspel (het)	**utroskap** (m)	['ʉˌtrɔskɑp]
overspel plegen (ww)	**å være utro**	[ɔ 'værə 'ʉˌtrʊ]
jaloers (bn)	**sjalu**	[ʂɑ'lʉ:]
jaloers zijn (echtgenoot, enz.)	**å være sjalu**	[ɔ 'værə ʂɑ'lʉ:]
echtscheiding (de)	**skilsmisse** (m)	['ʂilsˌmisə]
scheiden (ww)	**å skille seg**	[ɔ 'ʂilə sæj]
ruzie hebben (ww)	**å krangle**	[ɔ 'krɑŋlə]
vrede sluiten (ww)	**å forsone seg**	[ɔ fɔ'ʂʊnə sæj]
samen (bw)	**sammen**	['sɑmən]
seks (de)	**sex** (m)	['sɛks]
geluk (het)	**lykke** (m/f)	['lʏkə]
gelukkig (bn)	**lykkelig**	['lʏkəli]
ongeluk (het)	**ulykke** (m/f)	['ʉˌlʏkə]
ongelukkig (bn)	**ulykkelig**	['ʉˌlʏkəli]

Karakter. Gevoelens. Emoties

61. Gevoelens. Emoties

gevoel (het)	**følelse** (m)	['føləlsə]
gevoelens (mv.)	**følelser** (m pl)	['føləlsər]
voelen (ww)	**å kjenne**	[ɔ 'çɛnə]
honger (de)	**sult** (m)	['sʉlt]
honger hebben (ww)	**å være sulten**	[ɔ 'værə 'sʉltən]
dorst (de)	**tørst** (m)	['tœʂt]
dorst hebben	**å være tørst**	[ɔ 'værə 'tœʂt]
slaperigheid (de)	**søvnighet** (m)	['sœvniˌhet]
willen slapen	**å være søvnig**	[ɔ 'værə 'sœvni]
moeheid (de)	**tretthet** (m)	['trɛtˌhet]
moe (bn)	**trett**	['trɛt]
vermoeid raken (ww)	**å bli trett**	[ɔ 'bli 'trɛt]
stemming (de)	**humør** (n)	[hʉ'mør]
verveling (de)	**kjedsomhet** (m/f)	['çɛdsɔmˌhet]
zich vervelen (ww)	**å kjede seg**	[ɔ 'çedə sæj]
afzondering (de)	**avsondrethet** (m/f)	['ɑfsɔndrɛtˌhet]
zich afzonderen (ww)	**å isolere seg**	[ɔ isʊ'lerə sæj]
bezorgd maken (ww)	**å bekymre, å uroe**	[ɔ be'çymrə], [ɔ 'ʉ:rʊə]
zich bezorgd maken	**å bekymre seg**	[ɔ be'çymrə sæj]
zorg (bijv. geld~en)	**bekymring** (m/f)	[be'çymriŋ]
ongerustheid (de)	**uro** (m/f)	['ʉrʊ]
ongerust (bn)	**bekymret**	[be'çymrət]
zenuwachtig zijn (ww)	**å være nervøs**	[ɔ 'værə nær'vøs]
in paniek raken	**å få panikk**	[ɔ 'fɔ pɑ'nik]
hoop (de)	**håp** (n)	['hɔp]
hopen (ww)	**å håpe**	[ɔ 'ho:pə]
zekerheid (de)	**sikkerhet** (m/f)	['sikərˌhet]
zeker (bn)	**sikker**	['sikər]
onzekerheid (de)	**usikkerhet** (m)	['ʉsikərˌhet]
onzeker (bn)	**usikker**	['ʉˌsikər]
dronken (bn)	**beruset, full**	[be'rʉsət], ['fʉl]
nuchter (bn)	**edru**	['ɛdrʉ]
zwak (bn)	**svak**	['svɑk]
gelukkig (bn)	**lykkelig**	['lʏkəli]
doen schrikken (ww)	**å skremme**	[ɔ 'skrɛmə]
toorn (de)	**raseri** (n)	[rɑsɛ'ri]
woede (de)	**raseri** (n)	[rɑsɛ'ri]
depressie (de)	**depresjon** (m)	[dɛpre'ʂʊn]
ongemak (het)	**ubehag** (n)	['ʉbeˌhɑg]

gemak, comfort (het)	**komfort** (m)	[kʊm'fɔ:r]
spijt hebben (ww)	**å beklage**	[ɔ be'klagə]
spijt (de)	**beklagelse** (m)	[be'klagəlsə]
pech (de)	**uhell** (n)	['ʉ,hɛl]
bedroefdheid (de)	**sorg** (m/f)	['sɔr]
schaamte (de)	**skam** (m/f)	['skam]
pret (de), plezier (het)	**glede** (m/f)	['gledə]
enthousiasme (het)	**entusiasme** (m)	[ɛntʉsi'asmə]
enthousiasteling (de)	**entusiast** (m)	[ɛntʉsi'ast]
enthousiasme vertonen	**å vise entusiasme**	[ɔ 'visə ɛntʉsi'asmə]

62. Karakter. Persoonlijkheid

karakter (het)	**karakter** (m)	[karak'ter]
karakterfout (de)	**karakterbrist** (m/f)	[karak'ter,brist]
verstand (het)	**sinn** (n)	['sin]
rede (de)	**forstand** (m)	[fɔ'ʂtan]
geweten (het)	**samvittighet** (m)	[sam'viti,het]
gewoonte (de)	**vane** (m)	['vanə]
bekwaamheid (de)	**evne** (m/f)	['ɛvnə]
kunnen (bijv., ~ zwemmen)	**å kunne**	[ɔ 'kʉnə]
geduldig (bn)	**tålmodig**	[tɔl'mʊdi]
ongeduldig (bn)	**utålmodig**	['ʉtɔl,mʊdi]
nieuwsgierig (bn)	**nysgjerrig**	['nʏ,ʂæri]
nieuwsgierigheid (de)	**nysgjerrighet** (m)	['nʏ,ʂæri,het]
bescheidenheid (de)	**beskjedenhet** (m)	[be'ʂeden,het]
bescheiden (bn)	**beskjeden**	[be'ʂedən]
onbescheiden (bn)	**ubeskjeden**	['ʉbe,ʂedən]
luiheid (de)	**lathet** (m)	['lat,het]
lui (bn)	**doven**	['dʊvən]
luiwammes (de)	**dovendyr** (n)	['dʊvən,dyr]
sluwheid (de)	**list** (m/f)	['list]
sluw (bn)	**listig**	['listi]
wantrouwen (het)	**mistro** (m/f)	['mis,trɔ]
wantrouwig (bn)	**mistroende**	['mis,trʊenə]
gulheid (de)	**gavmildhet** (m)	['gavmil,het]
gul (bn)	**generøs**	[ʂenə'røs]
talentrijk (bn)	**talentfull**	[ta'lent,fʉl]
talent (het)	**talent** (n)	[ta'lent]
moedig (bn)	**modig**	['mʊdi]
moed (de)	**mot** (n)	['mʊt]
eerlijk (bn)	**ærlig**	['æ:ɭi]
eerlijkheid (de)	**ærlighet** (m)	['æ:ɭi,het]
voorzichtig (bn)	**forsiktig**	[fɔ'ʂikti]
manhaftig (bn)	**modig**	['mʊdi]

ernstig (bn)	**alvorlig**	[ɑl'vɔ:ḷi]
streng (bn)	**streng**	['strɛŋ]
resoluut (bn)	**besluttsom**	[be'ʂlʉt,sɔm]
onzeker, irresoluut (bn)	**ubesluttsom**	[ʉbe'ʂlʉt,sɔm]
schuchter (bn)	**forsagt**	['fɔ,ʂɑkt]
schuchterheid (de)	**forsagthet** (m)	['fɔʂɑkt,het]
vertrouwen (het)	**tillit** (m)	['tilit]
vertrouwen (ww)	**å tro**	[ɔ 'trʊ]
goedgelovig (bn)	**tillitsfull**	['tilits,fʉl]
oprecht (bw)	**oppriktig**	[ɔp'rikti]
oprecht (bn)	**oppriktig**	[ɔp'rikti]
oprechtheid (de)	**oppriktighet** (m)	[ɔp'rikti,het]
open (bn)	**åpen**	['ɔpən]
rustig (bn)	**stille**	['stilə]
openhartig (bn)	**oppriktig**	[ɔp'rikti]
naïef (bn)	**naiv**	[nɑ'iv]
verstrooid (bn)	**forstrødd**	['fʊ,ʂtrød]
leuk, grappig (bn)	**morsom**	['mʊʂɔm]
gierigheid (de)	**grådighet** (m)	['gro:di,het]
gierig (bn)	**grådig**	['gro:di]
inhalig (bn)	**gjerrig**	['jæri]
kwaad (bn)	**ond**	['ʊn]
koppig (bn)	**hårdnakket**	['hɔ:r,nɑkət]
onaangenaam (bn)	**ubehagelig**	[ʉbe'hɑgeli]
egoïst (de)	**egoist** (m)	[ɛgʊ'ist]
egoïstisch (bn)	**egoistisk**	[ɛgʊ'istisk]
lafaard (de)	**feiging** (m)	['fæjgiŋ]
laf (bn)	**feig**	['fæjg]

63. Slaap. Dromen

slapen (ww)	**å sove**	[ɔ 'sɔvə]
slaap (in ~ vallen)	**søvn** (m)	['sœvn]
droom (de)	**drøm** (m)	['drøm]
dromen (in de slaap)	**å drømme**	[ɔ 'drœmə]
slaperig (bn)	**søvnig**	['sœvni]
bed (het)	**seng** (m/f)	['sɛŋ]
matras (de)	**madrass** (m)	[mɑ'drɑs]
deken (de)	**dyne** (m/f)	['dynə]
kussen (het)	**pute** (m/f)	['pʉtə]
laken (het)	**laken** (n)	['lɑkən]
slapeloosheid (de)	**søvnløshet** (m)	['sœvnløs,het]
slapeloos (bn)	**søvnløs**	['sœvn,løs]
slaapmiddel (het)	**sovetablett** (n)	['sɔve,tɑb'let]
slaapmiddel innemen	**å ta en sovetablett**	[ɔ 'tɑ en 'sɔve,tɑb'let]
willen slapen	**å være søvnig**	[ɔ 'værə 'sœvni]

geeuwen (ww)	**å gjespe**	[ɔ 'jɛspə]
gaan slapen	**å gå til sengs**	[ɔ 'gɔ til 'sɛŋs]
het bed opmaken	**å re opp sengen**	[ɔ 're ɔp 'sɛŋən]
inslapen (ww)	**å falle i søvn**	[ɔ 'falə i 'sœvn]
nachtmerrie (de)	**mareritt** (n)	['marə,rit]
gesnurk (het)	**snork** (m)	['snɔrk]
snurken (ww)	**å snorke**	[ɔ 'snɔrkə]
wekker (de)	**vekkerklokka** (m/f)	['vɛkər,klɔka]
wekken (ww)	**å vekke**	[ɔ 'vɛkə]
wakker worden (ww)	**å våkne**	[ɔ 'vɔknə]
opstaan (ww)	**å stå opp**	[ɔ 'stɔ: ɔp]
zich wassen (ww)	**å vaske seg**	[ɔ 'vaskə sæj]

64. Humor. Gelach. Blijdschap

humor (de)	**humor** (m/n)	['hʉmʊr]
gevoel (het) voor humor	**sans** (m) **for humor**	['sans fɔr 'hʉmʊr]
plezier hebben (ww)	**å more seg**	[ɔ 'mʊrə sæj]
vrolijk (bn)	**glad, munter**	['gla], ['mʉntər]
pret (de), plezier (het)	**munterhet** (m)	['mʉntər,het]
glimlach (de)	**smil** (m/n)	['smil]
glimlachen (ww)	**å smile**	[ɔ 'smilə]
beginnen te lachen (ww)	**å begynne å skratte**	[ɔ be'jinə ɔ 'skratə]
lachen (ww)	**å le, å skratte**	[ɔ 'le], [ɔ 'skratə]
lach (de)	**latter** (m), **skratt** (m/n)	['latər], ['skrat]
mop (de)	**anekdote** (m)	[anek'dɔtə]
grappig (een ~ verhaal)	**morsom**	['mʊʂɔm]
grappig (~e clown)	**morsom**	['mʊʂɔm]
grappen maken (ww)	**å spøke**	[ɔ 'spøkə]
grap (de)	**skjemt, spøk** (m)	['ʂɛmt], ['spøk]
blijheid (de)	**glede** (m/f)	['gledə]
blij zijn (ww)	**å glede seg**	[ɔ 'gledə sæj]
blij (bn)	**glad**	['gla]

65. Discussie, conversatie. Deel 1

communicatie (de)	**kommunikasjon** (m)	[kʊmʉnikə'ʂʊn]
communiceren (ww)	**å kommunisere**	[ɔ kʊmʉni'serə]
conversatie (de)	**samtale** (m)	['sam,talə]
dialoog (de)	**dialog** (m)	[dia'lɔg]
discussie (de)	**diskusjon** (m)	[diskʉ'ʂʊn]
debat (het)	**debatt** (m)	[de'bat]
debatteren, twisten (ww)	**å diskutere**	[ɔ diskʉ'terə]
gesprekspartner (de)	**samtalepartner** (m)	['sam,talə 'pa:ʈnər]
thema (het)	**emne** (n)	['ɛmnə]

standpunt (het)	**synspunkt** (n)	['sʏns,pʉnt]
mening (de)	**mening** (m/f)	['meniŋ]
toespraak (de)	**tale** (m)	['tɑlə]
bespreking (de)	**diskusjon** (m)	[diskʉ'ʂʊn]
bespreken (spreken over)	**å drøfte, å diskutere**	[ɔ 'drœftə], [ɔ diskʉ'terə]
gesprek (het)	**samtale** (m)	['sɑm,tɑlə]
spreken (converseren)	**å snakke, å samtale**	[ɔ 'snɑkə], [ɔ 'sɑm,tɑlə]
ontmoeting (de)	**møte** (n)	['møtə]
ontmoeten (ww)	**å møtes**	[ɔ 'møtəs]
spreekwoord (het)	**ordspråk** (n)	['u:r,sprɔk]
gezegde (het)	**ordstev** (n)	['u:r,ʂtev]
raadsel (het)	**gåte** (m)	['go:tə]
een raadsel opgeven	**å utgjøre en gåte**	[ɔ ʉt'jørə en 'go:tə]
wachtwoord (het)	**passord** (n)	['pɑs,u:r]
geheim (het)	**hemmelighet** (m/f)	['hɛməli,het]
eed (de)	**ed** (m)	['ɛd]
zweren (een eed doen)	**å sverge**	[ɔ 'sværgə]
belofte (de)	**løfte** (n), **loven** (m)	['lœftə], ['lɔvən]
beloven (ww)	**å love**	[ɔ 'lɔvə]
advies (het)	**råd** (n)	['rɔd]
adviseren (ww)	**å råde**	[ɔ 'ro:də]
advies volgen (iemands ~)	**å følge råd**	[ɔ 'følə 'ro:d]
luisteren (gehoorzamen)	**å adlyde**	[ɔ 'ɑd,lydə]
nieuws (het)	**nyhet** (m)	['nyhet]
sensatie (de)	**sensasjon** (m)	[sɛnsɑ'ʂʊn]
informatie (de)	**opplysninger** (m/f pl)	['ɔp,lʏsniŋər]
conclusie (de)	**slutning** (m)	['ʂlʉtniŋ]
stem (de)	**røst** (m/f), **stemme** (m)	['røst], ['stɛmə]
compliment (het)	**kompliment** (m)	[kʊmpli'mɑŋ]
vriendelijk (bn)	**elskverdig**	[ɛlsk'værdi]
woord (het)	**ord** (n)	['u:r]
zin (de), zinsdeel (het)	**frase** (m)	['frɑsə]
antwoord (het)	**svar** (n)	['svɑr]
waarheid (de)	**sannhet** (m)	['sɑn,het]
leugen (de)	**løgn** (m/f)	['løjn]
gedachte (de)	**tanke** (m)	['tɑnkə]
idee (de/het)	**ide** (m)	[i'de]
fantasie (de)	**fantasi** (m)	[fɑntɑ'si]

66. Discussie, conversatie. Deel 2

gerespecteerd (bn)	**respektert**	[rɛspɛk'tɛ:ʈ]
respecteren (ww)	**å respektere**	[ɔ rɛspɛk'terə]
respect (het)	**respekt** (m)	[rɛ'spɛkt]
Geachte ... (brief)	**Kjære ...**	['çærə ...]
voorstellen (Mag ik jullie ~)	**å introdusere**	[ɔ intrɔdʉ'serə]

kennismaken (met ...)	**å stifte bekjentskap med ...**	[ɔ 'stiftə be'çɛnˌskap me ...]
intentie (de)	**hensikt** (m)	['hɛnˌsikt]
intentie hebben (ww)	**å ha til hensikt**	[ɔ 'ha til 'hɛnˌsikt]
wens (de)	**ønske** (n)	['ønskə]
wensen (ww)	**å ønske**	[ɔ 'ønskə]
verbazing (de)	**overraskelse** (m/f)	['ɔvəˌraskəlsə]
verbazen (verwonderen)	**å forundre**	[ɔ fɔ'rʉndrə]
verbaasd zijn (ww)	**å bli forundret**	[ɔ 'bli fɔ'rʉndrət]
geven (ww)	**å gi**	[ɔ 'ji]
nemen (ww)	**å ta**	[ɔ 'ta]
teruggeven (ww)	**å gi tilbake**	[ɔ 'ji til'bakə]
retourneren (ww)	**å returnere**	[ɔ retʉr'nerə]
zich verontschuldigen	**å unnskylde seg**	[ɔ 'ʉnˌʂylə sæj]
verontschuldiging (de)	**unnskyldning** (m/f)	['ʉnˌʂyldniŋ]
vergeven (ww)	**å tilgi**	[ɔ 'tilˌji]
spreken (ww)	**å tale**	[ɔ 'talə]
luisteren (ww)	**å lye, å lytte**	[ɔ 'lye], [ɔ 'lʏtə]
aanhoren (ww)	**å høre på**	[ɔ 'hørə pɔ]
begrijpen (ww)	**å forstå**	[ɔ fɔ'ʂtɔ]
tonen (ww)	**å vise**	[ɔ 'visə]
kijken naar ...	**å se på ...**	[ɔ 'se pɔ ...]
roepen (vragen te komen)	**å kalle**	[ɔ 'kalə]
afleiden (storen)	**å distrahere**	[ɔ distra'erə]
storen (lastigvallen)	**å forstyrre**	[ɔ fɔ'ʂtʏrə]
doorgeven (ww)	**å rekke**	[ɔ 'rɛkə]
verzoek (het)	**begjæring** (m/f)	[be'jæriŋ]
verzoeken (ww)	**å be, å bede**	[ɔ 'be], [ɔ 'bedə]
eis (de)	**krav** (n)	['krav]
eisen (met klem vragen)	**å kreve**	[ɔ 'krevə]
beledigen (beledigende namen geven)	**å erte**	[ɔ 'ɛ:ʈə]
uitlachen (ww)	**å håne**	[ɔ 'ho:nə]
spot (de)	**hån** (m)	['hɔn]
bijnaam (de)	**kallenavn, tilnavn** (n)	['kaləˌnavn], ['tilˌnavn]
zinspeling (de)	**insinuasjon** (m)	[insinʉa'ʂʊn]
zinspelen (ww)	**å insinuere**	[ɔ insinʉ'erə]
impliceren (duiden op)	**å bety**	[ɔ 'bety]
beschrijving (de)	**beskrivelse** (m)	[be'skrivəlsə]
beschrijven (ww)	**å beskrive**	[ɔ be'skrivə]
lof (de)	**ros** (m)	['rʊs]
loven (ww)	**å rose, å berømme**	[ɔ 'rʊsə], [ɔ be'rœmə]
teleurstelling (de)	**skuffelse** (m)	['skʉfəlsə]
teleurstellen (ww)	**å skuffe**	[ɔ 'skʉfə]
teleurgesteld zijn (ww)	**å bli skuffet**	[ɔ 'bli 'skʉfət]
veronderstelling (de)	**antagelse** (m)	[an'tagəlsə]
veronderstellen (ww)	**å anta, å formode**	[ɔ 'anˌta], [ɔ fɔr'mʊdə]

waarschuwing (de)	**advarsel** (m)	['adˌvaʂəl]
waarschuwen (ww)	**å advare**	[ɔ 'adˌvarə]

67. Discussie, conversatie. Deel 3

aanpraten (ww)	**å overtale**	[ɔ 'ɔvəˌʈalə]
kalmeren (kalm maken)	**å berolige**	[ɔ be'rʊliə]
stilte (de)	**taushet** (m)	['taʊsˌhet]
zwijgen (ww)	**å tie**	[ɔ 'tie]
fluisteren (ww)	**å hviske**	[ɔ 'viskə]
gefluister (het)	**hvisking** (m/f)	['viskiŋ]
open, eerlijk (bw)	**oppriktig**	[ɔp'rikti]
volgens mij ...	**etter min mening ...**	['ɛtər min 'meniŋ ...]
detail (het)	**detalj** (m)	[de'talj]
gedetailleerd (bn)	**detaljert**	[deta'ljɛ:ʈ]
gedetailleerd (bw)	**i detaljer**	[i de'taljer]
hint (de)	**vink** (n)	['vink]
een hint geven	**å gi et vink**	[ɔ 'ji et 'vink]
blik (de)	**blikk** (n)	['blik]
een kijkje nemen	**å kaste et blikk**	[ɔ 'kastə et 'blik]
strak (een ~ke blik)	**stiv**	['stiv]
knipperen (ww)	**å blinke**	[ɔ 'blinkə]
knipogen (ww)	**å blinke**	[ɔ 'blinkə]
knikken (ww)	**å nikke**	[ɔ 'nikə]
zucht (de)	**sukk** (n)	['sʉk]
zuchten (ww)	**å sukke**	[ɔ 'sʉkə]
huiveren (ww)	**å gyse**	[ɔ 'jisə]
gebaar (het)	**gest** (m)	['gɛst]
aanraken (ww)	**å røre**	[ɔ 'rørə]
grijpen (ww)	**å gripe**	[ɔ 'gripə]
een schouderklopje geven	**å klappe**	[ɔ 'klapə]
Kijk uit!	**Pass på!**	['pas 'pɔ]
Echt?	**Virkelig?**	['virkəli]
Bent je er zeker van?	**Er du sikker?**	[ɛr dʉ 'sikər]
Succes!	**Lykke til!**	['lʏkə til]
Juist, ja!	**Jeg forstår!**	['jæ fɔ'ʂto:r]
Wat jammer!	**Det var synd!**	[de var 'sʏn]

68. Overeenstemming. Weigering

instemming (het)	**samtykke** (n)	['samˌtʏkə]
instemmen (akkoord gaan)	**å samtykke**	[ɔ 'samˌtʏkə]
goedkeuring (de)	**godkjennelse** (m)	['gʊˌçɛnəlsə]
goedkeuren (ww)	**å godkjenne**	[ɔ 'gʊˌçɛnə]
weigering (de)	**avslag** (n)	['afˌslag]

weigeren (ww)	**å vegre seg**	[ɔ 'vɛgrə sæj]
Geweldig!	**Det er fint!**	['de ær 'fint]
Goed!	**Godt!**	['gɔt]
Akkoord!	**OK! Enig!**	[ɔ'kɛj], ['ɛni]
verboden (bn)	**forbudt**	[fɔr'bʉt]
het is verboden	**det er forbudt**	[de ær fɔr'bʉt]
het is onmogelijk	**det er umulig**	[de ær ʉ'mʉli]
onjuist (bn)	**uriktig, ikke riktig**	['ʉˌrikti], ['ikə ˌrikti]
afwijzen (ww)	**å avslå**	[ɔ 'ɑfˌslɔ]
steunen (een goed doel, enz.)	**å støtte**	[ɔ 'stœtə]
aanvaarden (excuses ~)	**å akseptere**	[ɔ ɑksɛp'terə]
bevestigen (ww)	**å bekrefte**	[ɔ be'krɛftə]
bevestiging (de)	**bekreftelse** (m)	[be'krɛftəlsə]
toestemming (de)	**tillatelse** (m)	['tiˌlɑtəlsə]
toestaan (ww)	**å tillate**	[ɔ 'tiˌlɑtə]
beslissing (de)	**beslutning** (m)	[be'ʂlʉtniŋ]
z'n mond houden (ww)	**å tie**	[ɔ 'tie]
voorwaarde (de)	**betingelse** (m)	[be'tiŋəlsə]
smoes (de)	**foregivende** (n)	['fɔrəˌjivnə]
lof (de)	**ros** (m)	['rʊs]
loven (ww)	**å rose, å berømme**	[ɔ 'rʊsə], [ɔ be'rœmə]

69. Succes. Veel geluk. Mislukking

succes (het)	**suksess** (m)	[sʉk'sɛ]
succesvol (bw)	**med suksess**	[me sʉk'sɛ]
succesvol (bn)	**vellykket**	['velˌlʏkət]
geluk (het)	**hell** (n), **lykke** (m/f)	['hɛl], ['lʏkə]
Succes!	**Lykke til!**	['lʏkə til]
geluks- (bn)	**heldig, lykkelig**	['hɛldi], ['lʏkəli]
gelukkig (fortuinlijk)	**heldig**	['hɛldi]
mislukking (de)	**mislykkelse, fiasko** (m)	['misˌlʏkəlsə], [fi'ɑskʊ]
tegenslag (de)	**uhell** (n), **utur** (m)	['ʉˌhɛl], ['ʉˌtʉr]
pech (de)	**uhell** (n)	['ʉˌhɛl]
zonder succes (bn)	**mislykket**	['misˌlʏkət]
catastrofe (de)	**katastrofe** (m)	[kɑtɑ'strɔfə]
fierheid (de)	**stolthet** (m)	['stɔltˌhet]
fier (bn)	**stolt**	['stɔlt]
fier zijn (ww)	**å være stolt**	[ɔ 'værə 'stɔlt]
winnaar (de)	**seierherre** (m)	['sæjərˌhɛrə]
winnen (ww)	**å seire, å vinne**	[ɔ 'sæjrə], [ɔ 'vinə]
verliezen (ww)	**å tape**	[ɔ 'tɑpə]
poging (de)	**forsøk** (n)	['fɔ'ʂøk]
pogen, proberen (ww)	**å prøve, å forsøke**	[ɔ 'prøvə], [ɔ fɔ'ʂøkə]
kans (de)	**sjanse** (m)	['ʂɑnsə]

70. Ruzies. Negatieve emoties

schreeuw (de)	**skrik** (n)	['skrik]
schreeuwen (ww)	**å skrike**	[ɔ 'skrikə]
beginnen te schreeuwen	**å begynne å skrike**	[ɔ be'jinə ɔ 'skrikə]
ruzie (de)	**krangel** (m)	['kraŋəl]
ruzie hebben (ww)	**å krangle**	[ɔ 'kraŋlə]
schandaal (het)	**skandale** (m)	[skan'dalə]
schandaal maken (ww)	**å gjøre skandale**	[ɔ 'jørə skan'dalə]
conflict (het)	**konflikt** (m)	[kʊn'flikt]
misverstand (het)	**misforståelse** (m)	[misfɔ'ʂtɔəlsə]
belediging (de)	**fornærmelse** (m)	[fɔ:'ɳærməlsə]
beledigen (met scheldwoorden)	**å fornærme**	[ɔ fɔ:'ɳærmə]
beledigd (bn)	**fornærmet**	[fɔ:'ɳærmət]
krenking (de)	**fornærmelse** (m)	[fɔ:'ɳærməlsə]
krenken (beledigen)	**å fornærme**	[ɔ fɔ:'ɳærmə]
gekwetst worden (ww)	**å bli fornærmet**	[ɔ 'bli fɔ:'ɳærmət]
verontwaardiging (de)	**forargelse** (m)	[fɔ'rargəlsə]
verontwaardigd zijn (ww)	**å bli indignert**	[ɔ 'bli indi'gnɛ:ʈ]
klacht (de)	**klage** (m)	['klagə]
klagen (ww)	**å klage**	[ɔ 'klagə]
verontschuldiging (de)	**unnskyldning** (m/f)	['ʉn,ʂyldniŋ]
zich verontschuldigen	**å unnskylde seg**	[ɔ 'ʉn,ʂylə sæj]
excuus vragen	**å be om forlatelse**	[ɔ 'be ɔm fɔ:'ɭatəlsə]
kritiek (de)	**kritikk** (m)	[kri'tik]
bekritiseren (ww)	**å kritisere**	[ɔ kriti'serə]
beschuldiging (de)	**anklagelse** (m)	['an,klagəlsə]
beschuldigen (ww)	**å anklage**	[ɔ 'an,klagə]
wraak (de)	**hevn** (m)	['hɛvn]
wreken (ww)	**å hevne**	[ɔ 'hɛvnə]
wraak nemen (ww)	**å hevne**	[ɔ 'hɛvnə]
minachting (de)	**forakt** (m)	[fɔ'rakt]
minachten (ww)	**å forakte**	[ɔ fɔ'raktə]
haat (de)	**hat** (n)	['hat]
haten (ww)	**å hate**	[ɔ 'hatə]
zenuwachtig (bn)	**nervøs**	[nær'vøs]
zenuwachtig zijn (ww)	**å være nervøs**	[ɔ 'værə nær'vøs]
boos (bn)	**vred, sint**	['vred], ['sint]
boos maken (ww)	**å gjøre sint**	[ɔ 'jørə ,sint]
vernedering (de)	**ydmykelse** (m)	['yd,mykəlsə]
vernederen (ww)	**å ydmyke**	[ɔ 'yd,mykə]
zich vernederen (ww)	**å ydmyke seg**	[ɔ 'yd,mykə sæj]
schok (de)	**sjokk** (n)	['ʂɔk]
schokken (ww)	**å sjokkere**	[ɔ ʂɔ'kerə]

onaangenaamheid (de)	**knipe** (m/f)	['knipə]
onaangenaam (bn)	**ubehagelig**	[ʉbe'hɑgeli]
vrees (de)	**redsel, frykt** (m)	['rɛtsəl], ['frʏkt]
vreselijk (bijv. ~ onweer)	**fryktelig**	['frʏkteli]
eng (bn)	**uhyggelig, skremmende**	['ʉhʏgəli], ['skrɛmənə]
gruwel (de)	**redsel** (m)	['rɛtsəl]
vreselijk (~ nieuws)	**forferdelig**	[fɔr'færdəli]
beginnen te beven	**å begynne å ryste**	[ɔ be'jinə ɔ 'rystə]
huilen (wenen)	**å gråte**	[ɔ 'gro:tə]
beginnen te huilen (wenen)	**å begynne å gråte**	[ɔ be'jinə ɔ 'gro:tə]
traan (de)	**tåre** (m/f)	['to:rə]
schuld (~ geven aan)	**skyld** (m/f)	['ʂyl]
schuldgevoel (het)	**skyldfølelse** (m)	['ʂyl,føləlsə]
schande (de)	**skam, vanære** (m/f)	['skɑm], ['vɑnærə]
protest (het)	**protest** (m)	[prʊ'tɛst]
stress (de)	**stress** (m/n)	['strɛs]
storen (lastigvallen)	**å forstyrre**	[ɔ fɔ'ʂtʏrə]
kwaad zijn (ww)	**å være sint**	[ɔ 'værə ,sint]
kwaad (bn)	**vred, sint**	['vred], ['sint]
beëindigen (een relatie ~)	**å avbryte**	[ɔ 'ɑv,brytə]
vloeken (ww)	**å sverge**	[ɔ 'sværgə]
schrikken (schrik krijgen)	**å bli skremt**	[ɔ 'bli 'skrɛmt]
slaan (iemand ~)	**å slå**	[ɔ 'ʂlɔ]
vechten (ww)	**å slåss**	[ɔ 'ʂlɔs]
regelen (conflict)	**å løse**	[ɔ 'løsə]
ontevreden (bn)	**misfornøyd, utilfreds**	['mis,fɔ:'ɳøjd], ['ʉtil,frɛds]
woedend (bn)	**rasende**	['rɑsenə]
Dat is niet goed!	**Det er ikke bra!**	[de ær ikə 'brɑ]
Dat is slecht!	**Det er dårlig!**	[de ær 'do:ɭi]

Geneeskunde

71. Ziekten

ziekte (de)	**sykdom** (m)	['sʏkˌdɔm]
ziek zijn (ww)	**å være syk**	[ɔ 'værə 'syk]
gezondheid (de)	**helse** (m/f)	['hɛlsə]
snotneus (de)	**snue** (m)	['snʉə]
angina (de)	**angina** (m)	[ɑn'ginɑ]
verkoudheid (de)	**forkjølelse** (m)	[fɔr'çœləlsə]
verkouden raken (ww)	**å forkjøle seg**	[ɔ fɔr'çœlə sæj]
bronchitis (de)	**bronkitt** (m)	[brɔn'kit]
longontsteking (de)	**lungebetennelse** (m)	['lʉŋə be'tɛnəlsə]
griep (de)	**influensa** (m)	[inflʉ'ɛnsɑ]
bijziend (bn)	**nærsynt**	['næˌʂʏnt]
verziend (bn)	**langsynt**	['lɑŋsʏnt]
scheelheid (de)	**skjeløydhet** (m)	['ʂɛløjdˌhet]
scheel (bn)	**skjeløyd**	['ʂɛlˌøjd]
grauwe staar (de)	**grå stær, katarakt** (m)	['grɔ ˌstær], [kɑtɑ'rɑkt]
glaucoom (het)	**glaukom** (n)	[glaʊ'kɔm]
beroerte (de)	**hjerneslag** (n)	['jæ:ɳəˌslɑg]
hartinfarct (het)	**infarkt** (n)	[in'fɑrkt]
myocardiaal infarct (het)	**myokardieinfarkt** (n)	['miɔ'kɑrdiə in'fɑrkt]
verlamming (de)	**paralyse, lammelse** (m)	['pɑrɑ'lyse], ['lɑməlsə]
verlammen (ww)	**å lamme**	[ɔ 'lɑmə]
allergie (de)	**allergi** (m)	[ɑlæ:'gi]
astma (de/het)	**astma** (m)	['ɑstmɑ]
diabetes (de)	**diabetes** (m)	[diɑ'betəs]
tandpijn (de)	**tannpine** (m/f)	['tɑnˌpinə]
tandbederf (het)	**karies** (m)	['kɑries]
diarree (de)	**diaré** (m)	[diɑ'rɛ]
constipatie (de)	**forstoppelse** (m)	[fɔ'ʂtɔpəlsə]
maagstoornis (de)	**magebesvær** (m)	['mɑgəˌbe'svær]
voedselvergiftiging (de)	**matforgiftning** (m/f)	['matˌfɔr'jiftniŋ]
voedselvergiftiging oplopen	**å få matforgiftning**	[ɔ 'fɔ matˌfɔr'jiftniŋ]
artritis (de)	**artritt** (m)	[ɑ:ʈ'rit]
rachitis (de)	**rakitt** (m)	[rɑ'kit]
reuma (het)	**revmatisme** (m)	[revmɑ'tismə]
arteriosclerose (de)	**arteriosklerose** (m)	[ɑ:'ʈeriʊskleˌrʊsə]
gastritis (de)	**magekatarr, gastritt** (m)	['magəkɑˌtɑr], [ˌgɑ'strit]
blindedarmontsteking (de)	**appendisitt** (m)	[ɑpɛndi'sit]

galblaasontsteking (de)	**galleblærebetennelse** (m)	['gɑlə,blærə be'tɛnəlse]
zweer (de)	**magesår** (n)	['mɑgə,sɔr]
mazelen (mv.)	**meslinger** (m pl)	['mɛs,liŋər]
rodehond (de)	**røde hunder** (m pl)	['rødə 'hʉnər]
geelzucht (de)	**gulsott** (m/f)	['gʉl,sʊt]
leverontsteking (de)	**hepatitt** (m)	[hepɑ'tit]
schizofrenie (de)	**schizofreni** (m)	[ʂisʊfre'ni]
dolheid (de)	**rabies** (m)	['rɑbiəs]
neurose (de)	**nevrose** (m)	[nev'rʊsə]
hersenschudding (de)	**hjernerystelse** (m)	['jæ:ɳə,rʏstəlsə]
kanker (de)	**kreft, cancer** (m)	['krɛft], ['kɑnsər]
sclerose (de)	**sklerose** (m)	[skle'rʊsə]
multiple sclerose (de)	**multippel sklerose** (m)	[mʉl'tipəl skle'rʊsə]
alcoholisme (het)	**alkoholisme** (m)	[ɑlkʊhʊ'lismə]
alcoholicus (de)	**alkoholiker** (m)	[ɑlkʊ'hʊlikər]
syfilis (de)	**syfilis** (m)	['syfilis]
AIDS (de)	**AIDS, aids** (m)	['ɛjds]
tumor (de)	**svulst, tumor** (m)	['svʉlst], [tʉ'mʊr]
kwaadaardig (bn)	**ondartet, malign**	['ʊn,ɑ:ʈət], [mɑ'lign]
goedaardig (bn)	**godartet**	['gʊ,ɑ:ʈət]
koorts (de)	**feber** (m)	['febər]
malaria (de)	**malaria** (m)	[mɑ'lɑriɑ]
gangreen (het)	**koldbrann** (m)	['kɔlbrɑn]
zeeziekte (de)	**sjøsyke** (m)	['ʂø,sykə]
epilepsie (de)	**epilepsi** (m)	[ɛpilep'si]
epidemie (de)	**epidemi** (m)	[ɛpide'mi]
tyfus (de)	**tyfus** (m)	['tyfʉs]
tuberculose (de)	**tuberkulose** (m)	[tubærkʉ'lɔsə]
cholera (de)	**kolera** (m)	['kʊlerɑ]
pest (de)	**pest** (m)	['pɛst]

72. Symptomen. Behandelingen. Deel 1

symptoom (het)	**symptom** (n)	[sʏmp'tʊm]
temperatuur (de)	**temperatur** (m)	[tɛmpərɑ'tʉr]
verhoogde temperatuur (de)	**høy temperatur** (m)	['høj tɛmpərɑ'tʉr]
polsslag (de)	**puls** (m)	['pʉls]
duizeling (de)	**svimmelhet** (m)	['svimәl,het]
heet (erg warm)	**varm**	['vɑrm]
koude rillingen (mv.)	**skjelving** (m/f)	['ʂɛlviŋ]
bleek (bn)	**blek**	['blek]
hoest (de)	**hoste** (m)	['hʊstə]
hoesten (ww)	**å hoste**	[ɔ 'hʊstə]
niezen (ww)	**å nyse**	[ɔ 'nysə]
flauwte (de)	**besvimelse** (m)	[bɛ'svimәlsә]

flauwvallen (ww)	**å besvime**	[ɔ be'svimə]
blauwe plek (de)	**blåmerke** (n)	['blɔˌmærkə]
buil (de)	**bule** (m)	['bʉlə]
zich stoten (ww)	**å slå seg**	[ɔ 'ʂlɔ sæj]
kneuzing (de)	**blåmerke** (n)	['blɔˌmærkə]
kneuzen (gekneusd zijn)	**å slå seg**	[ɔ 'ʂlɔ sæj]
hinken (ww)	**å halte**	[ɔ 'hɑltə]
verstuiking (de)	**forvridning** (m)	[fɔr'vridniŋ]
verstuiken (enkel, enz.)	**å forvri**	[ɔ fɔr'vri]
breuk (de)	**brudd** (n), **fraktur** (m)	['brʉd], [frɑk'tʉr]
een breuk oplopen	**å få brudd**	[ɔ 'fɔ 'brʉd]
snijwond (de)	**skjæresår** (n)	['ʂæ:rəˌsɔr]
zich snijden (ww)	**å skjære seg**	[ɔ 'ʂæ:rə sæj]
bloeding (de)	**blødning** (m/f)	['blødniŋ]
brandwond (de)	**brannsår** (n)	['brɑnˌsɔr]
zich branden (ww)	**å brenne seg**	[ɔ 'brɛnə sæj]
prikken (ww)	**å stikke**	[ɔ 'stikə]
zich prikken (ww)	**å stikke seg**	[ɔ 'stikə sæj]
blesseren (ww)	**å skade**	[ɔ 'skɑdə]
blessure (letsel)	**skade** (n)	['skɑdə]
wond (de)	**sår** (n)	['sɔr]
trauma (het)	**traume** (m)	['traʊmə]
IJlen (ww)	**å snakke i villelse**	[ɔ 'snɑkə i 'viləlsə]
stotteren (ww)	**å stamme**	[ɔ 'stɑmə]
zonnesteek (de)	**solstikk** (n)	['sʊlˌstik]

73. Symptomen. Behandelingen. Deel 2

pijn (de)	**smerte** (m)	['smæ:ʈə]
splinter (de)	**flis** (m/f)	['flis]
zweet (het)	**svette** (m)	['svɛtə]
zweten (ww)	**å svette**	[ɔ 'svɛtə]
braking (de)	**oppkast** (n)	['ɔpˌkɑst]
stuiptrekkingen (mv.)	**kramper** (m pl)	['krɑmpər]
zwanger (bn)	**gravid**	[grɑ'vid]
geboren worden (ww)	**å fødes**	[ɔ 'fødə]
geboorte (de)	**fødsel** (m)	['føtsəl]
baren (ww)	**å føde**	[ɔ 'fødə]
abortus (de)	**abort** (m)	[ɑ'bɔ:ʈ]
ademhaling (de)	**åndedrett** (n)	['ɔŋdəˌdrɛt]
inademing (de)	**innånding** (m/f)	['inˌɔniŋ]
uitademing (de)	**utånding** (m/f)	['ʉtˌɔndiŋ]
uitademen (ww)	**å puste ut**	[ɔ 'pʉstə ʉt]
inademen (ww)	**å ånde inn**	[ɔ 'ɔŋdə ˌin]
invalide (de)	**handikappet person** (m)	['hɑndiˌkɑpət pæ'ʂʊn]
gehandicapte (de)	**krøpling** (m)	['krøpliŋ]

drugsverslaafde (de)	**narkoman** (m)	[narkʊ'man]
doof (bn)	**døv**	['døv]
stom (bn)	**stum**	['stʉm]
doofstom (bn)	**døvstum**	['døf,stʉm]
krankzinnig (bn)	**gal**	['gal]
krankzinnige (man)	**gal mann** (m)	['gal ,man]
krankzinnige (vrouw)	**gal kvinne** (m/f)	['gal ,kvinə]
krankzinnig worden	**å bli sinnssyk**	[ɔ 'bli 'sin,syk]
gen (het)	**gen** (m)	['gen]
immuniteit (de)	**immunitet** (m)	[imʉni'tet]
erfelijk (bn)	**arvelig**	['arvəli]
aangeboren (bn)	**medfødt**	['me:,føt]
virus (het)	**virus** (m)	['virʉs]
microbe (de)	**mikrobe** (m)	[mi'krʊbə]
bacterie (de)	**bakterie** (m)	[bak'teriə]
infectie (de)	**infeksjon** (m)	[infɛk'ʂʊn]

74. Symptomen. Behandelingen. Deel 3

ziekenhuis (het)	**sykehus** (n)	['sykə,hʉs]
patiënt (de)	**pasient** (m)	[pasi'ɛnt]
diagnose (de)	**diagnose** (m)	[dia'gnʊsə]
genezing (de)	**kur** (m)	['kʉr]
medische behandeling (de)	**behandling** (m/f)	[be'handliŋ]
onder behandeling zijn	**å bli behandlet**	[ɔ 'bli be'handlət]
behandelen (ww)	**å behandle**	[ɔ be'handlə]
zorgen (zieken ~)	**å skjøtte**	[ɔ 'ʂøtə]
ziekenzorg (de)	**sykepleie** (m/f)	['sykə,plæjə]
operatie (de)	**operasjon** (m)	[ɔpəra'ʂʊn]
verbinden (een arm ~)	**å forbinde**	[ɔ fɔr'binə]
verband (het)	**forbinding** (m)	[fɔr'biniŋ]
vaccin (het)	**vaksinering** (m/f)	[vaksi'neriŋ]
inenten (vaccineren)	**å vaksinere**	[ɔ vaksi'nerə]
injectie (de)	**injeksjon** (m), **sprøyte** (m/f)	[injɛk'ʂʊn], ['sprøjtə]
een injectie geven	**å gi en sprøyte**	[ɔ 'ji en 'sprøjtə]
aanval (de)	**anfall** (n)	['an,fal]
amputatie (de)	**amputasjon** (m)	[ampʉta'ʂʊn]
amputeren (ww)	**å amputere**	[ɔ ampʉ'terə]
coma (het)	**koma** (m)	['kʊma]
in coma liggen	**å ligge i koma**	[ɔ 'ligə i 'kʊma]
intensieve zorg, ICU (de)	**intensivavdeling** (m/f)	['inten,siv 'av,deliŋ]
zich herstellen (ww)	**å bli frisk**	[ɔ 'bli 'frisk]
toestand (de)	**tilstand** (m)	['til,stan]
bewustzijn (het)	**bevissthet** (m)	[be'vist,het]
geheugen (het)	**minne** (n), **hukommelse** (m)	['minə], [hʉ'kɔməlsə]
trekken (een kies ~)	**å trekke ut**	[ɔ 'trɛkə ʉt]

vulling (de)	**fylling** (m/f)	['fʏliŋ]
vullen (ww)	**å plombere**	[ɔ plʊm'berə]
hypnose (de)	**hypnose** (m)	[hʏp'nʊsə]
hypnotiseren (ww)	**å hypnotisere**	[ɔ hʏpnʊti'serə]

75. Artsen

dokter, arts (de)	**lege** (m)	['legə]
ziekenzuster (de)	**sykepleierske** (m/f)	['sykə,plæjeʂkə]
lijfarts (de)	**personlig lege** (m)	[pæ'ʂʊnli 'legə]
tandarts (de)	**tannlege** (m)	['tɑn,legə]
oogarts (de)	**øyelege** (m)	['øjə,legə]
therapeut (de)	**terapeut** (m)	[terɑ'pɛut]
chirurg (de)	**kirurg** (m)	[çi'rʉrg]
psychiater (de)	**psykiater** (m)	[syki'ɑtər]
pediater (de)	**barnelege** (m)	['bɑ:ɳə,legə]
psycholoog (de)	**psykolog** (m)	[sykʊ'lɔg]
gynaecoloog (de)	**gynekolog** (m)	[gynekʊ'lɔg]
cardioloog (de)	**kardiolog** (m)	[kɑ:ɖiʊ'lɔg]

76. Geneeskunde. Medicijnen. Accessoires

geneesmiddel (het)	**medisin** (m)	[medi'sin]
middel (het)	**middel** (n)	['midəl]
voorschrijven (ww)	**å ordinere**	[ɔ ɔrdi'nerə]
recept (het)	**resept** (m)	[re'sɛpt]
tablet (de/het)	**tablett** (m)	[tɑb'let]
zalf (de)	**salve** (m/f)	['sɑlvə]
ampul (de)	**ampulle** (m)	[ɑm'pʉlə]
drank (de)	**mikstur** (m)	[miks'tʉr]
siroop (de)	**sirup** (m)	['sirʉp]
pil (de)	**pille** (m/f)	['pilə]
poeder (de/het)	**pulver** (n)	['pʉlvər]
verband (het)	**gasbind** (n)	['gɑs,bin]
watten (mv.)	**vatt** (m/n)	['vɑt]
jodium (het)	**jod** (m/n)	['ʉd]
pleister (de)	**plaster** (n)	['plɑstər]
pipet (de)	**pipette** (m)	[pi'pɛtə]
thermometer (de)	**termometer** (n)	[tɛrmʊ'metər]
spuit (de)	**sprøyte** (m/f)	['sprøjtə]
rolstoel (de)	**rullestol** (m)	['rʉlə,stʊl]
krukken (mv.)	**krykker** (m/f pl)	['krʏkər]
pijnstiller (de)	**smertestillende middel** (n)	['smæ:ʈə,stilenə 'midəl]
laxeermiddel (het)	**laksativ** (n)	[lɑksɑ'tiv]

spiritus (de)	**sprit** (m)	['sprit]
medicinale kruiden (mv.)	**legeurter** (m/f pl)	['legə,ʉ:ṭər]
kruiden- (abn)	**urte-**	['ʉ:ṭə-]

77. Roken. Tabaksproducten

tabak (de)	**tobakk** (m)	[tʊ'bɑk]
sigaret (de)	**sigarett** (m)	[sigɑ'rɛt]
sigaar (de)	**sigar** (m)	[si'gɑr]
pijp (de)	**pipe** (m/f)	['pipə]
pakje (~ sigaretten)	**pakke** (m/f)	['pɑkə]
lucifers (mv.)	**fyrstikker** (m/f pl)	['fy,ʂtikər]
luciferdoosje (het)	**fyrstikkeske** (m)	['fyʂtik,ɛskə]
aansteker (de)	**tenner** (m)	['tɛnər]
asbak (de)	**askebeger** (n)	['ɑskə,begər]
sigarettendoosje (het)	**sigarettetui** (n)	[sigɑ'rɛt ɛtʉ'i]
sigarettenpijpje (het)	**munnstykke** (n)	['mʉn,stʏkə]
filter (de/het)	**filter** (n)	['filtər]
roken (ww)	**å røyke**	[ɔ 'røjkə]
een sigaret opsteken	**å tenne en sigarett**	[ɔ 'tɛnə en sigɑ'rɛt]
roken (het)	**røyking, røkning** (m)	['røjkiŋ], ['røkniŋ]
roker (de)	**røyker** (m)	['røjkər]
peuk (de)	**stump** (m)	['stʉmp]
rook (de)	**røyk** (m)	['røjk]
as (de)	**aske** (m/f)	['ɑskə]

HET MENSELIJKE LEEFGEBIED

Stad

78. Stad. Het leven in de stad

stad (de)	**by** (m)	['by]
hoofdstad (de)	**hovedstad** (m)	['hʊvəd͵stad]
dorp (het)	**landsby** (m)	['lans͵by]
plattegrond (de)	**bykart** (n)	['by͵ka:ʈ]
centrum (ov. een stad)	**sentrum** (n)	['sɛntrum]
voorstad (de)	**forstad** (m)	['fɔ͵ʂtad]
voorstads- (abn)	**forstads-**	['fɔ͵ʂtads-]
randgemeente (de)	**utkant** (m)	['ʉt͵kant]
omgeving (de)	**omegner** (m pl)	['ɔm͵æjnər]
blok (huizenblok)	**kvarter** (n)	[kva:ʈer]
woonwijk (de)	**boligkvarter** (n)	['bʊli͵kva:'ʈer]
verkeer (het)	**trafikk** (m)	[tra'fik]
verkeerslicht (het)	**trafikklys** (n)	[tra'fik͵lys]
openbaar vervoer (het)	**offentlig transport** (m)	['ɔfentli trans'pɔ:ʈ]
kruispunt (het)	**veikryss** (n)	['væjkrʏs]
zebrapad (oversteekplaats)	**fotgjengerovergang** (m)	['fʊt͵jɛŋər 'ɔvər͵gaŋ]
onderdoorgang (de)	**undergang** (m)	['ʉnər͵gaŋ]
oversteken (de straat ~)	**å gå over**	[ɔ 'gɔ 'ɔvər]
voetganger (de)	**fotgjenger** (m)	['fʊt͵jɛŋər]
trottoir (het)	**fortau** (n)	['fɔ:͵ʈaʊ]
brug (de)	**bro** (m/f)	['brʊ]
dijk (de)	**kai** (m/f)	['kaj]
fontein (de)	**fontene** (m)	['fʊntnə]
allee (de)	**allé** (m)	[a'le:]
park (het)	**park** (m)	['park]
boulevard (de)	**bulevard** (m)	[bule'var]
plein (het)	**torg** (n)	['tɔr]
laan (de)	**aveny** (m)	[ave'ny]
straat (de)	**gate** (m/f)	['gatə]
zijstraat (de)	**sidegate** (m/f)	['sidə͵gatə]
doodlopende straat (de)	**blindgate** (m/f)	['blin͵gatə]
huis (het)	**hus** (n)	['hʉs]
gebouw (het)	**bygning** (m/f)	['bʏgniŋ]
wolkenkrabber (de)	**skyskraper** (m)	['ʂy͵skrapər]
gevel (de)	**fasade** (m)	[fa'sadə]
dak (het)	**tak** (n)	['tak]

venster (het)	**vindu** (n)	['vindʉ]
boog (de)	**bue** (m)	['bʉ:ə]
pilaar (de)	**søyle** (m)	['søjlə]
hoek (ov. een gebouw)	**hjørne** (n)	['jœ:ɳə]
vitrine (de)	**utstillingsvindu** (n)	['ʉtˌstiliŋs 'vindʉ]
gevelreclame (de)	**skilt** (n)	['ʂilt]
affiche (de/het)	**plakat** (m)	[plɑ'kɑt]
reclameposter (de)	**reklameplakat** (m)	[rɛ'klɑməˌplɑ'kɑt]
aanplakbord (het)	**reklametavle** (m/f)	[rɛ'klɑməˌtɑvlə]
vuilnis (de/het)	**søppel** (m/f/n), **avfall** (n)	['sœpəl], ['ɑvˌfɑl]
vuilnisbak (de)	**søppelkasse** (m/f)	['sœpəlˌkɑsə]
afval weggooien (ww)	**å kaste søppel**	[ɔ 'kɑstə 'sœpəl]
stortplaats (de)	**søppelfylling** (m/f), **deponi** (n)	['sœpəlˌfʏliŋ], [ˌdepɔ'ni]
telefooncel (de)	**telefonboks** (m)	[tele'fʊnˌbɔks]
straatlicht (het)	**lyktestolpe** (m)	['lʏktəˌstɔlpə]
bank (de)	**benk** (m)	['bɛŋk]
politieagent (de)	**politi** (m)	[pʊli'ti]
politie (de)	**politi** (n)	[pʊli'ti]
zwerver (de)	**tigger** (m)	['tigər]
dakloze (de)	**hjemløs**	['jɛmˌløs]

79. Stedelijke instellingen

winkel (de)	**forretning, butikk** (m)	[fɔ'rɛtniŋ], [bʉ'tik]
apotheek (de)	**apotek** (n)	[ɑpʊ'tek]
optiek (de)	**optikk** (m)	[ɔp'tik]
winkelcentrum (het)	**kjøpesenter** (n)	['çœpəˌsɛntər]
supermarkt (de)	**supermarked** (n)	['sʉpəˌmɑrket]
bakkerij (de)	**bakeri** (n)	[bɑke'ri]
bakker (de)	**baker** (m)	['bɑkər]
banketbakkerij (de)	**konditori** (n)	[kʊnditɔ'ri]
kruidenier (de)	**matbutikk** (m)	['mɑtbʉˌtik]
slagerij (de)	**slakterbutikk** (m)	['ʂlɑktəbʉˌtik]
groentewinkel (de)	**grønnsaksbutikk** (m)	['grœnˌsɑks bʉ'tik]
markt (de)	**marked** (n)	['mɑrkəd]
koffiehuis (het)	**kafé, kaffebar** (m)	[kɑ'fe], ['kɑfəˌbɑr]
restaurant (het)	**restaurant** (m)	[rɛstʊ'rɑŋ]
bar (de)	**pub** (m)	['pʉb]
pizzeria (de)	**pizzeria** (m)	[pitsə'riɑ]
kapperssalon (de/het)	**frisørsalong** (m)	[fri'sør sɑˌlɔŋ]
postkantoor (het)	**post** (m)	['pɔst]
stomerij (de)	**renseri** (n)	[rɛnse'ri]
fotostudio (de)	**fotostudio** (n)	['fɔtɔˌstʉdiɔ]
schoenwinkel (de)	**skobutikk** (m)	['skʊˌbʉ'tik]
boekhandel (de)	**bokhandel** (m)	['bʊkˌhɑndəl]

sportwinkel (de)	**idrettsbutikk** (m)	['idrɛts bʉ'tik]
kledingreparatie (de)	**reparasjon** (m) **av klær**	[repara'ʂʊn ɑ: ˌklær]
kledingverhuur (de)	**leie** (m/f) **av klær**	['læjə ɑ: ˌklær]
videotheek (de)	**filmutleie** (m/f)	['film,ʉt'læje]
circus (de/het)	**sirkus** (m/n)	['sirkʉs]
dierentuin (de)	**zoo, dyrepark** (m)	['sʊ:], [dyrə'park]
bioscoop (de)	**kino** (m)	['çinʊ]
museum (het)	**museum** (n)	[mʉ'seum]
bibliotheek (de)	**bibliotek** (n)	[bibliʊ'tek]
theater (het)	**teater** (n)	[te'atər]
opera (de)	**opera** (m)	['ʊpera]
nachtclub (de)	**nattklubb** (m)	['nat,klʉb]
casino (het)	**kasino** (n)	[ka'sinʊ]
moskee (de)	**moské** (m)	[mʊ'ske]
synagoge (de)	**synagoge** (m)	[syna'gʊgə]
kathedraal (de)	**katedral** (m)	[kate'dral]
tempel (de)	**tempel** (n)	['tɛmpəl]
kerk (de)	**kirke** (m/f)	['çirkə]
instituut (het)	**institutt** (n)	[insti'tʉt]
universiteit (de)	**universitet** (n)	[ʉnivæʂi'tet]
school (de)	**skole** (m/f)	['skʊlə]
gemeentehuis (het)	**prefektur** (n)	[prɛfɛk'tʉr]
stadhuis (het)	**rådhus** (n)	['rɔd,hʉs]
hotel (het)	**hotell** (n)	[hʊ'tɛl]
bank (de)	**bank** (m)	['bank]
ambassade (de)	**ambassade** (m)	[amba'sadə]
reisbureau (het)	**reisebyrå** (n)	['ræjsə by,ro]
informatieloket (het)	**opplysningskontor** (n)	[ɔp'lysniŋs kʊn'tʊr]
wisselkantoor (het)	**vekslingskontor** (n)	['vɛkʂliŋs kʊn'tʊr]
metro (de)	**tunnelbane, T-bane** (m)	['tʉnəl,banə], ['tɛ:,banə]
ziekenhuis (het)	**sykehus** (n)	['sykə,hʉs]
benzinestation (het)	**bensinstasjon** (m)	[bɛn'sin,sta'ʂʊn]
parking (de)	**parkeringsplass** (m)	[par'keriŋs,plas]

80. Borden

gevelreclame (de)	**skilt** (n)	['ʂilt]
opschrift (het)	**innskrift** (m/f)	['in,skrift]
poster (de)	**plakat, poster** (m)	['pla,kat], ['pɔstər]
wegwijzer (de)	**veiviser** (m)	['væj,visər]
pijl (de)	**pil** (m/f)	['pil]
waarschuwing (verwittiging)	**advarsel** (m)	['ad,vaʂəl]
waarschuwingsbord (het)	**varselskilt** (n)	['vaʂəl,ʂilt]
waarschuwen (ww)	**å varsle**	[ɔ 'vaʂlə]
vrije dag (de)	**fridag** (m)	['fri,da]

dienstregeling (de)	**rutetabell** (m)	['rʉtəˌtɑ'bɛl]
openingsuren (mv.)	**åpningstider** (m/f pl)	['ɔpniŋsˌtidər]
WELKOM!	**VELKOMMEN!**	['vɛlˌkɔmən]
INGANG	**INNGANG**	['inˌgɑŋ]
UITGANG	**UTGANG**	['ʉtˌgɑŋ]
DUWEN	**SKYV**	['ʂyv]
TREKKEN	**TREKK**	['trɛk]
OPEN	**ÅPENT**	['ɔpənt]
GESLOTEN	**STENGT**	['stɛŋt]
DAMES	**DAMER**	['dɑmər]
HEREN	**HERRER**	['hærər]
KORTING	**RABATT**	[rɑ'bɑt]
UITVERKOOP	**SALG**	['sɑlg]
NIEUW!	**NYTT!**	['nʏt]
GRATIS	**GRATIS**	['grɑtis]
PAS OP!	**FORSIKTIG!**	[fʊ'ʂiktə]
VOLGEBOEKT	**INGEN LEDIGE ROM**	['iŋən 'lediə rʊm]
GERESERVEERD	**RESERVERT**	[resɛr'vɛ:ʈ]
ADMINISTRATIE	**ADMINISTRASJON**	[ɑdministrɑ'ʂʊn]
ALLEEN VOOR PERSONEEL	**KUN FOR ANSATTE**	['kʉn fɔr ɑn'sɑtə]
GEVAARLIJKE HOND	**VOKT DEM FOR HUNDEN**	['vɔkt dem fɔ 'hʉnən]
VERBODEN TE ROKEN!	**RØYKING FORBUDT**	['røjkiŋ fɔr'bʉt]
NIET AANRAKEN!	**IKKE RØR!**	['ikə 'rør]
GEVAARLIJK	**FARLIG**	['fɑ:ʈi]
GEVAAR	**FARE**	['fɑrə]
HOOGSPANNING	**HØYSPENNING**	['høj,spɛniŋ]
VERBODEN TE ZWEMMEN	**BADING FORBUDT**	['bɑdiŋ fɔr'bʉt]
BUITEN GEBRUIK	**I USTAND**	[i 'ʉˌstɑn]
ONTVLAMBAAR	**BRANNFARLIG**	['brɑnˌfɑ:ʈi]
VERBODEN	**FORBUDT**	[fɔr'bʉt]
DOORGANG VERBODEN	**INGEN INNKJØRING**	['iŋən 'inˌçœriŋ]
OPGELET PAS GEVERFD	**NYMALT**	['nyˌmɑlt]

81. Stedelijk vervoer

bus, autobus (de)	**buss** (m)	['bʉs]
tram (de)	**trikk** (m)	['trik]
trolleybus (de)	**trolleybuss** (m)	['trɔliˌbʉs]
route (de)	**rute** (m/f)	['rʉtə]
nummer (busnummer, enz.)	**nummer** (n)	['nʉmər]
rijden met ...	**å kjøre med ...**	[ɔ 'çœ:rə me ...]
stappen (in de bus ~)	**å gå på ...**	[ɔ 'gɔ pɔ ...]
afstappen (ww)	**å gå av ...**	[ɔ 'gɔ ɑ: ...]

halte (de)	**holdeplass** (m)	['hɔlə,plɑs]
volgende halte (de)	**neste holdeplass** (m)	['nɛstə 'hɔlə,plɑs]
eindpunt (het)	**endestasjon** (m)	['ɛnə,stɑ'ʂʊn]
dienstregeling (de)	**rutetabell** (m)	['rʉtə,tɑ'bɛl]
wachten (ww)	**å vente**	[ɔ 'vɛntə]
kaartje (het)	**billett** (m)	[bi'let]
reiskosten (de)	**billettpris** (m)	[bi'let,pris]
kassier (de)	**kasserer** (m)	[kɑ'serər]
kaartcontrole (de)	**billettkontroll** (m)	[bi'let kʊn,trɔl]
controleur (de)	**billett inspektør** (m)	[bi'let inspɛk'tør]
te laat zijn (ww)	**å komme for sent**	[ɔ 'kɔmə fɔ'ʂɛnt]
missen (de bus ~)	**å komme for sent til ...**	[ɔ 'kɔmə fɔ'ʂɛnt til ...]
zich haasten (ww)	**å skynde seg**	[ɔ 'ʂynə sæj]
taxi (de)	**drosje** (m/f), **taxi** (m)	['drɔʂɛ], ['tɑksi]
taxichauffeur (de)	**taxisjåfør** (m)	['tɑksi ʂɔ'før]
met de taxi (bw)	**med taxi**	[me 'tɑksi]
taxistandplaats (de)	**taxiholdeplass** (m)	['tɑksi 'hɔlə,plɑs]
een taxi bestellen	**å taxi bestellen**	[ɔ 'tɑksi be'stɛlən]
een taxi nemen	**å ta taxi**	[ɔ 'tɑ ,tɑksi]
verkeer (het)	**trafikk** (m)	[trɑ'fik]
file (de)	**trafikkork** (m)	[trɑ'fik,kɔrk]
spitsuur (het)	**rushtid** (m/f)	['rʉʂ,tid]
parkeren (on.ww.)	**å parkere**	[ɔ pɑr'kerə]
parkeren (ov.ww.)	**å parkere**	[ɔ pɑr'kerə]
parking (de)	**parkeringsplass** (m)	[pɑr'keriŋs,plɑs]
metro (de)	**tunnelbane, T-bane** (m)	['tʉnəl,bɑnə], ['tɛ:,bɑnə]
halte (bijv. kleine treinhalte)	**stasjon** (m)	[stɑ'ʂʊn]
de metro nemen	**å kjøre med T-bane**	[ɔ 'çœ:rə me 'tɛ:,bɑnə]
trein (de)	**tog** (n)	['tɔg]
station (treinstation)	**togstasjon** (m)	['tɔg,stɑ'ʂʊn]

82. Bezienswaardigheden

monument (het)	**monument** (n)	[mɔnʉ'mɛnt]
vesting (de)	**festning** (m/f)	['fɛstniŋ]
paleis (het)	**palass** (n)	[pɑ'lɑs]
kasteel (het)	**borg** (m)	['bɔrg]
toren (de)	**tårn** (n)	['tɔ:ɳ]
mausoleum (het)	**mausoleum** (n)	[maʊsʊ'leum]
architectuur (de)	**arkitektur** (m)	[ɑrkitɛk'tʉr]
middeleeuws (bn)	**middelalderlig**	['midəl,ɑldɛ:ʎi]
oud (bn)	**gammel**	['gɑməl]
nationaal (bn)	**nasjonal**	[nɑʂʊ'nɑl]
bekend (bn)	**kjent**	['çɛnt]
toerist (de)	**turist** (m)	[tʉ'rist]
gids (de)	**guide** (m)	['gɑjd]

rondleiding (de)	**utflukt** (m/f)	['ʉtˌflʉkt]
tonen (ww)	**å vise**	[ɔ 'visə]
vertellen (ww)	**å fortelle**	[ɔ fɔ:'ʈɛlə]
vinden (ww)	**å finne**	[ɔ 'finə]
verdwalen (de weg kwijt zijn)	**å gå seg bort**	[ɔ 'gɔ sæj 'bʊ:ʈ]
plattegrond (~ van de metro)	**kart, linjekart** (n)	['kɑ:ʈ], ['linjə'kɑ:ʈ]
plattegrond (~ van de stad)	**kart** (n)	['kɑ:ʈ]
souvenir (het)	**suvenir** (m)	[sʉve'nir]
souvenirwinkel (de)	**suvenirbutikk** (m)	[sʉve'nir bʉ'tik]
een foto maken (ww)	**å fotografere**	[ɔ fɔtɔgrɑ'ferə]
zich laten fotograferen	**å bli fotografert**	[ɔ 'bli fɔtɔgrɑ'fɛ:ʈ]

83. Winkelen

kopen (ww)	**å kjøpe**	[ɔ 'çœ:pə]
aankoop (de)	**innkjøp** (n)	['inˌçœp]
winkelen (ww)	**å gå shopping**	[ɔ 'gɔ ˌʂɔpiŋ]
winkelen (het)	**shopping** (m)	['ʂɔpiŋ]
open zijn (ov. een winkel, enz.)	**å være åpen**	[ɔ 'værə 'ɔpən]
gesloten zijn (ww)	**å være stengt**	[ɔ 'værə 'stɛŋt]
schoeisel (het)	**skotøy** (n)	['skʊtøj]
kleren (mv.)	**klær** (n)	['klær]
cosmetica (de)	**kosmetikk** (m)	[kʊsme'tik]
voedingswaren (mv.)	**matvarer** (m/f pl)	['mɑtˌvɑrər]
geschenk (het)	**gave** (m/f)	['gɑvə]
verkoper (de)	**forselger** (m)	[fɔ'ʂɛlər]
verkoopster (de)	**forselger** (m)	[fɔ'ʂɛlər]
kassa (de)	**kasse** (m/f)	['kɑsə]
spiegel (de)	**speil** (n)	['spæjl]
toonbank (de)	**disk** (m)	['disk]
paskamer (de)	**prøverom** (n)	['prøvəˌrʊm]
aanpassen (ww)	**å prøve**	[ɔ 'prøvə]
passen (ov. kleren)	**å passe**	[ɔ 'pɑsə]
bevallen (prettig vinden)	**å like**	[ɔ 'likə]
prijs (de)	**pris** (m)	['pris]
prijskaartje (het)	**prislapp** (m)	['prisˌlɑp]
kosten (ww)	**å koste**	[ɔ 'kɔstə]
Hoeveel?	**Hvor mye?**	[vʊr 'mye]
korting (de)	**rabatt** (m)	[rɑ'bɑt]
niet duur (bn)	**billig**	['bili]
goedkoop (bn)	**billig**	['bili]
duur (bn)	**dyr**	['dyr]
Dat is duur.	**Det er dyrt**	[de ær 'dy:ʈ]
verhuur (de)	**utleie** (m/f)	['ʉtˌlæje]

huren (smoking, enz.)	**å leie**	[ɔ 'læjə]
krediet (het)	**kreditt** (m)	[krɛ'dit]
op krediet (bw)	**på kreditt**	[pɔ krɛ'dit]

84. Geld

geld (het)	**penger** (m pl)	['pɛŋər]
ruil (de)	**veksling** (m/f)	['vɛkʂliŋ]
koers (de)	**kurs** (m)	['kuʂ]
geldautomaat (de)	**minibank** (m)	['mini,bank]
muntstuk (de)	**mynt** (m)	['mʏnt]
dollar (de)	**dollar** (m)	['dɔlar]
euro (de)	**euro** (m)	['ɛurʊ]
lire (de)	**lira** (m)	['lire]
Duitse mark (de)	**mark** (m/f)	['mark]
frank (de)	**franc** (m)	['fran]
pond sterling (het)	**pund sterling** (m)	['pun stɛ:'liŋ]
yen (de)	**yen** (m)	['jɛn]
schuld (geldbedrag)	**skyld** (m/f), **gjeld** (m)	['ʂyl], ['jɛl]
schuldenaar (de)	**skyldner** (m)	['ʂylnər]
uitlenen (ww)	**å låne ut**	[ɔ 'lo:nə ut]
lenen (geld ~)	**å låne**	[ɔ 'lo:nə]
bank (de)	**bank** (m)	['bank]
bankrekening (de)	**konto** (m)	['kɔntʊ]
storten (ww)	**å sette inn**	[ɔ 'sɛtə in]
op rekening storten	**å sette inn på kontoen**	[ɔ 'sɛtə in pɔ 'kɔntʊən]
opnemen (ww)	**å ta ut fra kontoen**	[ɔ 'ta ut fra 'kɔntʊən]
kredietkaart (de)	**kredittkort** (n)	[krɛ'dit,kɔ:ʈ]
baar geld (het)	**kontanter** (m pl)	[kʊn'tantər]
cheque (de)	**sjekk** (m)	['ʂɛk]
een cheque uitschrijven	**å skrive en sjekk**	[ɔ 'skrivə en 'ʂɛk]
chequeboekje (het)	**sjekkbok** (m/f)	['ʂɛk,bʊk]
portefeuille (de)	**lommebok** (m)	['lʊmə,bʊk]
geldbeugel (de)	**pung** (m)	['puŋ]
safe (de)	**safe, seif** (m)	['sɛjf]
erfgenaam (de)	**arving** (m)	['arviŋ]
erfenis (de)	**arv** (m)	['arv]
fortuin (het)	**formue** (m)	['fɔr,muə]
huur (de)	**leie** (m)	['læje]
huurprijs (de)	**husleie** (m/f)	['hus,læje]
huren (huis, kamer)	**å leie**	[ɔ 'læjə]
prijs (de)	**pris** (m)	['pris]
kostprijs (de)	**kostnad** (m)	['kɔstnad]
som (de)	**sum** (m)	['sum]
uitgeven (geld besteden)	**å bruke**	[ɔ 'brukə]

kosten (mv.)	**utgifter** (m/f pl)	['ʉtˌjiftər]
bezuinigen (ww)	**å spare**	[ɔ 'sparə]
zuinig (bn)	**sparsom**	['spaʂɔm]
betalen (ww)	**å betale**	[ɔ be'talə]
betaling (de)	**betaling** (m/f)	[be'taliŋ]
wisselgeld (het)	**vekslepenger** (pl)	['vɛkʂləˌpɛŋər]
belasting (de)	**skatt** (m)	['skat]
boete (de)	**bot** (m/f)	['bʊt]
beboeten (bekeuren)	**å bøtelegge**	[ɔ 'bøtəˌlegə]

85. Post. Postkantoor

postkantoor (het)	**post** (m)	['pɔst]
post (de)	**post** (m)	['pɔst]
postbode (de)	**postbud** (n)	['pɔstˌbʉd]
openingsuren (mv.)	**åpningstider** (m/f pl)	['ɔpniŋsˌtidər]
brief (de)	**brev** (n)	['brev]
aangetekende brief (de)	**rekommandert brev** (n)	[rekʊman'dɛ:ʈ ˌbrev]
briefkaart (de)	**postkort** (n)	['pɔstˌkɔ:ʈ]
telegram (het)	**telegram** (n)	[tele'gram]
postpakket (het)	**postpakke** (m/f)	['pɔstˌpakə]
overschrijving (de)	**pengeoverføring** (m/f)	['pɛŋə 'ɔvərˌføriŋ]
ontvangen (ww)	**å motta**	[ɔ 'mɔta]
sturen (zenden)	**å sende**	[ɔ 'sɛnə]
verzending (de)	**avsending** (m)	['afˌsɛniŋ]
adres (het)	**adresse** (m)	[a'drɛsə]
postcode (de)	**postnummer** (n)	['pɔstˌnʉmər]
verzender (de)	**avsender** (m)	['afˌsɛnər]
ontvanger (de)	**mottaker** (m)	['mɔtˌtakər]
naam (de)	**fornavn** (n)	['fɔrˌnavn]
achternaam (de)	**etternavn** (n)	['ɛtəˌɳavn]
tarief (het)	**tariff** (m)	[ta'rif]
standaard (bn)	**vanlig**	['vanli]
zuinig (bn)	**økonomisk**	[økʊ'nɔmisk]
gewicht (het)	**vekt** (m)	['vɛkt]
afwegen (op de weegschaal)	**å veie**	[ɔ 'væje]
envelop (de)	**konvolutt** (m)	[kʊnvʊ'lʉt]
postzegel (de)	**frimerke** (n)	['friˌmærkə]
een postzegel plakken op	**å sette på frimerke**	[ɔ 'sɛtə pɔ 'friˌmærkə]

Woning. Huis. Thuis

86. Huis. Woning

huis (het)	**hus** (n)	['hʉs]
thuis (bw)	**hjemme**	['jɛmə]
cour (de)	**gård** (m)	['gɔ:r]
omheining (de)	**gjerde** (n)	['jærə]
baksteen (de)	**tegl** (n), **murstein** (m)	['tæjl], ['mʉˌʂtæjn]
van bakstenen	**tegl-**	['tæjl-]
steen (de)	**stein** (m)	['stæjn]
stenen (bn)	**stein-**	['stæjn-]
beton (het)	**betong** (m)	[be'tɔŋ]
van beton	**betong-**	[be'tɔŋ-]
nieuw (bn)	**ny**	['ny]
oud (bn)	**gammel**	['gaməl]
vervallen (bn)	**falleferdig**	['faləˌfæ:ɖi]
modern (bn)	**moderne**	[mʊ'dɛ:ɳə]
met veel verdiepingen	**fleretasjes-**	['flerɛˌtaʂɛs-]
hoog (bn)	**høy**	['høj]
verdieping (de)	**etasje** (m)	[ɛ'taʂə]
met een verdieping	**enetasjes**	['ɛnɛˌtaʂɛs]
laagste verdieping (de)	**første etasje** (m)	['fœʂtə ɛ'taʂə]
bovenverdieping (de)	**øverste etasje** (m)	['øveʂtə ɛ'taʂə]
dak (het)	**tak** (n)	['tak]
schoorsteen (de)	**skorstein** (m/f)	['skɔˌʂtæjn]
dakpan (de)	**takstein** (m)	['takˌstæjn]
pannen- (abn)	**taksteins-**	['takˌstæjns-]
zolder (de)	**loft** (n)	['lɔft]
venster (het)	**vindu** (n)	['vindʉ]
glas (het)	**glass** (n)	['glas]
vensterbank (de)	**vinduskarm** (m)	['vindʉsˌkarm]
luiken (mv.)	**vinduslemmer** (m pl)	['vindʉsˌlemər]
muur (de)	**mur, vegg** (m)	['mʉr], ['vɛg]
balkon (het)	**balkong** (m)	[bal'kɔŋ]
regenpijp (de)	**nedløpsrør** (n)	['nedløpsˌrør]
boven (bw)	**oppe**	['ɔpə]
naar boven gaan (ww)	**å gå ovenpå**	[ɔ 'gɔ 'ɔvənˌpɔ]
afdalen (on.ww.)	**å gå ned**	[ɔ 'gɔ ne]
verhuizen (ww)	**å flytte**	[ɔ 'flʏtə]

87. Huis. Ingang. Lift

ingang (de)	**inngang** (m)	['in,gaŋ]
trap (de)	**trapp** (m/f)	['trap]
treden (mv.)	**trinn** (n pl)	['trin]
trapleuning (de)	**gelender** (n)	[ge'lendər]
hal (de)	**hall, lobby** (m)	['hal], ['lɔbi]
postbus (de)	**postkasse** (m/f)	['pɔst,kasə]
vuilnisbak (de)	**søppelkasse** (m/f)	['sœpəl,kasə]
vuilniskoker (de)	**søppelsjakt** (m/f)	['sœpəl,ʂakt]
lift (de)	**heis** (m)	['hæjs]
goederenlift (de)	**lasteheis** (m)	['lastə'hæjs]
liftcabine (de)	**heiskorg** (m/f)	['hæjs,kɔrg]
de lift nemen	**å ta heisen**	[ɔ 'ta ,hæjsən]
appartement (het)	**leilighet** (m/f)	['læjli,het]
bewoners (mv.)	**beboere** (m pl)	[be'bʊerə]
buurman (de)	**nabo** (m)	['nabʊ]
buurvrouw (de)	**nabo** (m)	['nabʊ]
buren (mv.)	**naboer** (m pl)	['nabʊər]

88. Huis. Elektriciteit

elektriciteit (de)	**elektrisitet** (m)	[ɛlektrisi'tet]
lamp (de)	**lyspære** (m/f)	['lys,pærə]
schakelaar (de)	**strømbryter** (m)	['strøm,brytər]
zekering (de)	**sikring** (m)	['sikriŋ]
draad (de)	**ledning** (m)	['ledniŋ]
bedrading (de)	**ledningsnett** (n)	['ledniŋs,nɛt]
elektriciteitsmeter (de)	**elmåler** (m)	['ɛl,molər]
gegevens (mv.)	**avlesninger** (m/f pl)	['av,lesniŋər]

89. Huis. Deuren. Sloten

deur (de)	**dør** (m/f)	['dœr]
toegangspoort (de)	**grind** (m/f), **port** (m)	['griŋ], ['pɔ:ʈ]
deurkruk (de)	**dørhåndtak** (n)	['dœr,hɔntak]
ontsluiten (ontgrendelen)	**å låse opp**	[ɔ 'lo:sə ɔp]
openen (ww)	**å åpne**	[ɔ 'ɔpnə]
sluiten (ww)	**å lukke**	[ɔ 'lʉkə]
sleutel (de)	**nøkkel** (m)	['nøkəl]
sleutelbos (de)	**knippe** (n)	['knipə]
knarsen (bijv. scharnier)	**å knirke**	[ɔ 'knirkə]
knarsgeluid (het)	**knirk** (m/n)	['knirk]
scharnier (het)	**hengsel** (m/n)	['hɛŋsel]
deurmat (de)	**dørmatte** (m/f)	['dœr,matə]
slot (het)	**dørlås** (m/n)	['dœr,lɔs]

sleutelgat (het)	**nøkkelhull** (n)	['nøkəl,hʉl]
grendel (de)	**slå** (m/f)	['ʂlɔ]
schuif (de)	**slå** (m/f)	['ʂlɔ]
hangslot (het)	**hengelås** (m/n)	['hɛŋe,lɔs]
aanbellen (ww)	**å ringe**	[ɔ 'riŋə]
bel (geluid)	**ringing** (m/f)	['riŋiŋ]
deurbel (de)	**ringeklokke** (m/f)	['riŋə,klɔkə]
belknop (de)	**ringeklokke knapp** (m)	['riŋə,klɔkə 'knap]
geklop (het)	**kakking** (m/f)	['kakiŋ]
kloppen (ww)	**å kakke**	[ɔ 'kakə]
code (de)	**kode** (m)	['kʊdə]
cijferslot (het)	**kodelås** (m/n)	['kʊdə,lɔs]
parlofoon (de)	**dørtelefon** (m)	['dœr,tele'fʊn]
nummer (het)	**nummer** (n)	['nʉmər]
naambordje (het)	**dørskilt** (n)	['dœ,ʂilt]
deurspion (de)	**kikhull** (n)	['çik,hʉl]

90. Huis op het platteland

dorp (het)	**landsby** (m)	['lans,by]
moestuin (de)	**kjøkkenhage** (m)	['çœkən,hagə]
hek (het)	**gjerde** (n)	['jærə]
houten hekwerk (het)	**stakitt** (m/n)	[sta'kit]
tuinpoortje (het)	**port, stakittport** (m)	['pɔ:ʈ], [sta'kit,pɔ:ʈ]
graanschuur (de)	**kornlåve** (m)	['kʊ:ɳ,lo:və]
wortelkelder (de)	**jordkjeller** (m)	['ju:r,çɛlər]
schuur (de)	**skur, skjul** (n)	['skʉr], ['ʂʉl]
waterput (de)	**brønn** (m)	['brœn]
kachel (de)	**ovn** (m)	['ɔvn]
de kachel stoken	**å fyre**	[ɔ 'fyrə]
brandhout (het)	**ved** (m)	['ve]
houtblok (het)	**vedstykke** (n), **vedskie** (f)	['vɛd,stʏkə], ['vɛ,ʂiə]
veranda (de)	**veranda** (m)	[væ'randa]
terras (het)	**terrasse** (m)	[tɛ'rasə]
bordes (het)	**yttertrapp** (m/f)	['ytə,trap]
schommel (de)	**gynge** (m/f)	['jiŋə]

91. Villa. Herenhuis

landhuisje (het)	**fritidshus** (n)	['fritids,hʉs]
villa (de)	**villa** (m)	['vila]
vleugel (de)	**fløy** (m)	['fløj]
tuin (de)	**hage** (m)	['hagə]
park (het)	**park** (m)	['park]
oranjerie (de)	**drivhus** (n)	['driv,hʉs]
onderhouden (tuin, enz.)	**å ta vare**	[ɔ 'ta ,varə]

zwembad (het)	**svømmebasseng** (n)	['svœmə,bɑ'sɛŋ]
gym (het)	**gym** (m)	['dʒym]
tennisveld (het)	**tennisbane** (m)	['tɛnis,bɑnə]
bioscoopkamer (de)	**hjemmekino** (m)	['jɛmə,çinʊ]
garage (de)	**garasje** (m)	[gɑ'rɑʂə]
privé-eigendom (het)	**privateiendom** (m)	[pri'vɑt 'æjəndɔm]
eigen terrein (het)	**privat terreng** (n)	[pri'vɑt tɛ'rɛŋ]
waarschuwing (de)	**advarsel** (m)	['ɑd,vɑʂəl]
waarschuwingsbord (het)	**varselskilt** (n)	['vɑʂəl,ʂilt]
bewaking (de)	**sikkerhet** (m/f)	['sikər,het]
bewaker (de)	**sikkerhetsvakt** (m/f)	['sikərhɛts,vɑkt]
inbraakalarm (het)	**tyverialarm** (m)	[tyve'ri ɑ'lɑrm]

92. Kasteel. Paleis

kasteel (het)	**borg** (m)	['bɔrg]
paleis (het)	**palass** (n)	[pɑ'lɑs]
vesting (de)	**festning** (m/f)	['fɛstniŋ]
ringmuur (de)	**mur** (m)	['mʉr]
toren (de)	**tårn** (n)	['tɔ:ɳ]
donjon (de)	**kjernetårn** (n)	['çæ:ɳə'tɔ:ɳ]
valhek (het)	**fallgitter** (n)	['fɑl,gitər]
onderaardse gang (de)	**underjordisk gang** (m)	['ʉnər,ju:rdisk 'gɑŋ]
slotgracht (de)	**vollgrav** (m/f)	['vɔl,grɑv]
ketting (de)	**kjede** (m)	['çɛ:de]
schietgat (het)	**skyteskår** (n)	['ʂytə,skɔr]
prachtig (bn)	**praktfull**	['prɑkt,fʉl]
majestueus (bn)	**majestetisk**	[mɑje'stɛtisk]
onneembaar (bn)	**uinntakelig**	[ʉən'tɑkəli]
middeleeuws (bn)	**middelalderlig**	['midəl,ɑldɛ:ɭi]

93. Appartement

appartement (het)	**leilighet** (m/f)	['læjli,het]
kamer (de)	**rom** (n)	['rʊm]
slaapkamer (de)	**soverom** (n)	['sɔvə,rʊm]
eetkamer (de)	**spisestue** (m/f)	['spisə,stʉə]
salon (de)	**dagligstue** (m/f)	['dɑgli,stʉə]
studeerkamer (de)	**arbeidsrom** (n)	['ɑrbæjds,rʊm]
gang (de)	**entré** (m)	[ɑn'trɛ:]
badkamer (de)	**bad, baderom** (n)	['bɑd], ['bɑdə,rʊm]
toilet (het)	**toalett, WC** (n)	[tʊɑ'let], [vɛ'sɛ]
plafond (het)	**tak** (n)	['tɑk]
vloer (de)	**gulv** (n)	['gʉlv]
hoek (de)	**hjørne** (n)	['jœ:ɳə]

94. Appartement. Schoonmaken

schoonmaken (ww)	**å rydde**	[ɔ 'rʏdə]
opbergen (in de kast, enz.)	**å stue unna**	[ɔ 'stʉə 'ʉnɑ]
stof (het)	**støv** (n)	['støv]
stoffig (bn)	**støvet**	['støvət]
stoffen (ww)	**å tørke støv**	[ɔ 'tœrkə 'støv]
stofzuiger (de)	**støvsuger** (m)	['støfˌsʉgər]
stofzuigen (ww)	**å støvsuge**	[ɔ 'støfˌsʉgə]
vegen (de vloer ~)	**å sope, å feie**	[ɔ 'sɔpə], [ɔ 'fæje]
veegsel (het)	**søppel** (m/f/n)	['sœpəl]
orde (de)	**orden** (m)	['ɔrdən]
wanorde (de)	**uorden** (m)	['ʉːˌɔrdən]
zwabber (de)	**mopp** (m)	['mɔp]
poetsdoek (de)	**klut** (m)	['klʉt]
veger (de)	**feiekost** (m)	['fæjəˌkʊst]
stofblik (het)	**feiebrett** (n)	['fæjəˌbrɛt]

95. Meubels. Interieur

meubels (mv.)	**møbler** (n pl)	['møblər]
tafel (de)	**bord** (n)	['bʊr]
stoel (de)	**stol** (m)	['stʊl]
bed (het)	**seng** (m/f)	['sɛŋ]
bankstel (het)	**sofa** (m)	['sʊfɑ]
fauteuil (de)	**lenestol** (m)	['lenəˌstʊl]
boekenkast (de)	**bokskap** (n)	['bʊkˌskɑp]
boekenrek (het)	**hylle** (m/f)	['hʏlə]
kledingkast (de)	**klesskap** (n)	['kleˌskɑp]
kapstok (de)	**knaggbrett** (n)	['knɑgˌbrɛt]
staande kapstok (de)	**stumtjener** (m)	['stʉmˌtjenər]
commode (de)	**kommode** (m)	[kʊ'mʊdə]
salontafeltje (het)	**kaffebord** (n)	['kɑfəˌbʊr]
spiegel (de)	**speil** (n)	['spæjl]
tapijt (het)	**teppe** (n)	['tɛpə]
tapijtje (het)	**lite teppe** (n)	['litə 'tɛpə]
haard (de)	**peis** (m), **ildsted** (n)	['pæjs], ['ilsted]
kaars (de)	**lys** (n)	['lys]
kandelaar (de)	**lysestake** (m)	['lysəˌstɑkə]
gordijnen (mv.)	**gardiner** (m/f pl)	[gɑː'ɖinər]
behang (het)	**tapet** (n)	[tɑ'pet]
jaloezie (de)	**persienne** (m)	[pæʂi'enə]
bureaulamp (de)	**bordlampe** (m/f)	['bʊrˌlɑmpə]
wandlamp (de)	**vegglampe** (m/f)	['vɛgˌlɑmpə]

staande lamp (de)	**gulvlampe** (m/f)	['gʉlv,lampə]
luchter (de)	**lysekrone** (m/f)	['lysə,krʊnə]
poot (ov. een tafel, enz.)	**bein** (n)	['bæjn]
armleuning (de)	**armlene** (n)	['ɑrm,lenə]
rugleuning (de)	**rygg** (m)	['rʏg]
la (de)	**skuff** (m)	['skʉf]

96. Beddengoed

beddengoed (het)	**sengetøy** (n)	['sɛŋə,tøj]
kussen (het)	**pute** (m/f)	['pʉtə]
kussenovertrek (de)	**putevar, putetrekk** (n)	['pʉtə,vɑr], ['pʉtə,trɛk]
deken (de)	**dyne** (m/f)	['dynə]
laken (het)	**laken** (n)	['lɑkən]
sprei (de)	**sengeteppe** (n)	['sɛŋə,tɛpə]

97. Keuken

keuken (de)	**kjøkken** (n)	['çœkən]
gas (het)	**gass** (m)	['gɑs]
gasfornuis (het)	**gasskomfyr** (m)	['gɑs kɔm,fyr]
elektrisch fornuis (het)	**elektrisk komfyr** (m)	[ɛ'lektrisk kɔm,fyr]
oven (de)	**bakeovn** (m)	['bɑkə,ɔvn]
magnetronoven (de)	**mikrobølgeovn** (m)	['mikrʊ,bølgə'ɔvn]
koelkast (de)	**kjøleskap** (n)	['çœlə,skɑp]
diepvriezer (de)	**fryser** (m)	['frysər]
vaatwasmachine (de)	**oppvaskmaskin** (m)	['ɔpvɑsk mɑ,ʂin]
vleesmolen (de)	**kjøttkvern** (m/f)	['çœt,kvɛ:ɳ]
vruchtenpers (de)	**juicepresse** (m/f)	['dʒʉs,prɛsə]
toaster (de)	**brødrister** (m)	['brø,ristər]
mixer (de)	**mikser** (m)	['miksər]
koffiemachine (de)	**kaffetrakter** (m)	['kɑfə,trɑktər]
koffiepot (de)	**kaffekanne** (m/f)	['kɑfə,kɑnə]
koffiemolen (de)	**kaffekvern** (m/f)	['kɑfə,kvɛ:ɳ]
fluitketel (de)	**tekjele** (m)	['te,çelə]
theepot (de)	**tekanne** (m/f)	['te,kɑnə]
deksel (de/het)	**lokk** (n)	['lɔk]
theezeefje (het)	**tesil** (m)	['te,sil]
lepel (de)	**skje** (m)	['ʂe]
theelepeltje (het)	**teskje** (m)	['te,ʂe]
eetlepel (de)	**spiseskje** (m)	['spisə,ʂɛ]
vork (de)	**gaffel** (m)	['gɑfəl]
mes (het)	**kniv** (m)	['kniv]
vaatwerk (het)	**servise** (n)	[sær'visə]
bord (het)	**tallerken** (m)	[tɑ'lærkən]

schoteltje (het)	**tefat** (n)	['te,fat]
likeurglas (het)	**shotglass** (n)	['ʂɔt,glas]
glas (het)	**glass** (n)	['glas]
kopje (het)	**kopp** (m)	['kɔp]
suikerpot (de)	**sukkerskål** (m/f)	['sʉkər,skɔl]
zoutvat (het)	**saltbøsse** (m/f)	['salt,bøsə]
pepervat (het)	**pepperbøsse** (m/f)	['pɛpər,bøsə]
boterschaaltje (het)	**smørkopp** (m)	['smœr,kɔp]
steelpan (de)	**gryte** (m/f)	['grytə]
bakpan (de)	**steikepanne** (m/f)	['stæjkə,panə]
pollepel (de)	**sleiv** (m/f)	['ʂlæjv]
vergiet (de/het)	**dørslag** (n)	['dœʂlag]
dienblad (het)	**brett** (n)	['brɛt]
fles (de)	**flaske** (m)	['flaskə]
glazen pot (de)	**glasskrukke** (m/f)	['glas,krʉkə]
blik (conserven~)	**boks** (m)	['bɔks]
flesopener (de)	**flaskeåpner** (m)	['flaskə,ɔpnər]
blikopener (de)	**konservåpner** (m)	['kʊnsəv,ɔpnər]
kurkentrekker (de)	**korketrekker** (m)	['kɔrkə,trɛkər]
filter (de/het)	**filter** (n)	['filtər]
filteren (ww)	**å filtrere**	[ɔ fil'trerə]
huisvuil (het)	**søppel** (m/f/n)	['sœpəl]
vuilnisemmer (de)	**søppelbøtte** (m/f)	['sœpəl,bœtə]

98. Badkamer

badkamer (de)	**bad, baderom** (n)	['bad], ['badə,rʊm]
water (het)	**vann** (n)	['van]
kraan (de)	**kran** (m/f)	['kran]
warm water (het)	**varmt vann** (n)	['varmt ,van]
koud water (het)	**kaldt vann** (n)	['kalt van]
tandpasta (de)	**tannpasta** (m)	['tan,pasta]
tanden poetsen (ww)	**å pusse tennene**	[ɔ 'pʉsə 'tɛnənə]
tandenborstel (de)	**tannbørste** (m)	['tan,bœʂtə]
zich scheren (ww)	**å barbere seg**	[ɔ bar'berə sæj]
scheercrème (de)	**barberskum** (n)	[bar'bɛ,ʂkʊm]
scheermes (het)	**høvel** (m)	['høvəl]
wassen (ww)	**å vaske**	[ɔ 'vaskə]
een bad nemen	**å vaske seg**	[ɔ 'vaskə sæj]
douche (de)	**dusj** (m)	['dʉʂ]
een douche nemen	**å ta en dusj**	[ɔ 'ta en 'dʉʂ]
bad (het)	**badekar** (n)	['badə,kar]
toiletpot (de)	**toalettstol** (m)	[tʊa'let,stʊl]
wastafel (de)	**vaskeservant** (m)	['vaskə,sɛr'vant]
zeep (de)	**såpe** (m/f)	['so:pə]

zeepbakje (het)	**såpeskål** (m/f)	['so:pəˌskɔl]
spons (de)	**svamp** (m)	['svamp]
shampoo (de)	**sjampo** (m)	['ʂamˌpʊ]
handdoek (de)	**håndkle** (n)	['hɔnˌkle]
badjas (de)	**badekåpe** (m/f)	['badəˌko:pə]
was (bijv. handwas)	**vask** (m)	['vask]
wasmachine (de)	**vaskemaskin** (m)	['vaskə maˌʂin]
de was doen	**å vaske tøy**	[ɔ 'vaskə 'tøj]
waspoeder (de)	**vaskepulver** (n)	['vaskəˌpʉlvər]

99. Huishoudelijke apparaten

televisie (de)	**TV** (m), **TV-apparat** (n)	['tɛvɛ], ['tɛvɛ apa'rat]
cassettespeler (de)	**båndopptaker** (m)	['bɔnˌɔptakər]
videorecorder (de)	**video** (m)	['videʊ]
radio (de)	**radio** (m)	['radiʊ]
speler (de)	**spiller** (m)	['spilər]
videoprojector (de)	**videoprojektor** (m)	['videʊ prɔ'jɛktɔr]
home theater systeem (het)	**hjemmekino** (m)	['jɛməˌçinʊ]
DVD-speler (de)	**DVD-spiller** (m)	[deve'de ˌspilər]
versterker (de)	**forsterker** (m)	[fɔ'ʂtærkər]
spelconsole (de)	**spillkonsoll** (m)	['spil kʊn'sɔl]
videocamera (de)	**videokamera** (n)	['videʊ ˌkamera]
fotocamera (de)	**kamera** (n)	['kamera]
digitale camera (de)	**digitalkamera** (n)	[digi'tal ˌkamera]
stofzuiger (de)	**støvsuger** (m)	['støfˌsʉgər]
strijkijzer (het)	**strykejern** (n)	['strykəˌjæ:ɳ]
strijkplank (de)	**strykebrett** (n)	['strykəˌbrɛt]
telefoon (de)	**telefon** (m)	[tele'fʊn]
mobieltje (het)	**mobiltelefon** (m)	[mʊ'bil tele'fʊn]
schrijfmachine (de)	**skrivemaskin** (m)	['skrivə maˌʂin]
naaimachine (de)	**symaskin** (m)	['si:maˌʂin]
microfoon (de)	**mikrofon** (m)	[mikrʊ'fʊn]
koptelefoon (de)	**hodetelefoner** (n pl)	['hɔdəteləˌfʊnər]
afstandsbediening (de)	**fjernkontroll** (m)	['fjæ:ɳ kʊn'trɔl]
CD (de)	**CD-rom** (m)	['sɛdɛˌrʊm]
cassette (de)	**kassett** (m)	[ka'sɛt]
vinylplaat (de)	**plate, skive** (m/f)	['platə], ['ʂivə]

100. Reparaties. Renovatie

renovatie (de)	**renovering** (m/f)	[renʊ'veriŋ]
renoveren (ww)	**å renovere**	[ɔ renʊ'verə]
repareren (ww)	**å reparere**	[ɔ repa'rerə]
op orde brengen	**å bringe orden**	[ɔ 'briŋə 'ɔrdən]

overdoen (ww)	**å gjøre om**	[ɔ 'jørə ɔm]
verf (de)	**maling** (m/f)	['maliŋ]
verven (muur ~)	**å male**	[ɔ 'malə]
schilder (de)	**maler** (m)	['malər]
kwast (de)	**pensel** (m)	['pɛnsəl]
kalk (de)	**kalkmaling** (m/f)	['kalk,maliŋ]
kalken (ww)	**å hvitmale**	[ɔ 'vit,malə]
behang (het)	**tapet** (n)	[ta'pet]
behangen (ww)	**å tapetsere**	[ɔ tapet'serə]
lak (de/het)	**ferniss** (m)	['fæː,ɳis]
lakken (ww)	**å lakkere**	[ɔ la'kerə]

101. Loodgieterswerk

water (het)	**vann** (n)	['van]
warm water (het)	**varmt vann** (n)	['varmt ,van]
koud water (het)	**kaldt vann** (n)	['kalt van]
kraan (de)	**kran** (m/f)	['kran]
druppel (de)	**dråpe** (m)	['droːpə]
druppelen (ww)	**å dryppe**	[ɔ 'drʏpə]
lekken (een lek hebben)	**å lekke**	[ɔ 'lekə]
lekkage (de)	**lekk** (m)	['lek]
plasje (het)	**pøl, pytt** (m)	['pøl], ['pʏt]
buis, leiding (de)	**rør** (n)	['rør]
stopkraan (de)	**ventil** (m)	[vɛn'til]
verstopt raken (ww)	**å bli tilstoppet**	[ɔ 'bli til'stɔpət]
gereedschap (het)	**verktøy** (n pl)	['værk,tøj]
Engelse sleutel (de)	**skiftenøkkel** (m)	['ʂiftə,nøkəl]
losschroeven (ww)	**å skru ut**	[ɔ 'skrʉ ʉt]
aanschroeven (ww)	**å skru fast**	[ɔ 'skrʉ 'fast]
ontstoppen (riool, enz.)	**å rense**	[ɔ 'rɛnsə]
loodgieter (de)	**rørlegger** (m)	['rør,legər]
kelder (de)	**kjeller** (m)	['çɛlər]
riolering (de)	**avløp** (n)	['av,løp]

102. Brand. Vuurzee

vuur (het)	**ild** (m)	['il]
vlam (de)	**flamme** (m)	['flamə]
vonk (de)	**gnist** (m)	['gnist]
rook (de)	**røyk** (m)	['røjk]
fakkel (de)	**fakkel** (m)	['fakəl]
kampvuur (het)	**bål** (n)	['bɔl]
benzine (de)	**bensin** (m)	[bɛn'sin]
kerosine (de)	**parafin** (m)	[para'fin]

brandbaar (bn)	**brennbar**	['brɛnˌbɑr]
ontplofbaar (bn)	**eksplosiv**	['ɛkspluˌsiv]
VERBODEN TE ROKEN!	**RØYKING FORBUDT**	['røjkiŋ fɔr'bʉt]
veiligheid (de)	**sikkerhet** (m/f)	['sikərˌhet]
gevaar (het)	**fare** (m)	['fɑrə]
gevaarlijk (bn)	**farlig**	['fɑ:ɭi]
in brand vliegen (ww)	**å ta fyr**	[ɔ 'tɑ ˌfyr]
explosie (de)	**eksplosjon** (m)	[ɛksplʊ'ʂʊn]
in brand steken (ww)	**å sette fyr**	[ɔ 'sɛtə ˌfyr]
brandstichter (de)	**brannstifter** (m)	['brɑnˌstiftər]
brandstichting (de)	**brannstiftelse** (m)	['brɑnˌstiftəlsə]
vlammen (ww)	**å flamme**	[ɔ 'flɑmə]
branden (ww)	**å brenne**	[ɔ 'brɛnə]
afbranden (ww)	**å brenne ned**	[ɔ 'brɛnə ne]
de brandweer bellen	**å ringe bransvesenet**	[ɔ 'riŋə 'brɑnsˌvesəne]
brandweerman (de)	**brannmann** (m)	['brɑnˌmɑn]
brandweerwagen (de)	**brannbil** (m)	['brɑnˌbil]
brandweer (de)	**brannkorps** (n)	['brɑnˌkɔrps]
uitschuifbare ladder (de)	**teleskopstige** (m)	['tele'skʊpˌsti:ə]
brandslang (de)	**slange** (m)	['ʂlɑŋə]
brandblusser (de)	**brannslukker** (n)	['brɑnˌʂlʉkər]
helm (de)	**hjelm** (m)	['jɛlm]
sirene (de)	**sirene** (m/f)	[si'renə]
roepen (ww)	**å skrike**	[ɔ 'skrikə]
hulp roepen	**å rope på hjelp**	[ɔ 'rʊpə pɔ 'jɛlp]
redder (de)	**redningsmann** (m)	['rɛdniŋsˌmɑn]
redden (ww)	**å redde**	[ɔ 'rɛdə]
aankomen (per auto, enz.)	**å ankomme**	[ɔ 'ɑnˌkɔmə]
blussen (ww)	**å slokke**	[ɔ 'ʂløkə]
water (het)	**vann** (n)	['vɑn]
zand (het)	**sand** (m)	['sɑn]
ruïnes (mv.)	**ruiner** (m pl)	[rʉ'inər]
instorten (gebouw, enz.)	**å falle sammen**	[ɔ 'falə 'sɑmən]
ineenstorten (ww)	**å styrte ned**	[ɔ 'sty:ʈə ne]
inzakken (ww)	**å styrte inn**	[ɔ 'sty:ʈə in]
brokstuk (het)	**del** (m)	['del]
as (de)	**aske** (m/f)	['ɑskə]
verstikken (ww)	**å kveles**	[ɔ 'kveləs]
omkomen (ww)	**å omkomme**	[ɔ 'ɔmˌkɔmə]

MENSELIJKE ACTIVITEITEN

Baan. Business. Deel 1

103. Kantoor. Op kantoor werken

kantoor (het)	**kontor** (n)	[kʊn'tʊr]
kamer (de)	**kontor** (n)	[kʊn'tʊr]
receptie (de)	**resepsjon** (m)	[resɛp'ʂʊn]
secretaris (de)	**sekretær** (m)	[sɛkrə'tær]
secretaresse (de)	**sekretær** (m)	[sɛkrə'tær]
directeur (de)	**direktør** (m)	[dirɛk'tør]
manager (de)	**manager** (m)	['mɛnidʒər]
boekhouder (de)	**regnskapsfører** (m)	['rɛjnskɑps,førər]
werknemer (de)	**ansatt** (n)	['ɑn,sɑt]
meubilair (het)	**møbler** (n pl)	['møblər]
tafel (de)	**bord** (n)	['bʊr]
bureaustoel (de)	**arbeidsstol** (m)	['ɑrbæjds,stʊl]
ladeblok (het)	**skuffeseksjon** (m)	['skʉfə,sɛk'ʂʊn]
kapstok (de)	**stumtjener** (m)	['stʉm,tjenər]
computer (de)	**datamaskin** (m)	['dɑtɑ mɑ,ʂin]
printer (de)	**skriver** (m)	['skrivər]
fax (de)	**faks** (m)	['fɑks]
kopieerapparaat (het)	**kopimaskin** (m)	[kʊ'pi mɑ,ʂin]
papier (het)	**papir** (n)	[pɑ'pir]
kantoorartikelen (mv.)	**kontorartikler** (m pl)	[kʊn'tʊr ɑ:'ʈiklər]
muismat (de)	**musematte** (m/f)	['mʉsə,mɑtə]
blad (het)	**ark** (n)	['ɑrk]
ordner (de)	**mappe** (m/f)	['mɑpə]
catalogus (de)	**katalog** (m)	[kɑtɑ'lɔg]
telefoongids (de)	**telefonkatalog** (m)	[tele'fʊn kɑtɑ'lɔg]
documentatie (de)	**dokumentasjon** (m)	[dɔkʉmɛntɑ'ʂʊn]
brochure (de)	**brosjyre** (m)	[brɔ'ʂyrə]
flyer (de)	**reklameblad** (n)	[rɛ'klɑmə,blɑ]
monster (het), staal (de)	**prøve** (m)	['prøvə]
training (de)	**trening** (m/f)	['treniŋ]
vergadering (de)	**møte** (n)	['møtə]
lunchpauze (de)	**lunsj pause** (m)	['lʉnʂ ,pɑʊsə]
een kopie maken	**å lage en kopi**	[ɔ 'lɑgə en kʊ'pi]
de kopieën maken	**å kopiere**	[ɔ kʊ'pjerə]
een fax ontvangen	**å motta faks**	[ɔ 'mɔtɑ ,fɑks]
een fax versturen	**å sende faks**	[ɔ 'sɛnə ,fɑks]

opbellen (ww)	**å ringe**	[ɔ 'riŋə]
antwoorden (ww)	**å svare**	[ɔ 'svarə]
doorverbinden (ww)	**å sætte over til ...**	[ɔ 'sætə 'ɔvər til ...]
afspreken (ww)	**å arrangere**	[ɔ araŋ'ʂerə]
demonstreren (ww)	**å demonstrere**	[ɔ demɔn'strerə]
absent zijn (ww)	**å være fraværende**	[ɔ 'værə 'fraˌværənə]
afwezigheid (de)	**fravær** (n)	['fraˌvær]

104. Bedrijfsprocessen. Deel 1

bedrijf (business)	**bedrift, handel** (m)	[be'drift], ['handəl]
zaak (de), beroep (het)	**yrke** (n)	['yrkə]
firma (de)	**firma** (n)	['firma]
bedrijf (maatschap)	**foretak** (n)	['fɔrəˌtak]
corporatie (de)	**korporasjon** (m)	[kʊrpʊra'ʂʊn]
onderneming (de)	**foretak** (n)	['fɔrəˌtak]
agentschap (het)	**agentur** (n)	[agɛn'tʉr]
overeenkomst (de)	**avtale** (m)	['avˌtalə]
contract (het)	**kontrakt** (m)	[kʊn'trakt]
transactie (de)	**avtale** (m)	['avˌtalə]
bestelling (de)	**bestilling** (m)	[be'stiliŋ]
voorwaarde (de)	**vilkår** (n)	['vilˌkɔ:r]
in het groot (bw)	**en gros**	[ɛn 'grɔ]
groothandels- (abn)	**engros-**	[ɛŋ'grɔ-]
groothandel (de)	**engroshandel** (m)	[ɛŋ'grɔˌhandəl]
kleinhandels- (abn)	**detalj-**	[de'talj-]
kleinhandel (de)	**detaljhandel** (m)	[de'taljˌhandəl]
concurrent (de)	**konkurrent** (m)	[kʊnkʉ'rɛnt]
concurrentie (de)	**konkurranse** (m)	[kʊnkʉ'ransə]
concurreren (ww)	**å konkurrere**	[ɔ kʊnkʉ'rerə]
partner (de)	**partner** (m)	['pa:ʈnər]
partnerschap (het)	**partnerskap** (n)	['pa:ʈnəˌʂkap]
crisis (de)	**krise** (m/f)	['krisə]
bankroet (het)	**fallitt** (m)	[fa'lit]
bankroet gaan (ww)	**å gå konkurs**	[ɔ 'gɔ kɔn'kʉʂ]
moeilijkheid (de)	**vanskelighet** (m)	['vanskəliˌhet]
probleem (het)	**problem** (n)	[prʊ'blem]
catastrofe (de)	**katastrofe** (m)	[kata'strɔfə]
economie (de)	**økonomi** (m)	[økʊnʊ'mi]
economisch (bn)	**økonomisk**	[økʊ'nɔmisk]
economische recessie (de)	**økonomisk nedgang** (m)	[økʊ'nɔmisk 'nedˌgaŋ]
doel (het)	**mål** (n)	['mol]
taak (de)	**oppgave** (m/f)	['ɔpˌgavə]
handelen (handel drijven)	**å handle**	[ɔ 'handlə]
netwerk (het)	**nettverk** (n)	['nɛtˌværk]

voorraad (de)	**lager** (n)	['lagər]
assortiment (het)	**sortiment** (n)	[sɔ:ʈi'mɛn]
leider (de)	**leder** (m)	['ledər]
groot (bn)	**stor**	['stʊr]
monopolie (het)	**monopol** (n)	[mʊnʊ'pɔl]
theorie (de)	**teori** (m)	[teʊ'ri]
praktijk (de)	**praksis** (m)	['praksis]
ervaring (de)	**erfaring** (m/f)	[ær'fariŋ]
tendentie (de)	**tendens** (m)	[tɛn'dɛns]
ontwikkeling (de)	**utvikling** (m/f)	['ʉt,vikliŋ]

105. Bedrijfsprocessen. Deel 2

voordeel (het)	**utbytte** (n), **fordel** (m)	['ʉt,bʏtə], ['fɔ:ɖel]
voordelig (bn)	**fordelaktig**	[fɔ:ɖəl'akti]
delegatie (de)	**delegasjon** (m)	[delega'ʂʊn]
salaris (het)	**lønn** (m/f)	['lœn]
corrigeren (fouten ~)	**å rette**	[ɔ 'rɛtə]
zakenreis (de)	**forretningsreise** (m/f)	[fɔ'rɛtniŋs,ræjsə]
commissie (de)	**provisjon** (m)	[prʊvi'ʂʊn]
controleren (ww)	**å kontrollere**	[ɔ kʊntrɔ'lerə]
conferentie (de)	**konferanse** (m)	[kʊnfə'ransə]
licentie (de)	**lisens** (m)	[li'sɛns]
betrouwbaar (partner, enz.)	**pålitelig**	[pɔ'liteli]
aanzet (de)	**initiativ** (n)	[initsia'tiv]
norm (bijv. ~ stellen)	**norm** (m)	['nɔrm]
omstandigheid (de)	**omstendighet** (m)	[ɔm'stɛndi,het]
taak, plicht (de)	**plikt** (m/f)	['plikt]
organisatie (bedrijf, zaak)	**organisasjon** (m)	[ɔrganisa'ʂʊn]
organisatie (proces)	**organisering** (m)	[ɔrgani'seriŋ]
georganiseerd (bn)	**organisert**	[ɔrgani'sɛ:ʈ]
afzegging (de)	**avlysning** (m/f)	['av,lʏsniŋ]
afzeggen (ww)	**å avlyse, å annullere**	[ɔ 'av,lysə], [ɔ anʉ'lerə]
verslag (het)	**rapport** (m)	[ra'pɔ:ʈ]
patent (het)	**patent** (n)	[pa'tɛnt]
patenteren (ww)	**å patentere**	[ɔ paten'terə]
plannen (ww)	**å planlegge**	[ɔ 'plan,legə]
premie (de)	**gratiale** (n)	[gratsi'a:lə]
professioneel (bn)	**professionel**	[prʊ'fɛsiɔ,nɛl]
procedure (de)	**prosedyre** (m)	[prʊsə'dyrə]
onderzoeken (contract, enz.)	**å undersøke**	[ɔ 'ʉnə,ʂøkə]
berekening (de)	**beregning** (m/f)	[be'rɛjniŋ]
reputatie (de)	**rykte** (n)	['rʏktə]
risico (het)	**risiko** (m)	['risikʊ]
beheren (managen)	**å styre, å lede**	[ɔ 'styrə], [ɔ 'ledə]

informatie (de)	**opplysninger** (m/f pl)	['ɔpˌlʏsniŋər]
eigendom (bezit)	**eiendom** (m)	['æjənˌdɔm]
unie (de)	**forbund** (n)	['fɔrˌbʉn]
levensverzekering (de)	**livsforsikring** (m/f)	['lifsfɔˌʂikriŋ]
verzekeren (ww)	**å forsikre**	[ɔ fɔ'ʂikrə]
verzekering (de)	**forsikring** (m/f)	[fɔ'ʂikriŋ]
veiling (de)	**auksjon** (m)	[aʊk'ʂʊn]
verwittigen (ww)	**å underrette**	[ɔ 'ʉnəˌrɛtə]
beheer (het)	**ledelse** (m)	['ledəlsə]
dienst (de)	**tjeneste** (m)	['tjenɛstə]
forum (het)	**forum** (n)	['fɔrum]
functioneren (ww)	**å fungere**	[ɔ fʉ'ŋerə]
stap, etappe (de)	**etappe** (m)	[e'tɑpə]
juridisch (bn)	**juridisk**	[jʉ'ridisk]
jurist (de)	**jurist** (m)	[jʉ'rist]

106. Productie. Werken

industriële installatie (fabriek)	**verk** (n)	['værk]
fabriek (de)	**fabrikk** (m)	[fɑ'brik]
werkplaatsruimte (de)	**verkstad** (m)	['værkˌstɑd]
productielocatie (de)	**produksjonsplass** (m)	[prʊdʊk'ʂʊns ˌplɑs]
industrie (de)	**industri** (m)	[indʉ'stri]
industrieel (bn)	**industriell**	[indʉstri'ɛl]
zware industrie (de)	**tungindustri** (m)	['tʉŋ ˌindʉ'stri]
lichte industrie (de)	**lettindustri** (m)	['letˌindʉ'stri]
productie (de)	**produksjon** (m)	[prʊdʉk'ʂʊn]
produceren (ww)	**å produsere**	[ɔ prʊdʉ'serə]
grondstof (de)	**råstoffer** (n pl)	['rɔˌstɔfər]
voorman, ploegbaas (de)	**formann, bas** (m)	['fɔrmɑn], ['bɑs]
ploeg (de)	**arbeidslag** (n)	['ɑrbæjdsˌlɑg]
arbeider (de)	**arbeider** (m)	['ɑrˌbæjdər]
werkdag (de)	**arbeidsdag** (m)	['ɑrbæjdsˌdɑ]
pauze (de)	**hvilepause** (m)	['viləˌpaʊse]
samenkomst (de)	**møte** (n)	['møtə]
bespreken (spreken over)	**å drøfte, å diskutere**	[ɔ 'drœftə], [ɔ diskʉ'terə]
plan (het)	**plan** (m)	['plɑn]
het plan uitvoeren	**å oppfylle planen**	[ɔ 'ɔpˌfʏlə 'plɑnən]
productienorm (de)	**produksjonsmål** (n)	[prʊdʊk'ʂʊns ˌmol]
kwaliteit (de)	**kvalitet** (m)	[kvɑli'tɛt]
controle (de)	**kontroll** (m)	[kʊn'trɔl]
kwaliteitscontrole (de)	**kvalitetskontroll** (m)	[kvɑli'tɛt kʊn'trɔl]
arbeidsveiligheid (de)	**arbeidervern** (n)	['ɑrbæjdərˌvæːɳ]
discipline (de)	**disiplin** (m)	[disip'lin]
overtreding (de)	**brudd** (n)	['brʉd]

overtreden (ww)	å bryte	[ɔ 'brytə]
staking (de)	streik (m)	['stræjk]
staker (de)	streiker (m)	['stræjkər]
staken (ww)	å streike	[ɔ 'stræjkə]
vakbond (de)	fagforening (m/f)	['fɑgfɔˌreniŋ]

uitvinden (machine, enz.)	å oppfinne	[ɔ 'ɔpˌfinə]
uitvinding (de)	oppfinnelse (m)	['ɔpˌfinəlsə]
onderzoek (het)	forskning (m)	['fɔːʂkniŋ]
verbeteren (beter maken)	å forbedre	[ɔ fɔr'bɛdrə]
technologie (de)	teknologi (m)	[tɛknʊlʊ'gi]
technische tekening (de)	teknisk tegning (m/f)	['tɛknisk ˌtæjniŋ]

vracht (de)	last (m/f)	['lɑst]
lader (de)	lastearbeider (m)	['lɑstə'ɑrˌbæjdər]
laden (vrachtwagen)	å laste	[ɔ 'lɑstə]
laden (het)	lasting (m/f)	['lɑstiŋ]

| lossen (ww) | å lesse av | [ɔ 'lese ɑː] |
| lossen (het) | avlessing (m/f) | ['ɑvˌlesiŋ] |

transport (het)	transport (m)	[trɑns'pɔːt]
transportbedrijf (de)	transportfirma (n)	[trɑns'pɔːt ˌfirmɑ]
transporteren (ww)	å transportere	[ɔ trɑnspɔːˈterə]

goederenwagon (de)	godsvogn (m/f)	['gʊtsˌvɔŋn]
tank (bijv. ketelwagen)	tank (m)	['tɑnk]
vrachtwagen (de)	lastebil (m)	['lɑstəˌbil]

| machine (de) | verktøymaskin (m) | ['værktøj mɑˌʂin] |
| mechanisme (het) | mekanisme (m) | [mekɑ'nismə] |

industrieel afval (het)	industrielt avfall (n)	[indʉstri'ɛlt 'ɑvˌfɑl]
verpakking (de)	pakning (m/f)	['pɑkniŋ]
verpakken (ww)	å pakke	[ɔ 'pɑkə]

107. Contract. Overeenstemming

contract (het)	kontrakt (m)	[kʊn'trɑkt]
overeenkomst (de)	avtale (m)	['ɑvˌtɑlə]
bijlage (de)	tillegg, bilag (n)	['tiˌleg], ['biˌlɑg]

een contract sluiten	å inngå kontrakt	[ɔ 'inˌgɔ kʊn'trɑkt]
handtekening (de)	underskrift (m/f)	['ʉnəˌskrift]
ondertekenen (ww)	å underskrive	[ɔ 'ʉnəˌskrivə]
stempel (de)	stempel (n)	['stɛmpəl]

voorwerp (het) van de overeenkomst	kontraktens gjenstand (m)	[kʊn'trɑktəns 'jɛnˌstɑn]
clausule (de)	klausul (m)	[klɑʊ'sʉl]
partijen (mv.)	parter (m pl)	['pɑːtər]
vestigingsadres (het)	juridisk adresse (m/f)	[jʉ'ridisk ɑ'drɛsə]
het contract verbreken (overtreden)	å bryte kontrakten	[ɔ 'brytə kʊn'trɑktən]

verplichting (de)	**forpliktelse** (m)	[fɔr'pliktəlsə]
verantwoordelijkheid (de)	**ansvar** (n)	['ɑnˌsvɑr]
overmacht (de)	**force majeure** (m)	[ˌfɔrs mɑ'ʒø:r]
geschil (het)	**tvist** (m)	['tvist]
sancties (mv.)	**straffeavgifter** (m pl)	['strɑfə ɑv'jiftər]

108. Import & Export

import (de)	**import** (m)	[im'pɔ:ʈ]
importeur (de)	**importør** (m)	[impɔ:'ʈør]
importeren (ww)	**å importere**	[ɔ impɔ:'ʈerə]
import- (abn)	**import-**	[im'pɔ:ʈ-]
uitvoer (export)	**eksport** (m)	[ɛks'pɔ:ʈ]
exporteur (de)	**eksportør** (m)	[ɛkspɔ:'ʈør]
exporteren (ww)	**å eksportere**	[ɔ ɛkspɔ:'ʈerə]
uitvoer- (bijv., ~goederen)	**eksport-**	[ɛks'pɔ:ʈ-]
goederen (mv.)	**vare** (m/f)	['vɑrə]
partij (de)	**parti** (n)	[pɑ:'ʈi]
gewicht (het)	**vekt** (m)	['vɛkt]
volume (het)	**volum** (n)	[vɔ'lʉm]
kubieke meter (de)	**kubikkmeter** (m)	[kʉ'bikˌmetər]
producent (de)	**produsent** (m)	[prʊdʉ'sɛnt]
transportbedrijf (de)	**transportfirma** (n)	[trɑns'pɔ:ʈ ˌfirmɑ]
container (de)	**container** (m)	[kɔn'tɛjnər]
grens (de)	**grense** (m/f)	['grɛnsə]
douane (de)	**toll** (m)	['tɔl]
douanerecht (het)	**tollavgift** (m)	['tɔl ɑv'jift]
douanier (de)	**tollbetjent** (m)	['tɔlbeˌtjɛnt]
smokkelen (het)	**smugling** (m/f)	['smʉgliŋ]
smokkelwaar (de)	**smuglergods** (n)	['smʉgləˌgʊʦ]

109. Financiën

aandeel (het)	**aksje** (m)	['ɑkʂə]
obligatie (de)	**obligasjon** (m)	[ɔbligɑ'ʂʊn]
wissel (de)	**veksel** (m)	['vɛksəl]
beurs (de)	**børs** (m)	['bœʂ]
aandelenkoers (de)	**aksjekurs** (m)	['ɑkʂəˌkʉʂ]
dalen (ww)	**å gå ned**	[ɔ 'gɔ ne]
stijgen (ww)	**å gå opp**	[ɔ 'gɔ ɔp]
deel (het)	**andel** (m)	['ɑnˌdel]
meerderheidsbelang (het)	**aksjemajoritet** (m)	['ɑkʂəˌmajɔri'tet]
investeringen (mv.)	**investering** (m/f)	[inve'steriŋ]
investeren (ww)	**å investere**	[ɔ inve'sterə]

procent (het)	**prosent** (m)	[prʊ'sɛnt]
rente (de)	**rente** (m/f)	['rɛntə]
winst (de)	**profitt** (m), **fortjeneste** (m/f)	[prɔ'fit], [fɔ:'tjenɛstə]
winstgevend (bn)	**profitabel**	[prɔfi'tabəl]
belasting (de)	**skatt** (m)	['skat]
valuta (vreemde ~)	**valuta** (m)	[va'lʉta]
nationaal (bn)	**nasjonal**	[naʂʊ'nal]
ruil (de)	**veksling** (m/f)	['vɛkʂliŋ]
boekhouder (de)	**regnskapsfører** (m)	['rɛjnskaps,førər]
boekhouding (de)	**bokføring** (m/f)	['bʊk'føriŋ]
bankroet (het)	**fallitt** (m)	[fa'lit]
ondergang (de)	**krakk** (n)	['krak]
faillissement (het)	**ruin** (m)	[rʉ'in]
geruïneerd zijn (ww)	**å ruinere seg**	[ɔ rʉi'nerə sæj]
inflatie (de)	**inflasjon** (m)	[infla'ʂʊn]
devaluatie (de)	**devaluering** (m)	[devalʉ'eriŋ]
kapitaal (het)	**kapital** (m)	[kapi'tal]
inkomen (het)	**inntekt** (m/f), **innkomst** (m)	['in,tɛkt], ['in,kɔmst]
omzet (de)	**omsetning** (m/f)	['ɔm,sɛtniŋ]
middelen (mv.)	**ressurser** (m pl)	[re'sʉʂər]
financiële middelen (mv.)	**pengemidler** (m pl)	['pɛŋə,midlər]
operationele kosten (mv.)	**faste utgifter** (m/f pl)	['fastə 'ʉt,jiftər]
reduceren (kosten ~)	**å redusere**	[ɔ redʉ'serə]

110. Marketing

marketing (de)	**markedsføring** (m/f)	['markəds,føriŋ]
markt (de)	**marked** (n)	['markəd]
marktsegment (het)	**markedssegment** (n)	['markəds seg'mɛnt]
product (het)	**produkt** (n)	[prʊ'dʉkt]
goederen (mv.)	**vare** (m/f)	['varə]
merk (het)	**merkenavn** (n)	['mærkə,navn]
handelsmerk (het)	**varemerke** (n)	['varə,mærkə]
beeldmerk (het)	**firmamerke** (n)	['firma,mærkə]
logo (het)	**logo** (m)	['lugʊ]
vraag (de)	**etterspørsel** (m)	['ɛtə,ʂpœʂəl]
aanbod (het)	**tilbud** (n)	['til,bʉd]
behoefte (de)	**behov** (n)	[be'hʊv]
consument (de)	**forbruker** (m)	[fɔr'brʉkər]
analyse (de)	**analyse** (m)	[ana'lysə]
analyseren (ww)	**å analysere**	[ɔ analy'serə]
positionering (de)	**posisjonering** (m/f)	[pʊsiʂʊ'neriŋ]
positioneren (ww)	**å posisjonere**	[ɔ pʊsiʂʊ'nerə]
prijs (de)	**pris** (m)	['pris]
prijspolitiek (de)	**prispolitikk** (m)	['pris pʊli'tik]
prijsvorming (de)	**prisdannelse** (m)	['pris,danəlsə]

111. Reclame

reclame (de)	**reklame** (m)	[rɛ'klamə]
adverteren (ww)	**å reklamere**	[ɔ rɛkla'merə]
budget (het)	**budsjett** (n)	[bʉd'ʂɛt]
advertentie, reclame (de)	**annonse** (m)	[a'nɔnsə]
TV-reclame (de)	**TV-reklame** (m)	['tɛvɛ rɛ'klamə]
radioreclame (de)	**radioreklame** (m)	['radiʊ rɛ'klamə]
buitenreclame (de)	**utendørsreklame** (m)	['ʉtən,dœʂ rɛ'klamə]
massamedia (de)	**massemedier** (n pl)	['masə,mediər]
periodiek (de)	**tidsskrift** (n)	['tid,skrift]
imago (het)	**image** (m)	['imidʒ]
slagzin (de)	**slogan** (n)	['slɔgan]
motto (het)	**motto** (n)	['mɔtʊ]
campagne (de)	**kampanje** (m)	[kam'panjə]
reclamecampagne (de)	**reklamekampanje** (m)	[rɛ'klamə kam'panjə]
doelpubliek (het)	**målgruppe** (m/f)	['mo:l,grʉpə]
visitekaartje (het)	**visittkort** (n)	[vi'sit,kɔ:ʈ]
flyer (de)	**reklameblad** (n)	[rɛ'klamə,bla]
brochure (de)	**brosjyre** (m)	[brɔ'ʂyrə]
folder (de)	**folder** (m)	['fɔlər]
nieuwsbrief (de)	**nyhetsbrev** (n)	['nyhets,brev]
gevelreclame (de)	**skilt** (n)	['ʂilt]
poster (de)	**plakat, poster** (m)	['pla,kat], ['pɔstər]
aanplakbord (het)	**reklameskilt** (m/f)	[rɛ'klamə,ʂilt]

112. Bankieren

bank (de)	**bank** (m)	['bank]
bankfiliaal (het)	**avdeling** (m)	['av,deliŋ]
bankbediende (de)	**konsulent** (m)	[kʊnsʉ'lent]
manager (de)	**forstander** (m)	[fɔ'ʂtandər]
bankrekening (de)	**bankkonto** (m)	['bank,kɔntʊ]
rekeningnummer (het)	**kontonummer** (n)	['kɔntʊ,nʉmər]
lopende rekening (de)	**sjekkonto** (m)	['ʂɛk,kɔntʊ]
spaarrekening (de)	**sparekonto** (m)	['sparə,kɔntʊ]
een rekening openen	**å åpne en konto**	[ɔ 'ɔpnə en 'kɔntʊ]
de rekening sluiten	**å lukke kontoen**	[ɔ 'lʉkə 'kɔntʊən]
op rekening storten	**å sette inn på kontoen**	[ɔ 'sɛtə in pɔ 'kɔntʊən]
opnemen (ww)	**å ta ut fra kontoen**	[ɔ 'ta ʉt fra 'kɔntʊən]
storting (de)	**innskudd** (n)	['in,skʉd]
een storting maken	**å sette inn**	[ɔ 'sɛtə in]
overschrijving (de)	**overføring** (m/f)	['ɔvər,føriŋ]

een overschrijving maken	**å overføre**	[ɔ 'ɔvər,førə]
som (de)	**sum** (m)	['sʉm]
Hoeveel?	**Hvor mye?**	[vʊr 'mye]
handtekening (de)	**underskrift** (m/f)	['ʉnə,ʂkrift]
ondertekenen (ww)	**å underskrive**	[ɔ 'ʉnə,ʂkrivə]
kredietkaart (de)	**kredittkort** (n)	[krɛ'dit,kɔ:ʈ]
code (de)	**kode** (m)	['kʊdə]
kredietkaartnummer (het)	**kreditkortnummer** (n)	[krɛ'dit,kɔ:ʈ 'nʉmər]
geldautomaat (de)	**minibank** (m)	['mini,bɑnk]
cheque (de)	**sjekk** (m)	['ʂɛk]
een cheque uitschrijven	**å skrive en sjekk**	[ɔ 'skrivə en 'ʂɛk]
chequeboekje (het)	**sjekkbok** (m/f)	['ʂɛk,bʊk]
lening, krediet (de)	**lån** (n)	['lɔn]
een lening aanvragen	**å søke om lån**	[ɔ ,søkə ɔm 'lɔn]
een lening nemen	**å få lån**	[ɔ 'fɔ 'lɔn]
een lening verlenen	**å gi lån**	[ɔ 'ji 'lɔn]
garantie (de)	**garanti** (m)	[gɑrɑn'ti]

113. Telefoon. Telefoongesprek

telefoon (de)	**telefon** (m)	[tele'fʊn]
mobieltje (het)	**mobiltelefon** (m)	[mʊ'bil tele'fʊn]
antwoordapparaat (het)	**telefonsvarer** (m)	[tele'fʊn,svɑrər]
bellen (ww)	**å ringe**	[ɔ 'riŋə]
belletje (telefoontje)	**telefonsamtale** (m)	[tele'fʊn 'sɑm,tɑlə]
een nummer draaien	**å slå et nummer**	[ɔ 'ʂlɔ et 'nʉmər]
Hallo!	**Hallo!**	[hɑ'lʊ]
vragen (ww)	**å spørre**	[ɔ 'spøre]
antwoorden (ww)	**å svare**	[ɔ 'svɑrə]
horen (ww)	**å høre**	[ɔ 'hørə]
goed (bw)	**godt**	['gɔt]
slecht (bw)	**dårlig**	['do:ɭi]
storingen (mv.)	**støy** (m)	['støj]
hoorn (de)	**telefonrør** (n)	[tele'fʊn,rør]
opnemen (ww)	**å ta telefonen**	[ɔ 'tɑ tele'fʊnən]
ophangen (ww)	**å legge på røret**	[ɔ 'legə pɔ 'røre]
bezet (bn)	**opptatt**	['ɔp,tɑt]
overgaan (ww)	**å ringe**	[ɔ 'riŋə]
telefoonboek (het)	**telefonkatalog** (m)	[tele'fʊn kɑtɑ'lɔg]
lokaal (bn)	**lokal-**	[lɔ'kɑl-]
lokaal gesprek (het)	**lokalsamtale** (m)	[lɔ'kɑl 'sɑm,tɑlə]
interlokaal (bn)	**riks-**	['riks-]
interlokaal gesprek (het)	**rikssamtale** (m)	['riks 'sɑm,tɑlə]
buitenlands (bn)	**internasjonal**	['intɛ:ɳɑʂʊ,nɑl]
buitenlands gesprek (het)	**internasjonal samtale** (m)	['intɛ:ɳɑʂʊ,nɑl 'sɑm,tɑlə]

114. Mobiele telefoon

mobieltje (het)	**mobiltelefon** (m)	[mʊ'bil tele'fʊn]
scherm (het)	**skjerm** (m)	['ʂærm]
toets, knop (de)	**knapp** (m)	['knɑp]
simkaart (de)	**SIM-kort** (n)	['sim,kɔ:ʈ]
batterij (de)	**batteri** (n)	[bɑtɛ'ri]
leeg zijn (ww)	**å bli utladet**	[ɔ 'bli 'ʉt,lɑdət]
acculader (de)	**lader** (m)	['lɑdər]
menu (het)	**meny** (m)	[me'ny]
instellingen (mv.)	**innstillinger** (m/f pl)	['in,stiliŋər]
melodie (beltoon)	**melodi** (m)	[melɔ'di]
selecteren (ww)	**å velge**	[ɔ 'vɛlgə]
rekenmachine (de)	**regnemaskin** (m)	['rɛjnə mɑ,ʂin]
voicemail (de)	**telefonsvarer** (m)	[tele'fʊn,svɑrər]
wekker (de)	**vekkerklokka** (m/f)	['vɛkər,klɔkɑ]
contacten (mv.)	**kontakter** (m pl)	[kʊn'tɑktər]
SMS-bericht (het)	**SMS-beskjed** (m)	[ɛsɛm'ɛs bɛ,ʂɛ]
abonnee (de)	**abonnent** (m)	[ɑbɔ'nɛnt]

115. Schrijfbehoeften

balpen (de)	**kulepenn** (m)	['kʉ:lə,pɛn]
vulpen (de)	**fyllepenn** (m)	['fʏlə,pɛn]
potlood (het)	**blyant** (m)	['bly,ɑnt]
marker (de)	**merkepenn** (m)	['mærkə,pɛn]
viltstift (de)	**tusjpenn** (m)	['tʉʂ,pɛn]
notitieboekje (het)	**notatbok** (m/f)	[nʊ'tɑt,bʊk]
agenda (boekje)	**dagbok** (m/f)	['dɑg,bʊk]
liniaal (de/het)	**linjal** (m)	[li'njɑl]
rekenmachine (de)	**regnemaskin** (m)	['rɛjnə mɑ,ʂin]
gom (de)	**viskelær** (n)	['viskə,lær]
punaise (de)	**tegnestift** (m)	['tæjnə,stift]
paperclip (de)	**binders** (m)	['bindɛʂ]
lijm (de)	**lim** (n)	['lim]
nietmachine (de)	**stiftemaskin** (m)	['stiftə mɑ,ʂin]
perforator (de)	**hullemaskin** (m)	['hʉlə mɑ,ʂin]
potloodslijper (de)	**blyantspisser** (m)	['blyɑnt,spisər]

116. Verschillende soorten documenten

verslag (het)	**rapport** (m)	[rɑ'pɔ:ʈ]
overeenkomst (de)	**avtale** (m)	['ɑv,tɑlə]

aanvraagformulier (het)	**søknadsskjema** (n)	['søknads,ʂema]
origineel, authentiek (bn)	**ekte**	['ɛktə]
badge, kaart (de)	**badge** (n)	['bædʒ]
visitekaartje (het)	**visittkort** (n)	[vi'sit,kɔ:ʈ]
certificaat (het)	**sertifikat** (n)	[sæ:ʈifi'kat]
cheque (de)	**sjekk** (m)	['ʂɛk]
rekening (in restaurant)	**regning** (m/f)	['rɛjniŋ]
grondwet (de)	**grunnlov** (m)	['grʉn,lɔv]
contract (het)	**avtale** (m)	['av,talə]
kopie (de)	**kopi** (m)	[kʊ'pi]
exemplaar (het)	**eksemplar** (n)	[ɛksɛm'plar]
douaneaangifte (de)	**tolldeklarasjon** (m)	['tɔldɛklara'ʂʊn]
document (het)	**dokument** (n)	[dɔkʉ'mɛnt]
rijbewijs (het)	**førerkort** (n)	['førər,kɔ:ʈ]
bijlage (de)	**tillegg, bilag** (n)	['ti,leg], ['bi,lag]
formulier (het)	**skjema** (n)	['ʂema]
identiteitskaart (de)	**legitimasjon** (m)	[legitima'ʂʊn]
aanvraag (de)	**forespørsel** (m)	['fɔrə,spœʂəl]
uitnodigingskaart (de)	**invitasjonskort** (n)	[invita'ʂʊns,kɔ:ʈ]
factuur (de)	**faktura** (m)	[fak'tʉra]
wet (de)	**lov** (m)	['lɔv]
brief (de)	**brev** (n)	['brev]
briefhoofd (het)	**brevpapir** (n)	['brev,pa'pir]
lijst (de)	**liste** (m/f)	['listə]
manuscript (het)	**manuskript** (n)	[manʉ'skript]
nieuwsbrief (de)	**nyhetsbrev** (n)	['nyhets,brev]
briefje (het)	**lapp, seddel** (m)	['lap], ['sɛdəl]
pasje (voor personeel, enz.)	**adgangskort** (n)	['adgaŋs,kɔ:ʈ]
paspoort (het)	**pass** (n)	['pas]
vergunning (de)	**tillatelse** (m)	['ti,latəlsə]
CV, curriculum vitae (het)	**CV** (m/n)	['sɛvɛ]
schuldbekentenis (de)	**skyldbrev, gjeldsbrev** (m/f)	['ʂyl,brev], ['jɛl,brev]
kwitantie (de)	**kvittering** (m/f)	[kvi'təriŋ]
bon (kassabon)	**kassalapp** (m)	['kasa,lap]
rapport (het)	**rapport** (m)	[ra'pɔ:ʈ]
tonen (paspoort, enz.)	**å vise**	[ɔ 'visə]
ondertekenen (ww)	**å underskrive**	[ɔ 'ʉnə,ʂkrivə]
handtekening (de)	**underskrift** (m/f)	['ʉnə,ʂkrift]
stempel (de)	**stempel** (n)	['stɛmpəl]
tekst (de)	**tekst** (m/f)	['tɛkst]
biljet (het)	**billett** (m)	[bi'let]
doorhalen (doorstrepen)	**å stryke ut**	[ɔ 'strykə ʉt]
invullen (een formulier ~)	**å utfylle**	[ɔ 'ʉt,fʏlə]
vrachtbrief (de)	**fraktbrev** (n)	['frakt,brev]
testament (het)	**testament** (n)	[tɛsta'mɛnt]

117. Soorten bedrijven

uitzendbureau (het)	**rekrutteringsbyrå** (n)	['rekrʉˌteriŋgs byˌro]
bewakingsfirma (de)	**sikkerhetsselskap** (n)	['sikərhɛts 'selˌskap]
persbureau (het)	**nyhetsbyrå** (n)	['nyhets byˌro]
reclamebureau (het)	**reklamebyrå** (n)	[rɛ'klamə byˌro]
antiek (het)	**antikviteter** (m pl)	[antikvi'tetər]
verzekering (de)	**forsikring** (m/f)	[fɔ'ʂikriŋ]
naaiatelier (het)	**skredderi** (n)	[skrɛde'ri]
banken (mv.)	**bankvirksomhet** (m/f)	['bankˌvirksɔmhet]
bar (de)	**bar** (m)	['bar]
bouwbedrijven (mv.)	**byggeri** (m/f)	[bʏgə'ri]
juwelen (mv.)	**smykker** (n pl)	['smʏkər]
juwelier (de)	**juveler** (m)	[jʉ'velər]
wasserette (de)	**vaskeri** (n)	[vaske'ri]
alcoholische dranken (mv.)	**alkoholholdige drikke** (m pl)	[alkʊ'hʊlˌhɔldiə 'drikə]
nachtclub (de)	**nattklubb** (m)	['natˌklʉb]
handelsbeurs (de)	**børs** (m)	['bœʂ]
bierbrouwerij (de)	**bryggeri** (n)	[brʏge'ri]
uitvaartcentrum (het)	**begravelsesbyrå** (n)	[be'gravəlsəs byˌro]
casino (het)	**kasino** (n)	[ka'sinʊ]
zakencentrum (het)	**forretningssenter** (n)	[fɔ'rɛtniŋsˌsɛntər]
bioscoop (de)	**kino** (m)	['çinʊ]
airconditioning (de)	**klimaanlegg** (n pl)	['klima'anˌleg]
handel (de)	**handel** (m)	['handəl]
luchtvaartmaatschappij (de)	**flyselskap** (n)	['flysəlˌskap]
adviesbureau (het)	**konsulenttjenester** (m pl)	[kʊnsu'lent ˌtjenɛstər]
koerierdienst (de)	**budtjeneste** (m)	[bʉd'tjenɛstə]
tandheelkunde (de)	**tannklinik** (m)	['tankli'nik]
design (het)	**design** (m)	['desajn]
business school (de)	**handelsskole** (m)	['handəlsˌskʊlə]
magazijn (het)	**lager** (n)	['lagər]
kunstgalerie (de)	**kunstgalleri** (n)	['kʉnst gale'ri]
IJsje (het)	**iskrem** (m)	['iskrɛm]
hotel (het)	**hotell** (n)	[hʊ'tɛl]
vastgoed (het)	**fast eiendom** (m)	[ˌfast 'æjənˌdɔm]
drukkerij (de)	**trykkeri** (n)	[trʏkə'ri]
industrie (de)	**industri** (m)	[indʉ'stri]
Internet (het)	**Internett**	['intəˌɳɛt]
investeringen (mv.)	**investering** (m/f)	[inve'steriŋ]
krant (de)	**avis** (m/f)	[a'vis]
boekhandel (de)	**bokhandel** (m)	['bʊkˌhandəl]
lichte industrie (de)	**lettindustri** (m)	['letˌindʉstri]
winkel (de)	**forretning, butikk** (m)	[fɔ'rɛtniŋ], [bʉ'tik]
uitgeverij (de)	**forlag** (n)	['fɔ:ɭag]
medicijnen (mv.)	**medisin** (m)	[medi'sin]

meubilair (het)	**møbler** (n pl)	['møblər]
museum (het)	**museum** (n)	[mʉ'seum]
olie (aardolie)	**olje** (m)	['ɔljə]
apotheek (de)	**apotek** (n)	[apʊ'tek]
geneesmiddelen (mv.)	**legemidler** (pl)	['legə'midlər]
zwembad (het)	**svømmebasseng** (n)	['svœmə,bɑ'sɛŋ]
stomerij (de)	**renseri** (n)	[rɛnse'ri]
voedingswaren (mv.)	**matvarer** (m/f pl)	['mat,varər]
reclame (de)	**reklame** (m)	[rɛ'klamə]
radio (de)	**radio** (m)	['radiʊ]
afvalinzameling (de)	**avfallstømming** (m/f)	['avfals,tømiŋ]
restaurant (het)	**restaurant** (m)	[rɛstʊ'raŋ]
tijdschrift (het)	**magasin, tidsskrift** (n)	[maga'sin], ['tid,skrift]
schoonheidssalon (de/het)	**skjønnhetssalong** (m)	['ʂønhɛts sa'lɔŋ]
financiële diensten (mv.)	**finansielle tjenester** (m pl)	[finan'sielə ,tjenɛstər]
juridische diensten (mv.)	**juridisk rådgiver** (m pl)	[jʉ'ridisk 'rɔd,jivər]
boekhouddiensten (mv.)	**bokføringstjenester** (m pl)	['bʊk,føriŋs 'tjenɛstər]
audit diensten (mv.)	**revisjonstjenester** (m pl)	[revi'ʂʊns,tjenɛstər]
sport (de)	**sport, idrett** (m)	['spɔ:ʈ], ['idrɛt]
supermarkt (de)	**supermarked** (n)	['sʉpə,market]
televisie (de)	**televisjon** (m)	['televi,ʂʊn]
theater (het)	**teater** (n)	[te'atər]
toerisme (het)	**turisme** (m)	[tʉ'rismə]
transport (het)	**transport** (m)	[trans'pɔ:ʈ]
postorderbedrijven (mv.)	**postordresalg** (m)	['pɔst,ɔrdrə'salg]
kleding (de)	**klær** (n)	['klær]
dierenarts (de)	**dyrlege, veterinær** (m)	['dyr,legə], [vetəri'nær]

Baan. Business. Deel 2

118. Show. Tentoonstelling

beurs (de)	**messe** (m/f)	['mɛsə]
vakbeurs, handelsbeurs (de)	**varemesse** (m/f)	['vɑrə,mɛsə]
deelneming (de)	**deltagelse** (m)	['del,tɑgəlsə]
deelnemen (ww)	**å delta**	[ɔ 'dɛltɑ]
deelnemer (de)	**deltaker** (m)	['del,tɑkər]
directeur (de)	**direktør** (m)	[dirɛk'tør]
organisatiecomité (het)	**arrangørkontor** (m)	[ɑrɑŋ'ʂør kʊn'tʊr]
organisator (de)	**arrangør** (m)	[ɑrɑŋ'ʂør]
organiseren (ww)	**å organisere**	[ɔ ɔrgɑni'serə]
deelnemingsaanvraag (de)	**påmeldingsskjema** (n)	['pɔmeliŋs,ʂɛmɑ]
invullen (een formulier ~)	**å utfylle**	[ɔ 'ʉt,fʏlə]
details (mv.)	**detaljer** (m pl)	[de'tɑljər]
informatie (de)	**informasjon** (m)	[infɔrmɑ'ʂʊn]
prijs (de)	**pris** (m)	['pris]
inclusief (bijv. ~ BTW)	**inklusive**	['inklʉ,sivə]
inbegrepen (alles ~)	**å inkludere**	[ɔ inklʉ'derə]
betalen (ww)	**å betale**	[ɔ be'tɑlə]
registratietarief (het)	**registreringsavgift** (m/f)	[rɛgi'strɛriŋs ɑv'jift]
ingang (de)	**inngang** (m)	['in,gɑŋ]
paviljoen (het), hal (de)	**paviljong** (m)	[pɑvi'ljɔŋ]
registreren (ww)	**å registrere**	[ɔ regi'strerə]
badge, kaart (de)	**badge** (n)	['bædʒ]
beursstand (de)	**messestand** (m)	['mɛsə,stɑn]
reserveren (een stand ~)	**å reservere**	[ɔ resɛr'verə]
vitrine (de)	**glassmonter** (m)	['glɑs,mɔntər]
licht (het)	**lampe** (m/f), **spotlys** (n)	['lɑmpə], ['spɔt,lys]
design (het)	**design** (m)	['desɑjn]
plaatsen (ww)	**å plassere**	[ɔ plɑ'serə]
geplaatst zijn (ww)	**å bli plasseret**	[ɔ 'bli plɑ'serət]
distributeur (de)	**distributør** (m)	[distribʉ'tør]
leverancier (de)	**leverandør** (m)	[levərɑn'dør]
leveren (ww)	**å levere**	[ɔ le'verə]
land (het)	**land** (n)	['lɑn]
buitenlands (bn)	**utenlandsk**	['ʉtən,lɑnsk]
product (het)	**produkt** (n)	[prʊ'dʉkt]
associatie (de)	**forening** (m/f)	[fɔ'reniŋ]
conferentiezaal (de)	**konferansesal** (m)	[kʊnfə'rɑnsə,sɑl]

congres (het)	**kongress** (m)	[kʊn'grɛs]
wedstrijd (de)	**tevling** (m)	['tɛvliŋ]
bezoeker (de)	**besøkende** (m)	[be'søkenə]
bezoeken (ww)	**å besøke**	[ɔ be'søkə]
afnemer (de)	**kunde** (m)	['kʉndə]

119. Massamedia

krant (de)	**avis** (m/f)	[ɑ'vis]
tijdschrift (het)	**magasin, tidsskrift** (n)	[mɑgɑ'sin], ['tidˌskrift]
pers (gedrukte media)	**presse** (m/f)	['prɛsə]
radio (de)	**radio** (m)	['rɑdiʊ]
radiostation (het)	**radiostasjon** (m)	['rɑdiʊˌstɑ'ʂʊn]
televisie (de)	**televisjon** (m)	['televiˌʂʊn]
presentator (de)	**programleder** (m)	[prʊ'grɑmˌledər]
nieuwslezer (de)	**nyhetsoppleser** (m)	['nyhets'ɔpˌlesər]
commentator (de)	**kommentator** (m)	[kʊmən'tɑtʊr]
journalist (de)	**journalist** (m)	[ʂu:ɳɑ'list]
correspondent (de)	**korrespondent** (m)	[kʊrespɔn'dɛnt]
fotocorrespondent (de)	**pressefotograf** (m)	['prɛsə fɔtɔ'grɑf]
reporter (de)	**reporter** (m)	[re'pɔ:ʈər]
redacteur (de)	**redaktør** (m)	[rɛdɑk'tør]
chef-redacteur (de)	**sjefredaktør** (m)	['ʂɛf rɛdɑk'tør]
zich abonneren op	**å abonnere**	[ɔ ɑbɔ'nerə]
abonnement (het)	**abonnement** (n)	[ɑbɔnə'mɑŋ]
abonnee (de)	**abonnent** (m)	[ɑbɔ'nɛnt]
lezen (ww)	**å lese**	[ɔ 'lesə]
lezer (de)	**leser** (m)	['lesər]
oplage (de)	**opplag** (n)	['ɔpˌlɑg]
maand-, maandelijks (bn)	**månedlig**	['mo:nədli]
wekelijks (bn)	**ukentlig**	['ʉkəntli]
nummer (het)	**nummer** (n)	['nʉmər]
vers (~ van de pers)	**ny, fersk**	['ny], ['fæʂk]
kop (de)	**overskrift** (m)	['ɔvəˌʂkrift]
korte artikel (het)	**notis** (m)	[nʊ'tis]
rubriek (de)	**rubrikk** (m)	[rʉ'brik]
artikel (het)	**artikkel** (m)	[ɑ:'ʈikəl]
pagina (de)	**side** (m/f)	['sidə]
reportage (de)	**reportasje** (m)	[repɔ:'ʈɑʂə]
gebeurtenis (de)	**hendelse** (m)	['hɛndəlsə]
sensatie (de)	**sensasjon** (m)	[sɛnsɑ'ʂʊn]
schandaal (het)	**skandale** (m)	[skɑn'dɑlə]
schandalig (bn)	**skandaløs**	[skɑndɑ'løs]
groot (~ schandaal, enz.)	**stor**	['stʊr]
programma (het)	**program** (n)	[prʊ'grɑm]
interview (het)	**intervju** (n)	[intə'vjʉ:]

live uitzending (de)	**direktesending** (m/f)	[di'rɛktəˌsɛniŋ]
kanaal (het)	**kanal** (m)	[kɑ'nɑl]

120. Landbouw

landbouw (de)	**landbruk** (n)	['lɑnˌbrʉk]
boer (de)	**bonde** (m)	['bɔnə]
boerin (de)	**bondekone** (m/f)	['bɔnəˌkʊnə]
landbouwer (de)	**gårdbruker, bonde** (m)	['gɔ:rˌbrʉkər], ['bɔnə]
tractor (de)	**traktor** (m)	['trɑktʊr]
maaidorser (de)	**skurtresker** (m)	['skʉ:ˌtrɛskər]
ploeg (de)	**plog** (m)	['plug]
ploegen (ww)	**å pløye**	[ɔ 'pløjə]
akkerland (het)	**pløyemark** (m/f)	['pløjəˌmɑrk]
voor (de)	**fure** (m)	['fʉrə]
zaaien (ww)	**å så**	[ɔ 'sɔ]
zaaimachine (de)	**såmaskin** (m)	['so:mɑˌʂin]
zaaien (het)	**såing** (m/f)	['so:iŋ]
zeis (de)	**ljå** (m)	['ljo:]
maaien (ww)	**å meie, å slå**	[ɔ 'mæjə], [ɔ 'slɔ]
schop (de)	**spade** (m)	['spɑdə]
spitten (ww)	**å grave**	[ɔ 'grɑvə]
schoffel (de)	**hakke** (m/f)	['hɑkə]
wieden (ww)	**å hakke**	[ɔ 'hɑkə]
onkruid (het)	**ugras** (n)	[ʉ'grɑs]
gieter (de)	**vannkanne** (f)	['vɑnˌkɑnə]
begieten (water geven)	**å vanne**	[ɔ 'vɑnə]
bewatering (de)	**vanning** (m/f)	['vɑniŋ]
riek, hooivork (de)	**greip** (m)	['græjp]
hark (de)	**rive** (m/f)	['rivə]
meststof (de)	**gjødsel** (m/f)	['jøtsəl]
bemesten (ww)	**å gjødsle**	['ɔ 'jøtslə]
mest (de)	**møkk** (m/f)	['møk]
veld (het)	**åker** (m)	['o:ker]
wei (de)	**eng** (m/f)	['ɛŋ]
moestuin (de)	**kjøkkenhage** (m)	['çœkənˌhɑgə]
boomgaard (de)	**frukthage** (m)	['frʉktˌhɑgə]
weiden (ww)	**å beite**	[ɔ 'bæjtə]
herder (de)	**gjeter, hyrde** (m)	['jetər], ['hʏrdə]
weiland (de)	**beite** (n), **beitemark** (m/f)	['bæjtə], ['bæjtəˌmɑrk]
veehouderij (de)	**husdyrhold** (n)	['hʉsdyrˌhɔl]
schapenteelt (de)	**sauehold** (n)	['saʊəˌhɔl]

plantage (de)	**plantasje** (m)	[plan'taʂə]
rijtje (het)	**rad** (m/f)	['rad]
broeikas (de)	**drivhus** (n)	['driv,hʉs]
droogte (de)	**tørke** (m/f)	['tœrkə]
droog (bn)	**tørr**	['tœr]
graan (het)	**korn** (n)	['kʊ:ɳ]
graangewassen (mv.)	**cerealer** (n pl)	[sere'alər]
oogsten (ww)	**å høste**	[ɔ 'høstə]
molenaar (de)	**møller** (m)	['mølər]
molen (de)	**mølle** (m/f)	['mølə]
malen (graan ~)	**å male**	[ɔ 'malə]
bloem (bijv. tarwebloem)	**mel** (n)	['mel]
stro (het)	**halm** (m)	['halm]

121. Gebouw. Bouwproces

bouwplaats (de)	**byggeplass** (m)	['bʏgə,plas]
bouwen (ww)	**å bygge**	[ɔ 'bʏgə]
bouwvakker (de)	**bygningsarbeider** (m)	['bʏgniŋs 'ar,bæjər]
project (het)	**prosjekt** (n)	[prʊ'ʂɛkt]
architect (de)	**arkitekt** (m)	[arki'tɛkt]
arbeider (de)	**arbeider** (m)	['ar,bæjdər]
fundering (de)	**fundament** (n)	[fʉnda'mɛnt]
dak (het)	**tak** (n)	['tak]
heipaal (de)	**pæl** (m)	['pæl]
muur (de)	**mur, vegg** (m)	['mʉr], ['vɛg]
betonstaal (het)	**armeringsjern** (n)	[ar'meriŋs'jæ:ɳ]
steigers (mv.)	**stillas** (n)	[sti'las]
beton (het)	**betong** (m)	[be'tɔŋ]
graniet (het)	**granitt** (m)	[gra'nit]
steen (de)	**stein** (m)	['stæjn]
baksteen (de)	**tegl** (n), **murstein** (m)	['tæjl], ['mʉ,ʂtæjn]
zand (het)	**sand** (m)	['san]
cement (de/het)	**sement** (m)	[se'mɛnt]
pleister (het)	**puss** (m)	['pʉs]
pleisteren (ww)	**å pusse**	[ɔ 'pʉsə]
verf (de)	**maling** (m/f)	['maliŋ]
verven (muur ~)	**å male**	[ɔ 'malə]
ton (de)	**tønne** (m)	['tœnə]
kraan (de)	**heisekran** (m/f)	['hæjsə,kran]
heffen, hijsen (ww)	**å løfte**	[ɔ 'lœftə]
neerlaten (ww)	**å heise ned**	[ɔ 'hæjsə ne]
bulldozer (de)	**bulldoser** (m)	['bʉl,dʊsər]
graafmachine (de)	**gravemaskin** (m)	['gravə ma'ʂin]

graafbak (de)	**skuffe** (m/f)	['skʉfə]
graven (tunnel, enz.)	**å grave**	[ɔ 'grɑvə]
helm (de)	**hjelm** (m)	['jɛlm]

122. Wetenschap. Onderzoek. Wetenschappers

wetenschap (de)	**vitenskap** (m)	['vitən,skɑp]
wetenschappelijk (bn)	**vitenskapelig**	['vitən,skɑpəli]
wetenschapper (de)	**vitenskapsmann** (m)	['vitən,skɑps mɑn]
theorie (de)	**teori** (m)	[teʊ'ri]
axioma (het)	**aksiom** (n)	[ɑksi'ɔm]
analyse (de)	**analyse** (m)	[ɑnɑ'lysə]
analyseren (ww)	**å analysere**	[ɔ ɑnɑly'serə]
argument (het)	**argument** (n)	[ɑrgʉ'mɛnt]
substantie (de)	**stoff** (n), **substans** (m)	['stɔf], [sʊb'stɑns]
hypothese (de)	**hypotese** (m)	[hypʊ'tesə]
dilemma (het)	**dilemma** (n)	[di'lemɑ]
dissertatie (de)	**avhandling** (m/f)	['ɑv,hɑndliŋ]
dogma (het)	**dogme** (n)	['dɔgmə]
doctrine (de)	**doktrine** (m)	[dɔk'trinə]
onderzoek (het)	**forskning** (m)	['fɔ:ʂkniŋ]
onderzoeken (ww)	**å forske**	[ɔ 'fɔ:ʂkə]
toetsing (de)	**test** (m), **prøve** (m/f)	['tɛst], ['prøve]
laboratorium (het)	**laboratorium** (n)	[lɑbʊrɑ'tɔrium]
methode (de)	**metode** (m)	[me'tɔdə]
molecule (de/het)	**molekyl** (n)	[mʊle'kyl]
monitoring (de)	**overvåking** (m/f)	['ɔvər,vɔkiŋ]
ontdekking (de)	**oppdagelse** (m)	['ɔp,dɑgəlsə]
postulaat (het)	**postulat** (n)	[pɔstʉ'lɑt]
principe (het)	**prinsipp** (n)	[prin'sip]
voorspelling (de)	**prognose** (m)	[prʊg'nʊsə]
een prognose maken	**å prognostisere**	[ɔ prʊgnʊsti'serə]
synthese (de)	**syntese** (m)	[sʏn'tesə]
tendentie (de)	**tendens** (m)	[tɛn'dɛns]
theorema (het)	**teorem** (n)	[teʊ'rɛm]
leerstellingen (mv.)	**lære** (m/f pl)	['lærə]
feit (het)	**faktum** (n)	['fɑktum]
expeditie (de)	**ekspedisjon** (m)	[ɛkspedi'ʂʊn]
experiment (het)	**eksperiment** (n)	[ɛksperi'mɛnt]
academicus (de)	**akademiker** (m)	[ɑkɑ'demikər]
bachelor (bijv. BA, LLB)	**bachelor** (m)	['batʂɛlɔr]
doctor (de)	**doktor** (m)	['dɔktʊr]
universitair docent (de)	**dosent** (m)	[dʊ'sɛnt]
master, magister (de)	**magister** (m)	[mɑ'gistər]
professor (de)	**professor** (m)	[prʊ'fɛsʊr]

Beroepen en ambachten

123. Zoeken naar werk. Ontslag

baan (de)	**arbeid** (n), **jobb** (m)	['arbæj], ['job]
werknemers (mv.)	**ansatte** (pl)	['an,satə]
personeel (het)	**personale** (n)	[pæʂʉ'nalə]
carrière (de)	**karriere** (m)	[kari'ɛrə]
vooruitzichten (mv.)	**utsikter** (m pl)	['ʉt,siktər]
meesterschap (het)	**mesterskap** (n)	['mɛstæ,ʂkap]
keuze (de)	**utvelgelse** (m)	['ʉt,vɛlgəlsə]
uitzendbureau (het)	**rekrutteringsbyrå** (n)	['rekrʉ,teriŋs by,ro]
CV, curriculum vitae (het)	**CV** (m/n)	['sɛvɛ]
sollicitatiegesprek (het)	**jobbintervju** (n)	['job ,intər'vjʉ]
vacature (de)	**vakanse** (m)	['vakansə]
salaris (het)	**lønn** (m/f)	['lœn]
vaste salaris (het)	**fastlønn** (m/f)	['fast,lœn]
loon (het)	**betaling** (m/f)	[be'taliŋ]
betrekking (de)	**stilling** (m/f)	['stiliŋ]
taak, plicht (de)	**plikt** (m/f)	['plikt]
takenpakket (het)	**arbeidsplikter** (m/f pl)	['arbæjds,pliktər]
bezig (~ zijn)	**opptatt**	['ɔp,tat]
ontslagen (ww)	**å avskjedige**	[ɔ 'af,ʂedigə]
ontslag (het)	**avskjedigelse** (m)	['afʂe,digəlsə]
werkloosheid (de)	**arbeidsløshet** (m)	['arbæjdsløs,het]
werkloze (de)	**arbeidsløs** (m)	['arbæjds,løs]
pensioen (het)	**pensjon** (m)	[pan'ʂʊn]
met pensioen gaan	**å gå av med pensjon**	[ɔ 'gɔ a: me pan'ʂʊn]

124. Zakenmensen

directeur (de)	**direktør** (m)	[dirɛk'tør]
beheerder (de)	**forstander** (m)	[fɔ'ʂtandər]
hoofd (het)	**boss** (m)	['bɔs]
baas (de)	**overordnet** (m)	['ɔvər,ɔrdnet]
superieuren (mv.)	**overordnede** (pl)	['ɔvər,ɔrdnedə]
president (de)	**president** (m)	[prɛsi'dɛnt]
voorzitter (de)	**styreformann** (m)	['styrə,fɔrman]
adjunct (de)	**stedfortreder** (m)	['stedfɔ:,ʈredər]
assistent (de)	**assistent** (m)	[asi'stɛnt]

secretaris (de)	**sekretær** (m)	[sɛkrə'tær]
persoonlijke assistent (de)	**privatsekretær** (m)	[pri'vɑt sɛkrə'tær]
zakenman (de)	**forretningsmann** (m)	[fɔ'rɛtniŋsˌmɑn]
ondernemer (de)	**entreprenør** (m)	[ɛntreprə'nør]
oprichter (de)	**grunnlegger** (m)	['grʉnˌlegər]
oprichten (een nieuw bedrijf ~)	**å grunnlegge, å stifte**	[ɔ 'grʉnˌlegə], [ɔ 'stiftə]
stichter (de)	**stifter** (m)	['stiftər]
partner (de)	**partner** (m)	['pɑ:ʈnər]
aandeelhouder (de)	**aksjonær** (m)	[ɑkʂʊ'nær]
miljonair (de)	**millionær** (m)	[milju'nær]
miljardair (de)	**milliardær** (m)	[milja:'ɖær]
eigenaar (de)	**eier** (m)	['æjər]
landeigenaar (de)	**jordeier** (m)	['ju:rˌæjər]
klant (de)	**kunde** (m)	['kʉndə]
vaste klant (de)	**fast kunde** (m)	[ˌfɑst 'kʉndə]
koper (de)	**kjøper** (m)	['çœ:pər]
bezoeker (de)	**besøkende** (m)	[be'søkenə]
professioneel (de)	**yrkesmann** (m)	['yrkəsˌmɑn]
expert (de)	**ekspert** (m)	[ɛks'pæ:ʈ]
specialist (de)	**spesialist** (m)	[spesiɑ'list]
bankier (de)	**bankier** (m)	[bɑnki'e]
makelaar (de)	**mekler, megler** (m)	['mɛklər]
kassier (de)	**kasserer** (m)	[kɑ'serər]
boekhouder (de)	**regnskapsfører** (m)	['rɛjnskɑpsˌførər]
bewaker (de)	**sikkerhetsvakt** (m/f)	['sikərhɛtsˌvɑkt]
investeerder (de)	**investor** (m)	[in'vɛstʊr]
schuldenaar (de)	**skyldner** (m)	['ʂylnər]
crediteur (de)	**kreditor** (m)	['krɛditʊr]
lener (de)	**låntaker** (m)	['lɔnˌtɑkər]
importeur (de)	**importør** (m)	[impɔ:'ʈør]
exporteur (de)	**eksportør** (m)	[ɛkspɔ:'ʈør]
producent (de)	**produsent** (m)	[prʊdʉ'sɛnt]
distributeur (de)	**distributør** (m)	[distribʉ'tør]
bemiddelaar (de)	**mellommann** (m)	['mɛlɔˌmɑn]
adviseur, consulent (ce)	**konsulent** (m)	[kʊnsʉ'lent]
vertegenwoordiger (de)	**representant** (m)	[represɛn'tɑnt]
agent (de)	**agent** (m)	[ɑ'gɛnt]
verzekeringsagent (de)	**forsikringsagent** (m)	[fɔ'ʂikriŋs ɑ'gɛnt]

125. Dienstverlenende beroepen

kok (de)	**kokk** (m)	['kʊk]
chef-kok (de)	**sjefkokk** (m)	['ʂɛfˌkʊk]

bakker (de)	**baker** (m)	['bakər]
barman (de)	**bartender** (m)	['ba:ˌtɛndər]
kelner, ober (de)	**servitør** (m)	['særvi'tør]
serveerster (de)	**servitrise** (m/f)	[særvi'trisə]
advocaat (de)	**advokat** (m)	[advʊ'kat]
jurist (de)	**jurist** (m)	[jʉ'rist]
notaris (de)	**notar** (m)	[nʊ'tar]
elektricien (de)	**elektriker** (m)	[ɛ'lektrikər]
loodgieter (de)	**rørlegger** (m)	['rørˌlegər]
timmerman (de)	**tømmermann** (m)	['tœmərˌman]
masseur (de)	**massør** (m)	[ma'sør]
masseuse (de)	**massøse** (m)	[ma'søsə]
dokter, arts (de)	**lege** (m)	['legə]
taxichauffeur (de)	**taxisjåfør** (m)	['taksi ʂɔ'før]
chauffeur (de)	**sjåfør** (m)	[ʂɔ'før]
koerier (de)	**bud** (n)	['bʉd]
kamermeisje (het)	**stuepike** (m/f)	['stʉəˌpikə]
bewaker (de)	**sikkerhetsvakt** (m/f)	['sikərhɛtsˌvakt]
stewardess (de)	**flyvertinne** (m/f)	[flyvɛ:'ʈinə]
meester (de)	**lærer** (m)	['lærər]
bibliothecaris (de)	**bibliotekar** (m)	[bibliʊ'tekar]
vertaler (de)	**oversetter** (m)	['ɔvəˌʂɛtər]
tolk (de)	**tolk** (m)	['tɔlk]
gids (de)	**guide** (m)	['gajd]
kapper (de)	**frisør** (m)	[fri'sør]
postbode (de)	**postbud** (n)	['pɔstˌbʉd]
verkoper (de)	**forselger** (m)	[fɔ'ʂɛlər]
tuinman (de)	**gartner** (m)	['ga:ʈnər]
huisbediende (de)	**tjener** (m)	['tjenər]
dienstmeisje (het)	**tjenestepike** (m/f)	['tjenɛstəˌpikə]
schoonmaakster (de)	**vaskedame** (m/f)	['vaskəˌdamə]

126. Militaire beroepen en rangen

soldaat (rang)	**menig** (m)	['meni]
sergeant (de)	**sersjant** (m)	[sær'ʂant]
luitenant (de)	**løytnant** (m)	['løjtˌnant]
kapitein (de)	**kaptein** (m)	[kap'tæjn]
majoor (de)	**major** (m)	[ma'jɔr]
kolonel (de)	**oberst** (m)	['ʊbɛʂt]
generaal (de)	**general** (m)	[gene'ral]
maarschalk (de)	**marskalk** (m)	['marʂal]
admiraal (de)	**admiral** (m)	[admi'ral]
militair (de)	**militær** (m)	[mili'tær]
soldaat (de)	**soldat** (m)	[sʊl'dat]

officier (de)	**offiser** (m)	[ɔfi'sɛr]
commandant (de)	**befalshaver** (m)	[be'fals,havər]
grenswachter (de)	**grensevakt** (m/f)	['grɛnsə,vakt]
marconist (de)	**radiooperatør** (m)	['radiʊ ʊpəra'tør]
verkenner (de)	**oppklaringssoldat** (m)	['ɔp,klariŋ sʊl'dat]
sappeur (de)	**pioner** (m)	[piʊ'ner]
schutter (de)	**skytter** (m)	['ʂytər]
stuurman (de)	**styrmann** (m)	['styr,man]

127. Ambtenaren. Priesters

koning (de)	**konge** (m)	['kʊŋə]
koningin (de)	**dronning** (m/f)	['drɔniŋ]
prins (de)	**prins** (m)	['prins]
prinses (de)	**prinsesse** (m/f)	[prin'sɛsə]
tsaar (de)	**tsar** (m)	['tsar]
tsarina (de)	**tsarina** (m)	[tsa'rina]
president (de)	**president** (m)	[prɛsi'dɛnt]
minister (de)	**minister** (m)	[mi'nistər]
eerste minister (de)	**statsminister** (m)	['stats mi'nistər]
senator (de)	**senator** (m)	[se'natʊr]
diplomaat (de)	**diplomat** (m)	[diplʊ'mat]
consul (de)	**konsul** (m)	['kʊn,sʉl]
ambassadeur (de)	**ambassadør** (m)	[ambasa'dør]
adviseur (de)	**rådgiver** (m)	['rɔd,jivər]
ambtenaar (de)	**embetsmann** (m)	['ɛmbets,man]
prefect (de)	**prefekt** (m)	[prɛ'fɛkt]
burgemeester (de)	**borgermester** (m)	[bɔrgər'mɛstər]
rechter (de)	**dommer** (m)	['dɔmər]
aanklager (de)	**anklager** (m)	['an,klagər]
missionaris (de)	**misjonær** (m)	[miʂʊ'nær]
monnik (de)	**munk** (m)	['mʉnk]
abt (de)	**abbed** (m)	['abed]
rabbi, rabbijn (de)	**rabbiner** (m)	[ra'binər]
vizier (de)	**vesir** (m)	[vɛ'sir]
sjah (de)	**sjah** (m)	['ʂa]
sjeik (de)	**sjeik** (m)	['ʂæjk]

128. Agrarische beroepen

imker (de)	**birøkter** (m)	['bi,røktər]
herder (de)	**gjeter, hyrde** (m)	['jetər], ['hyrdə]
landbouwkundige (de)	**agronom** (m)	[agrʊ'nʊm]

veehouder (de)	**husdyrholder** (m)	['hʉsdyrˌhɔldər]
dierenarts (de)	**dyrlege, veterinær** (m)	['dyrˌlegə], [vetəri'nær]
landbouwer (de)	**gårdbruker, bonde** (m)	['gɔ:rˌbrʉkər], ['bɔnə]
wijnmaker (de)	**vinmaker** (m)	['vinˌmɑkər]
zoöloog (de)	**zoolog** (m)	[sʊ:'lɔg]
cowboy (de)	**cowboy** (m)	['kɑwˌbɔj]

129. Kunst beroepen

acteur (de)	**skuespiller** (m)	['skʉəˌspilər]
actrice (de)	**skuespillerinne** (m/f)	['skʉəˌspilə'rinə]
zanger (de)	**sanger** (m)	['sɑŋər]
zangeres (de)	**sangerinne** (m/f)	[sɑŋə'rinə]
danser (de)	**danser** (m)	['dɑnsər]
danseres (de)	**danserinne** (m/f)	[dɑnse'rinə]
artiest (mann.)	**skuespiller** (m)	['skʉəˌspilər]
artiest (vrouw.)	**skuespillerinne** (m/f)	['skʉəˌspilə'rinə]
muzikant (de)	**musiker** (m)	['mʉsikər]
pianist (de)	**pianist** (m)	[piɑ'nist]
gitarist (de)	**gitarspiller** (m)	[gi'tɑrˌspilər]
orkestdirigent (de)	**dirigent** (m)	[diri'gɛnt]
componist (de)	**komponist** (m)	[kʊmpʊ'nist]
impresario (de)	**impresario** (m)	[impre'sɑriʊ]
filmregisseur (de)	**regissør** (m)	[rɛʂi'sør]
filmproducent (de)	**produsent** (m)	[prʊdʉ'sɛnt]
scenarioschrijver (de)	**manusforfatter** (m)	['mɑnʉs fɔr'fɑtər]
criticus (de)	**kritiker** (m)	['kritikər]
schrijver (de)	**forfatter** (m)	[fɔr'fɑtər]
dichter (de)	**poet, dikter** (m)	['pɔɛt], ['diktər]
beeldhouwer (de)	**skulptør** (m)	[skʉlp'tør]
kunstenaar (de)	**kunstner** (m)	['kʉnstnər]
jongleur (de)	**sjonglør** (m)	[ʂɔŋ'lør]
clown (de)	**klovn** (m)	['klɔvn]
acrobaat (de)	**akrobat** (m)	[ɑkrʊ'bɑt]
goochelaar (de)	**tryllekunstner** (m)	['trʏləˌkʉnstnər]

130. Verschillende beroepen

dokter, arts (de)	**lege** (m)	['legə]
ziekenzuster (de)	**sykepleierske** (m/f)	['sykəˌplæjeʂkə]
psychiater (de)	**psykiater** (m)	[syki'ɑtər]
tandarts (de)	**tannlege** (m)	['tɑnˌlegə]
chirurg (de)	**kirurg** (m)	[çi'rʉrg]

astronaut (de)	**astronaut** (m)	[astrʊ'naʊt]
astronoom (de)	**astronom** (m)	[astrʊ'nʊm]
chauffeur (de)	**fører** (m)	['førər]
machinist (de)	**lokfører** (m)	['lʊk,førər]
mecanicien (de)	**mekaniker** (m)	[me'kanikər]
mijnwerker (de)	**gruvearbeider** (m)	['grʉvə'ar,bæjdər]
arbeider (de)	**arbeider** (m)	['ar,bæjdər]
bankwerker (de)	**låsesmed** (m)	['lo:sə,sme]
houtbewerker (de)	**snekker** (m)	['snɛkər]
draaier (de)	**dreier** (m)	['dræjər]
bouwvakker (de)	**bygningsarbeider** (m)	['bʏgniŋs 'ar,bæjər]
lasser (de)	**sveiser** (m)	['svæjsər]
professor (de)	**professor** (m)	[prʊ'fɛsʊr]
architect (de)	**arkitekt** (m)	[arki'tɛkt]
historicus (de)	**historiker** (m)	[hi'stʊrikər]
wetenschapper (de)	**vitenskapsmann** (m)	['vitən,skaps man]
fysicus (de)	**fysiker** (m)	['fysikər]
scheikundige (de)	**kjemiker** (m)	['çemikər]
archeoloog (de)	**arkeolog** (m)	[,arkeʊ'lɔg]
geoloog (de)	**geolog** (m)	[geʊ'lɔg]
onderzoeker (de)	**forsker** (m)	['fɔʂkər]
babysitter (de)	**babysitter** (m)	['bɛby,sitər]
leraar, pedagoog (de)	**lærer, pedagog** (m)	[lærər], [peda'gɔg]
redacteur (de)	**redaktør** (m)	[rɛdak'tør]
chef-redacteur (de)	**sjefredaktør** (m)	['ʂɛf rɛdak'tør]
correspondent (de)	**korrespondent** (m)	[kʊrespɔn'dɛnt]
typiste (de)	**maskinskriverske** (m)	[ma'ʂin ,skrivɛʂkə]
designer (de)	**designer** (m)	[de'sajnər]
computerexpert (de)	**dataekspert** (m)	['data ɛks'pɛ:ʈ]
programmeur (de)	**programmerer** (m)	[prʊgra'merər]
ingenieur (de)	**ingeniør** (m)	[inʂə'njør]
matroos (de)	**sjømann** (m)	['ʂø,man]
zeeman (de)	**matros** (m)	[ma'trʊs]
redder (de)	**redningsmann** (m)	['rɛdniŋs,man]
brandweerman (de)	**brannmann** (m)	['bran,man]
politieagent (de)	**politi** (m)	[pʊli'ti]
nachtwaker (de)	**nattvakt** (m)	['nat,vakt]
detective (de)	**detektiv** (m)	[detɛk'tiv]
douanier (de)	**tollbetjent** (m)	['tɔlbe,tjɛnt]
lijfwacht (de)	**livvakt** (m/f)	['liv,vakt]
gevangenisbewaker (de)	**fangevokter** (m)	['faŋə,vɔktər]
inspecteur (de)	**inspektør** (m)	[inspɛk'tør]
sportman (de)	**idrettsmann** (m)	['idrɛts,man]
trainer (de)	**trener** (m)	['trenər]
slager, beenhouwer (de)	**slakter** (m)	['ʂlaktər]

schoenlapper (de)	**skomaker** (m)	['sku,makər]
handelaar (de)	**handelsmann** (m)	['handəls,man]
lader (de)	**lastearbeider** (m)	['lastə'ar,bæjdər]
kledingstilist (de)	**moteskaper** (m)	['mutə,skapər]
model (het)	**modell** (m)	[mu'dɛl]

131. Beroepen. Sociale status

scholier (de)	**skolegutt** (m)	['skulə,gʉt]
student (de)	**student** (m)	[stʉ'dɛnt]
filosoof (de)	**filosof** (m)	[filu'suf]
econoom (de)	**økonom** (m)	[øku'num]
uitvinder (de)	**oppfinner** (m)	['ɔp,finər]
werkloze (de)	**arbeidsløs** (m)	['arbæjds,løs]
gepensioneerde (de)	**pensjonist** (m)	[panʂu'nist]
spion (de)	**spion** (m)	[spi'un]
gedetineerde (de)	**fange** (m)	['faŋə]
staker (de)	**streiker** (m)	['stræjkər]
bureaucraat (de)	**byråkrat** (m)	[byrɔ'krat]
reiziger (de)	**reisende** (m)	['ræjsenə]
homoseksueel (de)	**homofil** (m)	['humu,fil]
hacker (computerkraker)	**hacker** (m)	['hakər]
hippie (de)	**hippie** (m)	['hipi]
bandiet (de)	**banditt** (m)	[ban'dit]
huurmoordenaar (de)	**leiemorder** (m)	['læjə,murdər]
drugsverslaafde (de)	**narkoman** (m)	[narku'man]
drugshandelaar (de)	**narkolanger** (m)	['narkɔ,laŋər]
prostituee (de)	**prostituert** (m)	[prustitʉ'e:ʈ]
pooier (de)	**hallik** (m)	['halik]
tovenaar (de)	**trollmann** (m)	['trɔl,man]
tovenares (de)	**trollkjerring** (m/f)	['trɔl,çæriŋ]
piraat (de)	**pirat, sjørøver** (m)	['pi'rat], ['ʂø,røvər]
slaaf (de)	**slave** (m)	['slavə]
samoerai (de)	**samurai** (m)	[samʉ'raj]
wilde (de)	**villmann** (m)	['vil,man]

Sport

132. Soorten sporten. Sporters

sportman (de)	**idrettsmann** (m)	['idrɛtsˌman]
soort sport (de/het)	**idrettsgren** (m/f)	['idrɛtsˌgren]
basketbal (het)	**basketball** (m)	['basketbal]
basketbalspeler (de)	**basketballspiller** (m)	['basketbalˌspilər]
baseball (het)	**baseball** (m)	['bɛjsbɔl]
baseballspeler (de)	**baseballspiller** (m)	['bɛjsbɔlˌspilər]
voetbal (het)	**fotball** (m)	['fʊtbal]
voetballer (de)	**fotballspiller** (m)	['fʊtbalˌspilər]
doelman (de)	**målmann** (m)	['mo:lˌman]
hockey (het)	**ishockey** (m)	['isˌhɔki]
hockeyspeler (de)	**ishockeyspiller** (m)	['isˌhɔki 'spilər]
volleybal (het)	**volleyball** (m)	['vɔlibal]
volleybalspeler (de)	**volleyballspiller** (m)	['vɔlibalˌspilər]
boksen (het)	**boksing** (m)	['bɔksiŋ]
bokser (de)	**bokser** (m)	['bɔksər]
worstelen (het)	**bryting** (m/f)	['brytiŋ]
worstelaar (de)	**bryter** (m)	['brytər]
karate (de)	**karate** (m)	[ka'rate]
karateka (de)	**karateutøver** (m)	[ka'ratə 'ʉˌtøvər]
judo (de)	**judo** (m)	['jʉdɔ]
judoka (de)	**judobryter** (m)	['jʉdɔˌbrytər]
tennis (het)	**tennis** (m)	['tɛnis]
tennisspeler (de)	**tennisspiller** (m)	['tɛnisˌspilər]
zwemmen (het)	**svømming** (m/f)	['svœmiŋ]
zwemmer (de)	**svømmer** (m)	['svœmər]
schermen (het)	**fekting** (m)	['fɛktiŋ]
schermer (de)	**fekter** (m)	['fɛktər]
schaak (het)	**sjakk** (m)	['ʂak]
schaker (de)	**sjakkspiller** (m)	['ʂakˌspilər]
alpinisme (het)	**alpinisme** (m)	[alpi'nismə]
alpinist (de)	**alpinist** (m)	[alpi'nist]
hardlopen (het)	**løp** (n)	['løp]

renner (de)	**løper** (m)	['løpər]
atletiek (de)	**friidrett** (m)	['fri: 'iˌdrɛt]
atleet (de)	**atlet** (m)	[ɑt'let]
paardensport (de)	**ridesport** (m)	['ridəˌspɔ:ʈ]
ruiter (de)	**rytter** (m)	['rʏtər]
kunstschaatsen (het)	**kunstløp** (n)	['kʉnstˌløp]
kunstschaatser (de)	**kunstløper** (m)	['kʉnstˌløpər]
kunstschaatsster (de)	**kunstløperske** (m/f)	['kʉnstˌløpəʂkə]
gewichtheffen (het)	**vektløfting** (m/f)	['vɛktˌlœftiŋ]
gewichtheffer (de)	**vektløfter** (m)	['vɛktˌlœftər]
autoraces (mv.)	**billøp** (m), **bilrace** (n)	['bilˌløp], ['bilˌrɑs]
coureur (de)	**racerfører** (m)	['resəˌførər]
wielersport (de)	**sykkelsport** (m)	['sʏkəlˌspɔ:ʈ]
wielrenner (de)	**syklist** (m)	[sʏk'list]
verspringen (het)	**lengdehopp** (n pl)	['leŋdəˌhɔp]
polsstokspringen (het)	**stavhopp** (n)	['stɑvˌhɔp]
verspringer (de)	**hopper** (m)	['hɔpər]

133. Soorten sporten. Diversen

Amerikaans voetbal (het)	**amerikansk fotball** (m)	[ɑmeri'kɑnsk 'fʊtbɑl]
badminton (het)	**badminton** (m)	['bɛdmintɔn]
biatlon (de)	**skiskyting** (m/f)	['ʂiˌʂytiŋ]
biljart (het)	**biljard** (m)	[bil'ja:ɖ]
bobsleeën (het)	**bobsleigh** (m)	['bɔbslej]
bodybuilding (de)	**kroppsbygging** (m/f)	['krɔpsˌbʏgiŋ]
waterpolo (het)	**vannpolo** (m)	['vɑnˌpʊlʊ]
handbal (de)	**håndball** (m)	['hɔnˌbɑl]
golf (het)	**golf** (m)	['gɔlf]
roeisport (de)	**roing** (m/f)	['rʊiŋ]
duiken (het)	**dykking** (m/f)	['dʏkiŋ]
langlaufen (het)	**langrenn** (n), **skirenn** (n)	['lɑŋˌrɛn], ['ʂiˌrɛn]
tafeltennis (het)	**bordtennis** (m)	['bʊrˌtɛnis]
zeilen (het)	**seiling** (m/f)	['sæjliŋ]
rally (de)	**rally** (n)	['rɛli]
rugby (het)	**rugby** (m)	['rygbi]
snowboarden (het)	**snøbrett** (n)	['snøˌbrɛt]
boogschieten (het)	**bueskyting** (m/f)	['bʉ:əˌʂytiŋ]

134. Fitnessruimte

lange halter (de)	**vektstang** (m/f)	['vɛktˌstɑŋ]
halters (mv.)	**manualer** (m pl)	['manʉˌɑlər]

training machine (de)	**treningsapparat** (n)	['treniŋs apa'rat]
hometrainer (de)	**trimsykkel** (m)	['trim,sʏkəl]
loopband (de)	**løpebånd** (n)	['løpə,bɔ:n]
rekstok (de)	**svingstang** (m/f)	['sviŋstaŋ]
brug (de) gelijke leggers	**barre** (m)	['barə]
paardsprong (de)	**hest** (m)	['hɛst]
mat (de)	**matte** (m/f)	['matə]
springtouw (het)	**hoppetau** (n)	['hɔpə,taʊ]
aerobics (de)	**aerobic** (m)	[aɛ'rɔbik]
yoga (de)	**yoga** (m)	['joga]

135. Hockey

hockey (het)	**ishockey** (m)	['is,hɔki]
hockeyspeler (de)	**ishockeyspiller** (m)	['is,hɔki 'spilər]
hockey spelen	**å spille ishockey**	[ɔ 'spilə 'is,hɔki]
IJs (het)	**is** (m)	['is]
puck (de)	**puck** (m)	['puk]
hockeystick (de)	**kølle** (m/f)	['kølə]
schaatsen (mv.)	**skøyter** (m/f pl)	['ʂøjtər]
boarding (de)	**vant** (n)	['vant]
schot (het)	**skudd** (n)	['skʉd]
doelman (de)	**målvakt** (m/f)	['mo:l,vakt]
goal (de)	**mål** (n)	['mol]
een goal scoren	**å score mål**	[ɔ 'skɔrə ,mol]
periode (de)	**periode** (m)	[pæri'ʊdə]
tweede periode (de)	**andre periode** (m)	['andrə pæri'ʊdə]
reservebank (de)	**reservebenk** (m)	[re'sɛrvə,bɛnk]

136. Voetbal

voetbal (het)	**fotball** (m)	['fʊtbal]
voetballer (de)	**fotballspiller** (m)	['fʊtbal,spilər]
voetbal spelen	**å spille fotball**	[ɔ 'spilə 'fʊtbal]
eredivisie (de)	**øverste liga** (m)	['øvəʂtə ,liga]
voetbalclub (de)	**fotballklubb** (m)	['fʊtbal,klʉb]
trainer (de)	**trener** (m)	['trenər]
eigenaar (de)	**eier** (m)	['æjər]
team (het)	**lag** (n)	['lag]
aanvoerder (de)	**kaptein** (m) **på laget**	[kap'tæjn pɔ 'lage]
speler (de)	**spiller** (m)	['spilər]
reservespeler (de)	**reservespiller** (m)	[re'sɛrvə,spilər]
aanvaller (de)	**spiss, angriper** (m)	['spis], ['an,gripər]
centrale aanvaller (de)	**sentral spiss** (m)	[sɛn'tral ,spis]

doelpuntmaker (de)	**målscorer** (m)	['mo:lˌskɔrər]
verdediger (de)	**forsvarer, back** (m)	['fɔˌʂvarər], ['bɛk]
middenvelder (de)	**midtbanespiller** (m)	['mitˌbanə 'spilər]
match, wedstrijd (de)	**kamp** (m)	['kamp]
elkaar ontmoeten (ww)	**å møtes**	[ɔ 'møtəs]
finale (de)	**finale** (m)	[fi'nalə]
halve finale (de)	**semifinale** (m)	[ˌsemifi'nalə]
kampioenschap (het)	**mesterskap** (n)	['mɛstæˌʂkap]
helft (de)	**omgang** (m)	['ɔmgaŋ]
eerste helft (de)	**første omgang** (m)	['fœʂtə ˌɔmgaŋ]
pauze (de)	**halvtid** (m)	['halˌtid]
doel (het)	**mål** (n)	['mol]
doelman (de)	**målmann** (m), **målvakt** (m/f)	['mo:lˌman], ['mo:lˌvakt]
doelpaal (de)	**stolpe** (m)	['stɔlpə]
lat (de)	**tverrligger** (m)	['tvæ:ˌligər]
doelnet (het)	**nett** (n)	['nɛt]
een goal incasseren	**å slippe inn et mål**	[ɔ 'ʂlipə in et 'mol]
bal (de)	**ball** (m)	['bal]
pass (de)	**pasning** (m/f)	['pasniŋ]
schot (het), schop (de)	**spark** (m/n)	['spark]
schieten (de bal ~)	**å sparke**	[ɔ 'sparkə]
vrije schop (directe ~)	**frispark** (m/n)	['friˌspark]
hoekschop, corner (de)	**hjørnespark** (m/n)	['jœ:ɳəˌspark]
aanval (de)	**angrep** (n)	['anˌgrɛp]
tegenaanval (de)	**kontring** (m/f)	['kɔntriŋ]
combinatie (de)	**kombinasjon** (m)	[kʊmbina'ʂʊn]
scheidsrechter (de)	**dommer** (m)	['dɔmər]
fluiten (ww)	**å blåse i fløyte**	[ɔ 'blo:sə i 'fløjtə]
fluitsignaal (het)	**plystring** (m/f)	['plʏstriŋ]
overtreding (de)	**brudd** (n), **forseelse** (m)	['brʉd], [fɔ'ʂeəlsə]
een overtreding maken	**å begå en forseelse**	[ɔ be'gɔ en fɔ'ʂeəlsə]
uit het veld te sturen	**å utvise**	[ɔ 'ʉtˌvisə]
gele kaart (de)	**gult kort** (n)	['gʉlt ˌkɔ:ʈ]
rode kaart (de)	**rødt kort** (n)	['røt kɔ:ʈ]
diskwalificatie (de)	**diskvalifisering** (m)	['diskvalifiˌseriŋ]
diskwalificeren (ww)	**å diskvalifisere**	[ɔ 'diskvalifiˌserə]
strafschop, penalty (de)	**straffespark** (m/n)	['strafəˌspark]
muur (de)	**mur** (m)	['mʉr]
scoren (ww)	**å score**	[ɔ 'skɔrə]
goal (de), doelpunt (het)	**mål** (n)	['mol]
een goal scoren	**å score mål**	[ɔ 'skɔrə ˌmol]
vervanging (de)	**erstatning** (m)	['æˌʂtatniŋ]
vervangen (ov.ww.)	**å bytte ut**	[ɔ 'bʏtə ʉt]
regels (mv.)	**regler** (m pl)	['rɛglər]
tactiek (de)	**taktikk** (m)	[tak'tik]
stadion (het)	**stadion** (m/n)	['stadiɔn]
tribune (de)	**tribune** (m)	[tri'bʉnə]

fan, supporter (de)	**fan** (m)	['fæn]
schreeuwen (ww)	**å skrike**	[ɔ 'skrikə]
scorebord (het)	**måltavle** (m/f)	['mo:lˌtɑvlə]
stand (~ is 3-1)	**resultat** (n)	[resʉl'tɑt]
nederlaag (de)	**nederlag** (n)	['nedəˌlɑg]
verliezen (ww)	**å tape**	[ɔ 'tɑpə]
gelijkspel (het)	**uavgjort** (m)	[ʉ:av'jɔ:ʈ]
in gelijk spel eindigen	**å spille uavgjort**	[ɔ 'spilə ʉ:av'jɔ:ʈ]
overwinning (de)	**seier** (m)	['sæjər]
overwinnen (ww)	**å vinne**	[ɔ 'vinə]
kampioen (de)	**mester** (m)	['mɛstər]
best (bn)	**best**	['bɛst]
feliciteren (ww)	**å gratulere**	[ɔ grɑtʉ'lerə]
commentator (de)	**kommentator** (m)	[kʊmən'tɑtʊr]
becommentariëren (ww)	**å kommentere**	[ɔ kʊmən'terə]
uitzending (de)	**sending** (m/f)	['sɛniŋ]

137. Alpine skiën

ski's (mv.)	**ski** (m/f pl)	['ʂi]
skiën (ww)	**å gå på ski**	[ɔ 'gɔ pɔ 'ʂi]
skigebied (het)	**skisted** (n)	['ʂistəd]
skilift (de)	**skiheis** (m)	['ʂiˌhæjs]
skistokken (mv.)	**skistaver** (m pl)	['ʂiˌstɑvər]
helling (de)	**skråning** (m)	['skrɔniŋ]
slalom (de)	**slalåm** (m)	['ʂlɑlɔm]

138. Tennis. Golf

golf (het)	**golf** (m)	['gɔlf]
golfclub (de)	**golfklubb** (m)	['gɔlfˌklʉb]
golfer (de)	**golfspiller** (m)	['gɔlfˌspilər]
hole (de)	**hull** (n)	['hʉl]
golfclub (de)	**kølle** (m/f)	['kølə]
trolley (de)	**golftralle** (m/f)	['gɔlfˌtrɑlə]
tennis (het)	**tennis** (m)	['tɛnis]
tennisveld (het)	**tennisbane** (m)	['tɛnisˌbɑnə]
opslag (de)	**serve** (m)	['sɛrv]
serveren, opslaan (ww)	**å serve**	[ɔ 'sɛrvə]
racket (het)	**racket** (m)	['rɛket]
net (het)	**nett** (n)	['nɛt]
bal (de)	**ball** (m)	['bɑl]

139. Schaken

schaak (het)	**sjakk** (m)	['ʂak]
schaakstukken (mv.)	**sjakkbrikker** (m/f pl)	['ʂakˌbrikər]
schaker (de)	**sjakkspiller** (m)	['ʂakˌspilər]
schaakbord (het)	**sjakkbrett** (n)	['ʂakˌbrɛt]
schaakstuk (het)	**sjakbrikke** (m/f)	['ʂakˌbrikə]
witte stukken (mv.)	**hvite brikker** (m/f pl)	['vitə ˌbrikər]
zwarte stukken (mv.)	**svarte brikker** (m/f pl)	['svaːʈə ˌbrikər]
pion (de)	**bonde** (m)	['bɔnə]
loper (de)	**løper** (m)	['løpər]
paard (het)	**springer** (m)	['spriŋər]
toren (de)	**tårn** (n)	['tɔːɳ]
koningin (de)	**dronning** (m/f)	['drɔniŋ]
koning (de)	**konge** (m)	['kʊŋə]
zet (de)	**trekk** (n)	['trɛk]
zetten (ww)	**å flytte**	[ɔ 'flʏtə]
opofferen (ww)	**å ofre**	[ɔ 'ɔfrə]
rokade (de)	**rokade** (m)	[rʊ'kadə]
schaak (het)	**sjakk** (m)	['ʂak]
schaakmat (het)	**matt** (m)	['mat]
schaakwedstrijd (de)	**sjakkturnering** (m/f)	['ʂak tʉrˌneriŋ]
grootmeester (de)	**stormester** (m)	['stʊrˌmɛstər]
combinatie (de)	**kombinasjon** (m)	[kʊmbina'ʂʊn]
partij (de)	**parti** (n)	[paː'ʈi]
dammen (de)	**damspill** (n)	['damˌspil]

140. Boksen

boksen (het)	**boksing** (m)	['bɔksiŋ]
boksgevecht (het)	**kamp** (m)	['kamp]
bokswedstrijd (de)	**boksekamp** (m)	['bɔksəˌkamp]
ronde (de)	**runde** (m)	['rʉndə]
ring (de)	**ring** (m)	['riŋ]
gong (de)	**gong** (m)	['gɔŋ]
stoot (de)	**støt, slag** (n)	['støt], ['ʂlag]
knock-down (de)	**knockdown** (m)	[nɔk'daʊn]
knock-out (de)	**knockout** (m)	[nɔk'aʊt]
knock-out slaan (ww)	**å slå ut**	[ɔ 'ʂlɔ ʉt]
bokshandschoen (de)	**boksehanske** (m)	['bɔksəˌhanskə]
referee (de)	**dommer** (m)	['dɔmər]
lichtgewicht (het)	**lettvekt** (m/f)	['letˌvɛkt]
middengewicht (het)	**mellomvekt** (m/f)	['mɛlɔmˌvɛkt]
zwaargewicht (het)	**tungvekt** (m/f)	['tʉŋˌvɛkt]

141. Sporten. Diversen

Olympische Spelen (mv.)	**de olympiske leker**	[de u'lʏmpiskə 'lekər]
winnaar (de)	**seierherre** (m)	['sæjər,hɛrə]
overwinnen (ww)	**å vinne, å seire**	[ɔ 'vinə], [ɔ 'sæjrə]
winnen (ww)	**å vinne**	[ɔ 'vinə]
leider (de)	**leder** (m)	['ledər]
leiden (ww)	**å lede**	[ɔ 'ledə]
eerste plaats (de)	**førsteplass** (m)	['fœʂtə,plɑs]
tweede plaats (de)	**annenplass** (m)	['ɑnən,plɑs]
derde plaats (de)	**tredjeplass** (m)	['trɛdjə,plɑs]
medaille (de)	**medalje** (m)	[me'dɑljə]
trofee (de)	**trofé** (m/n)	[trɔ'fe]
beker (de)	**pokal** (m)	[pɔ'kɑl]
prijs (de)	**pris** (m)	['pris]
hoofdprijs (de)	**hovedpris** (m)	['hʊvəd,pris]
record (het)	**rekord** (m)	[re'kɔrd]
een record breken	**å sette rekord**	[ɔ 'sɛtə re'kɔrd]
finale (de)	**finale** (m)	[fi'nɑlə]
finale (bn)	**finale-**	[fi'nɑlə-]
kampioen (de)	**mester** (m)	['mɛstər]
kampioenschap (het)	**mesterskap** (n)	['mɛstæ,ʂkɑp]
stadion (het)	**stadion** (m/n)	['stɑdiɔn]
tribune (de)	**tribune** (m)	[tri'bʉnə]
fan, supporter (de)	**fan** (m)	['fæn]
tegenstander (de)	**motstander** (m)	['mʊt,stɑnər]
start (de)	**start** (m)	['stɑ:ʈ]
finish (de)	**mål** (n), **målstrek** (m)	['mo:l], ['mo:l,strek]
nederlaag (de)	**nederlag** (n)	['nedə,ɭɑg]
verliezen (ww)	**å tape**	[ɔ 'tɑpə]
rechter (de)	**dommer** (m)	['dɔmər]
jury (de)	**jury** (m)	['jʉry]
stand (~ is 3-1)	**resultat** (n)	[resʉl'tɑt]
gelijkspel (het)	**uavgjort** (m)	[ʉ:av'jɔ:ʈ]
in gelijk spel eindigen	**å spille uavgjort**	[ɔ 'spilə ʉ:av'jɔ:ʈ]
punt (het)	**poeng** (n)	[pɔ'ɛŋ]
uitslag (de)	**resultat** (n)	[resʉl'tɑt]
periode (de)	**periode** (m)	[pæri'ʊdə]
pauze (de)	**halvtid** (m)	['hɑl,tid]
doping (de)	**doping** (m)	['dʊpiŋ]
straffen (ww)	**å straffe**	[ɔ 'strɑfə]
diskwalificeren (ww)	**å diskvalifisere**	[ɔ 'diskvɑlifi,serə]
toestel (het)	**redskap** (m/n)	['rɛd,skɑp]

speer (de)	**spyd** (n)	['spyd]
kogel (de)	**kule** (m/f)	['kʉ:lə]
bal (de)	**kule** (m/f), **ball** (m)	['kʉ:lə], ['bɑl]
doel (het)	**mål** (n)	['mol]
schietkaart (de)	**målskive** (m/f)	['mo:lˌʂivə]
schieten (ww)	**å skyte**	[ɔ 'ʂytə]
precies (bijv. precieze schot)	**fulltreffer**	['fʉlˌtrɛfər]
trainer, coach (de)	**trener** (m)	['trenər]
trainen (ww)	**å trene**	[ɔ 'trenə]
zich trainen (ww)	**å trene**	[ɔ 'trenə]
training (de)	**trening** (m/f)	['treniŋ]
gymnastiekzaal (de)	**idrettssal** (m)	['idrɛtsˌsɑl]
oefening (de)	**øvelse** (m)	['øvəlsə]
opwarming (de)	**oppvarming** (m/f)	['ɔpˌvɑrmiŋ]

Onderwijs

142. School

school (de)	**skole** (m/f)	['skʊlə]
schooldirecteur (de)	**rektor** (m)	['rektʊr]
leerling (de)	**elev** (m)	[e'lev]
leerlinge (de)	**elev** (m)	[e'lev]
scholier (de)	**skolegutt** (m)	['skʊlə,gʉt]
scholiere (de)	**skolepike** (m)	['skʊlə,pikə]
leren (lesgeven)	**å undervise**	[ɔ 'ʉnər,visə]
studeren (bijv. een taal ~)	**å lære**	[ɔ 'lærə]
van buiten leren	**å lære utenat**	[ɔ 'lærə 'ʉtənɑt]
leren (bijv. ~ tellen)	**å lære**	[ɔ 'lærə]
in school zijn (schooljongen zijn)	**å gå på skolen**	[ɔ 'gɔ pɔ 'skʊlən]
naar school gaan	**å gå på skolen**	[ɔ 'gɔ pɔ 'skʊlən]
alfabet (het)	**alfabet** (n)	[ɑlfɑ'bet]
vak (schoolvak)	**fag** (n)	['fɑg]
klaslokaal (het)	**klasserom** (m/f)	['klɑsə,rʊm]
les (de)	**time** (m)	['timə]
pauze (de)	**frikvarter** (n)	['frikvɑ:,ʈər]
bel (de)	**skoleklokke** (m/f)	['skʊlə,klɔkə]
schooltafel (de)	**skolepult** (m)	['skʊlə,pʉlt]
schoolbord (het)	**tavle** (m/f)	['tɑvlə]
cijfer (het)	**karakter** (m)	[kɑrɑk'ter]
goed cijfer (het)	**god karakter** (m)	['gʊ kɑrɑk'ter]
slecht cijfer (het)	**dårlig karakter** (m)	['do:ɭi kɑrɑk'ter]
een cijfer geven	**å gi en karakter**	[ɔ 'ji en kɑrɑk'ter]
fout (de)	**feil** (m)	['fæjl]
fouten maken	**å gjøre feil**	[ɔ 'jørə ,fæjl]
corrigeren (fouten ~)	**å rette**	[ɔ 'rɛtə]
spiekbriefje (het)	**fuskelapp** (m)	['fʉskə,lɑp]
huiswerk (het)	**lekser** (m/f pl)	['leksər]
oefening (de)	**øvelse** (m)	['øvəlsə]
aanwezig zijn (ww)	**å være til stede**	[ɔ 'værə til 'stedə]
absent zijn (ww)	**å være fraværende**	[ɔ 'værə 'frɑ,værənə]
school verzuimen	**å skulke skolen**	[ɔ 'skʉlkə 'skʊlən]
bestraffen (een stout kind ~)	**å straffe**	[ɔ 'strɑfə]
bestraffing (de)	**straff, avstraffelse** (m)	['strɑf], ['ɑf,strɑfəlsə]

gedrag (het)	**oppførsel** (m)	['ɔp,fœʂəl]
cijferlijst (de)	**karakterbok** (m/f)	[karak'ter,bʊk]
potlood (het)	**blyant** (m)	['bly,ant]
gom (de)	**viskelær** (n)	['viskə,lær]
krijt (het)	**kritt** (n)	['krit]
pennendoos (de)	**pennal** (n)	[pɛ'nal]
boekentas (de)	**skoleveske** (m/f)	['skʊlə,vɛskə]
pen (de)	**penn** (m)	['pɛn]
schrift (de)	**skrivebok** (m/f)	['skrivə,bʊk]
leerboek (het)	**lærebok** (m/f)	['lærə,bʊk]
passer (de)	**passer** (m)	['pasər]
technisch tekenen (ww)	**å tegne**	[ɔ 'tæjnə]
technische tekening (de)	**teknisk tegning** (m/f)	['tɛknisk ,tæjniŋ]
gedicht (het)	**dikt** (n)	['dikt]
van buiten (bw)	**utenat**	['ʉtən,at]
van buiten leren	**å lære utenat**	[ɔ 'lærə 'ʉtənat]
vakantie (de)	**skoleferie** (m)	['skʊlə,fɛriə]
met vakantie zijn	**å være på ferie**	[ɔ 'værə pɔ 'fɛriə]
vakantie doorbrengen	**å tilbringe ferien**	[ɔ 'til,briŋə 'fɛriən]
toets (schriftelijke ~)	**prøve** (m/f)	['prøvə]
opstel (het)	**essay** (n)	[ɛ'sɛj]
dictee (het)	**diktat** (m)	[dik'tat]
examen (het)	**eksamen** (m)	[ɛk'samən]
examen afleggen	**å ta eksamen**	[ɔ 'ta ɛk'samən]
experiment (het)	**forsøk** (n)	['fɔ'ʂøk]

143. Hogeschool. Universiteit

academie (de)	**akademi** (n)	[akade'mi]
universiteit (de)	**universitet** (n)	[ʉnivæʂi'tet]
faculteit (de)	**fakultet** (n)	[fakʉl'tet]
student (de)	**student** (m)	[stʉ'dɛnt]
studente (de)	**kvinnelig student** (m)	['kvinəli stʉ'dɛnt]
leraar (de)	**lærer, foreleser** (m)	['lærər], ['fʊrə,lesər]
collegezaal (de)	**auditorium** (n)	[,aʊdi'tʊrium]
afgestudeerde (de)	**alumn** (m)	[a'lʉmn]
diploma (het)	**diplom** (n)	[di'plʊm]
dissertatie (de)	**avhandling** (m/f)	['av,handliŋ]
onderzoek (het)	**studie** (m)	['stʉdiə]
laboratorium (het)	**laboratorium** (n)	[labʊra'tɔrium]
college (het)	**forelesning** (m)	['fɔrə,lesniŋ]
medestudent (de)	**studiekamerat** (m)	['stʉdiə kame,rat]
studiebeurs (de)	**stipendium** (n)	[sti'pɛndium]
academische graad (de)	**akademisk grad** (m)	[aka'demisk ,grad]

144. Wetenschappen. Disciplines

wiskunde (de)	**matematikk** (m)	[matəma'tik]
algebra (de)	**algebra** (m)	['algəˌbra]
meetkunde (de)	**geometri** (m)	[geʊme'tri]
astronomie (de)	**astronomi** (m)	[astrʊnʊ'mi]
biologie (de)	**biologi** (m)	[biʊlʊ'gi]
geografie (de)	**geografi** (m)	[geʊgra'fi]
geologie (de)	**geologi** (m)	[geʊlʊ'gi]
geschiedenis (de)	**historie** (m/f)	[hi'stʊriə]
geneeskunde (de)	**medisin** (m)	[medi'sin]
pedagogiek (de)	**pedagogikk** (m)	[pedagʊ'gik]
rechten (mv.)	**rett** (m)	['rɛt]
fysica, natuurkunde (de)	**fysikk** (m)	[fy'sik]
scheikunde (de)	**kjemi** (m)	[çe'mi]
filosofie (de)	**filosofi** (m)	[filʊsʊ'fi]
psychologie (de)	**psykologi** (m)	[sikʊlʊ'gi]

145. Schrift. Spelling

grammatica (de)	**grammatikk** (m)	[grama'tik]
vocabulaire (het)	**ordforråd** (n)	['u:rfʊˌrɔd]
fonetiek (de)	**fonetikk** (m)	[fʊne'tik]
zelfstandig naamwoord (het)	**substantiv** (n)	['sʉbstanˌtiv]
bijvoeglijk naamwoord (het)	**adjektiv** (n)	['adjɛkˌtiv]
werkwoord (het)	**verb** (n)	['værb]
bijwoord (het)	**adverb** (n)	[ad'væ:b]
voornaamwoord (het)	**pronomen** (n)	[prʊ'nʊmən]
tussenwerpsel (het)	**interjeksjon** (m)	[interjɛk'ʂʊn]
voorzetsel (het)	**preposisjon** (m)	[prɛpʊsi'ʂʊn]
stam (de)	**rot** (m/f)	['rʊt]
achtervoegsel (het)	**endelse** (m)	['ɛnəlsə]
voorvoegsel (het)	**prefiks** (n)	[prɛ'fiks]
lettergreep (de)	**stavelse** (m)	['stavəlsə]
achtervoegsel (het)	**suffiks** (n)	[sʉ'fiks]
nadruk (de)	**betoning** (m), **trykk** (n)	['be'tɔniŋ], ['trʏk]
afkappingsteken (het)	**apostrof** (m)	[apʊ'strɔf]
punt (de)	**punktum** (n)	['pʉnktum]
komma (de/het)	**komma** (n)	['kɔma]
puntkomma (de)	**semikolon** (n)	[ˌsemikʊ'lɔn]
dubbelpunt (de)	**kolon** (n)	['kʊlɔn]
beletselteken (het)	**tre prikker** (m pl)	['tre 'prikər]
vraagteken (het)	**spørsmålstegn** (n)	['spœʂmolsˌtæjn]
uitroepteken (het)	**utropstegn** (n)	['ʉtrʊpsˌtæjn]

aanhalingstekens (mv.)	**anførselstegn** (n pl)	[an'fœʂɛlsˌtejn]
tussen aanhalingstekens (bw)	**i anførselstegn**	[i an'fœʂɛlsˌtejn]
haakjes (mv.)	**parentes** (m)	[parɛn'tes]
tussen haakjes (bw)	**i parentes**	[i parɛn'tes]
streepje (het)	**bindestrek** (m)	['binəˌstrek]
gedachtestreepje (het)	**tankestrek** (m)	['tankəˌstrek]
spatie (~ tussen twee woorden)	**mellomrom** (n)	['mɛlɔmˌrʊm]
letter (de)	**bokstav** (m)	['bʊkstav]
hoofdletter (de)	**stor bokstav** (m)	['stʊr 'bʊkstav]
klinker (de)	**vokal** (m)	[vʊ'kal]
medeklinker (de)	**konsonant** (m)	[kʊnsʊ'nant]
zin (de)	**setning** (m)	['sɛtniŋ]
onderwerp (het)	**subjekt** (n)	[sʉb'jɛkt]
gezegde (het)	**predikat** (n)	[prɛdi'kat]
regel (in een tekst)	**linje** (m)	['linjə]
op een nieuwe regel (bw)	**på ny linje**	[pɔ ny 'linjə]
alinea (de)	**avsnitt** (n)	['afˌsnit]
woord (het)	**ord** (n)	['u:r]
woordgroep (de)	**ordgruppe** (m/f)	['u:rˌgrʉpə]
uitdrukking (de)	**uttrykk** (n)	['ʉtˌtrʏk]
synoniem (het)	**synonym** (n)	[synʊ'nym]
antoniem (het)	**antonym** (n)	[antʊ'nym]
regel (de)	**regel** (m)	['rɛgəl]
uitzondering (de)	**unntak** (n)	['ʉnˌtak]
correct (bijv. ~e spelling)	**riktig**	['rikti]
vervoeging, conjugatie (de)	**bøyning** (m/f)	['bøjniŋ]
verbuiging, declinatie (de)	**bøyning** (m/f)	['bøjniŋ]
naamval (de)	**kasus** (m)	['kasʉs]
vraag (de)	**spørsmål** (n)	['spœʂˌmol]
onderstrepen (ww)	**å understreke**	[ɔ 'ʉnəˌʂtrekə]
stippellijn (de)	**prikket linje** (m)	['prikət 'linjə]

146. Vreemde talen

taal (de)	**språk** (n)	['sprɔk]
vreemd (bn)	**fremmed-**	['fremə-]
vreemde taal (de)	**fremmedspråk** (n)	['fremedˌsprɔk]
leren (bijv. van buiten ~)	**å studere**	[ɔ stʉ'derə]
studeren (Nederlands ~)	**å lære**	[ɔ 'lærə]
lezen (ww)	**å lese**	[ɔ 'lesə]
spreken (ww)	**å tale**	[ɔ 'talə]
begrijpen (ww)	**å forstå**	[ɔ fɔ'ʂtɔ]
schrijven (ww)	**å skrive**	[ɔ 'skrivə]
snel (bw)	**fort**	['fʊ:ʈ]

langzaam (bw)	**langsomt**	['lɑŋsɔmt]
vloeiend (bw)	**flytende**	['flytnə]
regels (mv.)	**regler** (m pl)	['rɛglər]
grammatica (de)	**grammatikk** (m)	[grɑmɑ'tik]
vocabulaire (het)	**ordforråd** (n)	['u:rfʊˌrɔd]
fonetiek (de)	**fonetikk** (m)	[fʊne'tik]
leerboek (het)	**lærebok** (m/f)	['læreˌbʊk]
woordenboek (het)	**ordbok** (m/f)	['u:rˌbʊk]
leerboek (het) voor zelfstudie	**lærebok** (m/f) **for selvstudium**	['læreˌbʊk fɔ 'selˌstʉdium]
taalgids (de)	**parlør** (m)	[pɑ:'lør]
cassette (de)	**kassett** (m)	[kɑ'sɛt]
videocassette (de)	**videokassett** (m)	['videʊ kɑ'sɛt]
CD (de)	**CD-rom** (m)	['sɛdɛˌrʊm]
DVD (de)	**DVD** (m)	[deve'de]
alfabet (het)	**alfabet** (n)	[ɑlfɑ'bet]
spellen (ww)	**å stave**	[ɔ 'stɑvə]
uitspraak (de)	**uttale** (m)	['ʉtˌtɑlə]
accent (het)	**aksent** (m)	[ɑk'sɑŋ]
met een accent (bw)	**med aksent**	[me ɑk'sɑŋ]
zonder accent (bw)	**uten aksent**	['ʉtən ɑk'sɑŋ]
woord (het)	**ord** (n)	['u:r]
betekenis (de)	**betydning** (m)	[be'tʏdniŋ]
cursus (de)	**kurs** (n)	['kʉʂ]
zich inschrijven (ww)	**å anmelde seg**	[ɔ 'ɑnˌmɛlə sæj]
leraar (de)	**lærer** (m)	['lærər]
vertaling (een ~ maken)	**oversettelse** (m)	['ɔvəˌʂɛtəlsə]
vertaling (tekst)	**oversettelse** (m)	['ɔvəˌʂɛtəlsə]
vertaler (de)	**oversetter** (m)	['ɔvəˌʂɛtər]
tolk (de)	**tolk** (m)	['tɔlk]
polyglot (de)	**polyglott** (m)	[pʊlʏ'glɔt]
geheugen (het)	**minne** (n), **hukommelse** (m)	['minə], [hʉ'kɔməlsə]

147. Sprookjesfiguren

Sinterklaas (de)	**Julenissen**	['jʉləˌnisən]
Assepoester (de)	**Askepott**	['ɑskəˌpɔt]
zeemeermin (de)	**havfrue** (m/f)	['hɑvˌfrʉə]
Neptunus (de)	**Neptun**	[nɛp'tʉn]
magiër, tovenaar (de)	**trollmann** (m)	['trɔlˌmɑn]
goede heks (de)	**fe** (m)	['fe]
magisch (bn)	**trylle-**	['trʏlə-]
toverstokje (het)	**tryllestav** (m)	['trʏləˌstɑv]
sprookje (het)	**eventyr** (n)	['ɛvənˌtyr]

wonder (het)	**mirakel** (n)	[mi'rakəl]
dwerg (de)	**gnom, dverg** (m)	['gnʊm], ['dvɛrg]
veranderen in ... (anders worden)	**å forvandle seg til ...**	[ɔ fɔr'vandlə sæj til ...]
geest (de)	**spøkelse** (n)	['spøkəlsə]
spook (het)	**fantom** (m)	[fan'tɔm]
monster (het)	**monster** (n)	['mɔnstər]
draak (de)	**drage** (m)	['dragə]
reus (de)	**gigant** (m)	[gi'gant]

148. Dierenriem

Ram (de)	**Væren** (m)	['værən]
Stier (de)	**Tyren** (m)	['tyrən]
Tweelingen (mv.)	**Tvillingene** (m pl)	['tviliŋənə]
Kreeft (de)	**Krepsen** (m)	['krɛpsən]
Leeuw (de)	**Løven** (m)	['løvən]
Maagd (de)	**Jomfruen** (m)	['ʉmfrʉən]
Weegschaal (de)	**Vekten** (m)	['vɛktən]
Schorpioen (de)	**Skorpionen**	[skɔrpi'ʊnən]
Boogschutter (de)	**Skytten** (m)	['ʂytən]
Steenbok (de)	**Steinbukken** (m)	['stæjn,bʉkən]
Waterman (de)	**Vannmannen** (m)	['van,manən]
Vissen (mv.)	**Fiskene** (pl)	['fiskenə]
karakter (het)	**karakter** (m)	[karak'ter]
karaktertrekken (mv.)	**karaktertrekk** (n pl)	[karak'ter,trɛk]
gedrag (het)	**oppførsel** (m)	['ɔp,fœʂəl]
waarzeggen (ww)	**å spå**	[ɔ 'spɔ]
waarzegster (de)	**spåkone** (m/f)	['spo:,kɔnə]
horoscoop (de)	**horoskop** (n)	[hʊrʊ'skɔp]

Kunst

149. Theater

theater (het)	**teater** (n)	[te'ɑtər]
opera (de)	**opera** (m)	['ʊperɑ]
operette (de)	**operette** (m)	[ʊpe'rɛtə]
ballet (het)	**ballett** (m)	[bɑ'let]
affiche (de/het)	**plakat** (m)	[plɑ'kɑt]
theatergezelschap (het)	**teatertrupp** (m)	[te'ɑtərˌtrʉp]
tournee (de)	**turné** (m)	[tʉr'ne:]
op tournee zijn	**å være på turné**	[ɔ 'værə pɔ tʉr'ne:]
repeteren (ww)	**å repetere**	[ɔ repe'terə]
repetitie (de)	**repetisjon** (m)	[repeti'ʂʊn]
repertoire (het)	**repertoar** (n)	[repæ:ʈʊ'ɑr]
voorstelling (de)	**forestilling** (m/f)	['fɔrəˌstiliŋ]
spektakel (het)	**teaterstykke** (n)	[te'ɑtərˌstʏkə]
toneelstuk (het)	**skuespill** (n)	['skʉəˌspil]
biljet (het)	**billett** (m)	[bi'let]
kassa (de)	**billettluke** (m/f)	[bi'letˌlʉkə]
foyer (de)	**lobby, foajé** (m)	['lɔbi], [fʊɑ'je]
garderobe (de)	**garderobe** (m)	[gɑ:ɖə'rʊbə]
garderobe nummer (het)	**garderobemerke** (n)	[gɑ:ɖə'rʊbə 'mærkə]
verrekijker (de)	**kikkert** (m)	['çikɛ:ʈ]
plaatsaanwijzer (de)	**plassanviser** (m)	['plɑs ɑnˌvisər]
parterre (de)	**parkett** (m)	[pɑr'kɛt]
balkon (het)	**balkong** (m)	[bɑl'kɔŋ]
gouden rang (de)	**første losjerad** (m)	['fœʂtə ˌluʂɛrɑd]
loge (de)	**losje** (m)	['lʊʂə]
rij (de)	**rad** (m/f)	['rɑd]
plaats (de)	**plass** (m)	['plɑs]
publiek (het)	**publikum** (n)	['pʉblikum]
kijker (de)	**tilskuer** (m)	['tilˌskʉər]
klappen (ww)	**å klappe**	[ɔ 'klɑpə]
applaus (het)	**applaus** (m)	[ɑ'plaʊs]
ovatie (de)	**bifall** (n)	['biˌfɑl]
toneel (op het ~ staan)	**scene** (m)	['se:nə]
gordijn, doek (het)	**teppe** (n)	['tɛpə]
toneeldecor (het)	**dekorasjon** (m)	[dekʊrɑ'ʂʊn]
backstage (de)	**kulisser** (m pl)	[kʉ'lisər]
scène (de)	**scene** (m)	['se:nə]
bedrijf (het)	**akt** (m)	['ɑkt]
pauze (de)	**mellomakt** (m)	['mɛlɔmˌɑkt]

150. Bioscoop

acteur (de)	**skuespiller** (m)	['skʉəˌspilər]
actrice (de)	**skuespillerinne** (m/f)	['skʉəˌspilə'rinə]
bioscoop (de)	**filmindustri** (m)	['film indʉ'stri]
speelfilm (de)	**film** (m)	['film]
aflevering (de)	**del** (m)	['del]
detectivefilm (de)	**kriminalfilm** (m)	[krimi'nɑlˌfilm]
actiefilm (de)	**actionfilm** (m)	['ɛkʂənˌfilm]
avonturenfilm (de)	**eventyrfilm** (m)	['ɛvəntyrˌfilm]
sciencefictionfilm (de)	**Sci-Fi film** (m)	['sɑjˌfɑj film]
griezelfilm (de)	**skrekkfilm** (m)	['skrɛkˌfilm]
komedie (de)	**komedie** (m)	['kʊ'mediə]
melodrama (het)	**melodrama** (n)	[melɔ'drɑmɑ]
drama (het)	**drama** (n)	['drɑmɑ]
speelfilm (de)	**spillefilm** (m)	['spiləˌfilm]
documentaire (de)	**dokumentarfilm** (m)	[dɔkʉmɛn'tɑr ˌfilm]
tekenfilm (de)	**tegnefilm** (m)	['tæjnəˌfilm]
stomme film (de)	**stumfilm** (m)	['stʉmˌfilm]
rol (de)	**rolle** (m/f)	['rɔlə]
hoofdrol (de)	**hovedrolle** (m)	['hʊvədˌrɔle]
spelen (ww)	**å spille**	[ɔ 'spilə]
filmster (de)	**filmstjerne** (m)	['filmˌstjæ:ɳə]
bekend (bn)	**kjent**	['çɛnt]
beroemd (bn)	**berømt**	[be'rømt]
populair (bn)	**populær**	[pʊpʉ'lær]
scenario (het)	**manus** (n)	['mɑnʉs]
scenarioschrijver (de)	**manusforfatter** (m)	['mɑnʉs fɔr'fɑtər]
regisseur (de)	**regissør** (m)	[rɛʂi'sør]
filmproducent (de)	**produsent** (m)	[prʊdʉ'sɛnt]
assistent (de)	**assistent** (m)	[ɑsi'stɛnt]
cameraman (de)	**kameramann** (m)	['kɑmerɑˌmɑn]
stuntman (de)	**stuntmann** (m)	['stɑntˌmɑn]
stuntdubbel (de)	**stand-in** (m)	[ˌstɑnd'in]
een film maken	**å spille inn en film**	[ɔ 'spilə in en 'film]
auditie (de)	**prøve** (m/f)	['prøvə]
opnamen (mv.)	**opptak** (n)	['ɔpˌtɑk]
filmploeg (de)	**filmteam** (n)	['filmˌtim]
filmset (de)	**opptaksplass** (m)	['ɔptɑksˌplɑs]
filmcamera (de)	**filmkamera** (n)	['filmˌkɑmerɑ]
bioscoop (de)	**kino** (m)	['çinʊ]
scherm (het)	**filmduk** (m)	['filmˌdʉk]
een film vertonen	**å vise en film**	[ɔ 'visə en 'film]
geluidsspoor (de)	**lydspor** (n)	['lydˌspʊr]
speciale effecten (mv.)	**spesialeffekter** (m pl)	['spesi'ɑl e'fɛktər]

ondertiteling (de)	**undertekster** (m/f)	['ʉnəˌtɛkstər]
voortiteling, aftiteling (de)	**rulletekst** (m)	['rʉləˌtɛkst]
vertaling (de)	**oversettelse** (m)	['ɔvəˌʂɛtəlsə]

151. Schilderij

kunst (de)	**kunst** (m)	['kʉnst]
schone kunsten (mv.)	**de skjønne kunster**	[de 'ʂønə 'kʉnstər]
kunstgalerie (de)	**kunstgalleri** (n)	['kʉnst gale'ri]
kunsttentoonstelling (de)	**maleriutstilling** (m/f)	[ˌmale'ri ʉtˌstiliŋ]
schilderkunst (de)	**malerkunst** (m)	['malərˌkʉnst]
grafiek (de)	**grafikk** (m)	[gra'fik]
abstracte kunst (de)	**abstrakt kunst** (m)	[ab'strakt 'kʉnst]
impressionisme (het)	**impresjonisme** (m)	[imprɛʂʊ'nisme]
schilderij (het)	**maleri** (m/f)	[ˌmale'ri]
tekening (de)	**tegning** (m/f)	['tæjniŋ]
poster (de)	**plakat, poster** (m)	['plaˌkat], ['pɔstər]
illustratie (de)	**illustrasjon** (m)	[ilʉstra'ʂʊn]
miniatuur (de)	**miniatyr** (m)	[minia'tyr]
kopie (de)	**kopi** (m)	[kʊ'pi]
reproductie (de)	**reproduksjon** (m)	[reprʊdʉk'ʂʊn]
mozaïek (het)	**mosaikk** (m)	[mʊsa'ik]
gebrandschilderd glas (het)	**glassmaleri** (n)	['glasˌmale'ri]
fresco (het)	**freske** (m)	['frɛskə]
gravure (de)	**gravyr** (m)	[gra'vyr]
buste (de)	**byste** (m)	['bʏstə]
beeldhouwwerk (het)	**skulptur** (m)	[skʉlp'tʉr]
beeld (bronzen ~)	**statue** (m)	['statʉə]
gips (het)	**gips** (m)	['jips]
gipsen (bn)	**gips-**	['jips-]
portret (het)	**portrett** (n)	[pɔ:'ʈrɛt]
zelfportret (het)	**selvportrett** (n)	['sɛlˌpɔ:'ʈrɛt]
landschap (het)	**landskapsmaleri** (n)	['lanskapsˌmale'ri]
stilleven (het)	**stilleben** (n)	['stilˌlebən]
karikatuur (de)	**karikatur** (m)	[karika'tʉr]
schets (de)	**skisse** (m/f)	['ʂisə]
verf (de)	**maling** (m/f)	['maliŋ]
aquarel (de)	**akvarell** (m)	[akva'rɛl]
olieverf (de)	**olje** (m)	['ɔljə]
potlood (het)	**blyant** (m)	['blyˌant]
Oostindische inkt (de)	**tusj** (m/n)	['tʉʂ]
houtskool (de)	**kull** (n)	['kʉl]
tekenen (met krijt)	**å tegne**	[ɔ 'tæjnə]
schilderen (ww)	**å male**	[ɔ 'malə]
poseren (ww)	**å posere**	[ɔ pɔ'serə]
naaktmodel (man)	**modell** (m)	[mʊ'dɛl]

naaktmodel (vrouw)	**modell** (m)	[mʊ'dɛl]
kunstenaar (de)	**kunstner** (m)	['kʉnstnər]
kunstwerk (het)	**kunstverk** (n)	['kʉnstˌværk]
meesterwerk (het)	**mesterverk** (n)	['mɛstɛrˌværk]
studio, werkruimte (de)	**atelier** (n)	[ɑte'lje]
schildersdoek (het)	**kanvas** (m/n), **lerret** (n)	['kɑnvɑs], ['leret]
schildersezel (de)	**staffeli** (n)	[stɑfe'li]
palet (het)	**palett** (m)	[pɑ'let]
lijst (een vergulde ~)	**ramme** (m/f)	['rɑmə]
restauratie (de)	**restaurering** (m)	[rɛstaʊ'reriŋ]
restaureren (ww)	**å restaurere**	[ɔ rɛstaʊ'rerə]

152. Literatuur & Poëzie

literatuur (de)	**litteratur** (m)	[litərɑ'tʉr]
auteur (de)	**forfatter** (m)	[fɔr'fɑtər]
pseudoniem (het)	**pseudonym** (n)	[sewdʉ'nym]
boek (het)	**bok** (m/f)	['bʊk]
boekdeel (het)	**bind** (n)	['bin]
inhoudsopgave (de)	**innholdsfortegnelse** (m)	['inhɔls fɔ:'ʈæjnəlsə]
pagina (de)	**side** (m/f)	['sidə]
hoofdpersoon (de)	**hovedperson** (m)	['hʊvəd pæ'ʂʊn]
handtekening (de)	**autograf** (m)	[aʊtʊ'grɑf]
verhaal (het)	**novelle** (m/f)	[nʊ'vɛlə]
novelle (de)	**kortroman** (m)	['kʊ:ʈ rʊˌmɑn]
roman (de)	**roman** (m)	[rʊ'mɑn]
werk (literatuur)	**verk** (n)	['værk]
fabel (de)	**fabel** (m)	['fɑbəl]
detectiveroman (de)	**kriminalroman** (m)	[krimi'nɑl rʊˌmɑn]
gedicht (het)	**dikt** (n)	['dikt]
poëzie (de)	**poesi** (m)	[pɔɛ'si]
epos (het)	**epos** (n)	['ɛpɔs]
dichter (de)	**poet, dikter** (m)	['pɔɛt], ['diktər]
fictie (de)	**skjønnlitteratur** (m)	['ʂøn literɑ'tʉr]
sciencefiction (de)	**science fiction** (m)	['sɑjəns ˌfikʂn]
avonturenroman (de)	**eventyr** (n pl)	['ɛvənˌtyr]
opvoedkundige literatuur (de)	**undervisningslitteratur** (m)	['ʉnərˌvisniŋs literɑ'tʉr]
kinderliteratuur (de)	**barnelitteratur** (m)	['bɑ:ɳə literɑ'tʉr]

153. Circus

circus (de/het)	**sirkus** (m/n)	['sirkʉs]
chapiteau circus (de/het)	**ambulerende sirkus** (n)	['ɑmbʉˌlerɛnə 'sirkʉs]
programma (het)	**program** (n)	[prʊ'grɑm]
voorstelling (de)	**forestilling** (m/f)	['foreˌstiliŋ]
nummer (circus ~)	**nummer** (n)	['nʉmər]

arena (de)	**manesje, arena** (m)	[ma'neʂə], [a'rena]
pantomime (de)	**pantomime** (m)	[pantʊ'mimə]
clown (de)	**klovn** (m)	['klɔvn]
acrobaat (de)	**akrobat** (m)	[akrʊ'bat]
acrobatiek (de)	**akrobatikk** (m)	[akrʊba'tik]
gymnast (de)	**gymnast** (m)	[gʏm'nast]
gymnastiek (de)	**gymnastikk** (m)	[gʏmna'stik]
salto (de)	**salto** (m)	['saltʊ]
sterke man (de)	**atlet** (m)	[at'let]
temmer (de)	**dyretemmer** (m)	['dyrə,tɛmər]
ruiter (de)	**rytter** (m)	['rʏtər]
assistent (de)	**assistent** (m)	[asi'stɛnt]
stunt (de)	**trikk, triks** (n)	['trik], ['triks]
goocheltruc (de)	**trylletriks** (n)	['trʏlə,triks]
goochelaar (de)	**tryllekunstner** (m)	['trʏlə,kʉnstnər]
jongleur (de)	**sjonglør** (m)	[ʂɔŋ'lør]
jongleren (ww)	**å sjonglere**	[ɔ 'ʂɔŋ,lerə]
dierentrainer (de)	**dressør** (m)	[drɛ'sør]
dressuur (de)	**dressur** (m)	[drɛ'sʉr]
dresseren (ww)	**å dressere**	[ɔ drɛ'serə]

154. Muziek. Popmuziek

muziek (de)	**musikk** (m)	[mʉ'sik]
muzikant (de)	**musiker** (m)	['mʉsikər]
muziekinstrument (het)	**musikkinstrument** (n)	[mʉ'sik instrʉ'mɛnt]
spelen (bijv. gitaar ~)	**å spille ...**	[ɔ 'spilə ...]
gitaar (de)	**gitar** (m)	['gi,tar]
viool (de)	**fiolin** (m)	[fiʊ'lin]
cello (de)	**cello** (m)	['sɛlʊ]
contrabas (de)	**kontrabass** (m)	['kʊntra,bas]
harp (de)	**harpe** (m)	['harpə]
piano (de)	**piano** (n)	[pi'anʊ]
vleugel (de)	**flygel** (n)	['flygəl]
orgel (het)	**orgel** (n)	['ɔrgəl]
blaasinstrumenten (mv.)	**blåseinstrumenter** (n pl)	['blo:sə instrʉ'mɛntər]
hobo (de)	**obo** (m)	[ʊ'bʊ]
saxofoon (de)	**saksofon** (m)	[saksʊ'fʊn]
klarinet (de)	**klarinett** (m)	[klari'nɛt]
fluit (de)	**fløyte** (m)	['fløjtə]
trompet (de)	**trompet** (m)	[trʊm'pet]
accordeon (de/het)	**trekkspill** (n)	['trɛk,spil]
trommel (de)	**tromme** (m)	['trʊmə]
duet (het)	**duett** (m)	[dʉ'ɛt]
trio (het)	**trio** (m)	['triʊ]

kwartet (het)	**kvartett** (m)	[kva:'tɛt]
koor (het)	**kor** (n)	['kʊr]
orkest (het)	**orkester** (n)	[ɔr'kɛstər]
popmuziek (de)	**popmusikk** (m)	['pɔp mʉ'sik]
rockmuziek (de)	**rockmusikk** (m)	['rɔk mʉ'sik]
rockgroep (de)	**rockeband** (n)	['rɔkəˌbɛnd]
jazz (de)	**jazz** (m)	['jas]
idool (het)	**idol** (n)	[i'dʊl]
bewonderaar (de)	**beundrer** (m)	[be'ʉndrər]
concert (het)	**konsert** (m)	[kʊn'sæ:ʈ]
symfonie (de)	**symfoni** (m)	[sʏmfʊ'ni]
compositie (de)	**komposisjon** (m)	[kʊmpʊzi'ʂʊn]
componeren (muziek ~)	**å komponere**	[ɔ kʊmpʊ'nerə]
zang (de)	**synging** (m/f)	['sʏŋiŋ]
lied (het)	**sang** (m)	['saŋ]
melodie (de)	**melodi** (m)	[melɔ'di]
ritme (het)	**rytme** (m)	['rʏtmə]
blues (de)	**blues** (m)	['blʉs]
bladmuziek (de)	**noter** (m pl)	['nʊtər]
dirigeerstok (baton)	**taktstokk** (m)	['taktˌstɔk]
strijkstok (de)	**bue, boge** (m)	['bʉ:ə], ['bɔgə]
snaar (de)	**streng** (m)	['strɛŋ]
koffer (de)	**futteral** (n), **kasse** (m/f)	['fʉte'ral], ['kasə]

Rusten. Entertainment. Reizen

155. Trip. Reizen

toerisme (het)	**turisme** (m)	[tʉ'rismə]
toerist (de)	**turist** (m)	[tʉ'rist]
reis (de)	**reise** (m/f)	['ræjsə]
avontuur (het)	**eventyr** (n)	['ɛvən,tyr]
tocht (de)	**tripp** (m)	['trip]
vakantie (de)	**ferie** (m)	['fɛriə]
met vakantie zijn	**å være på ferie**	[ɔ 'værə pɔ 'fɛriə]
rust (de)	**hvile** (m/f)	['vilə]
trein (de)	**tog** (n)	['tɔg]
met de trein	**med tog**	[me 'tɔg]
vliegtuig (het)	**fly** (n)	['fly]
met het vliegtuig	**med fly**	[me 'fly]
met de auto	**med bil**	[me 'bil]
per schip (bw)	**med skip**	[me 'ʂip]
bagage (de)	**bagasje** (m)	[bɑ'gɑʂə]
valies (de)	**koffert** (m)	['kʊfɛ:ʈ]
bagagekarretje (het)	**bagasjetralle** (m/f)	[bɑ'gɑʂə,trɑlə]
paspoort (het)	**pass** (n)	['pɑs]
visum (het)	**visum** (n)	['visʉm]
kaartje (het)	**billett** (m)	[bi'let]
vliegticket (het)	**flybillett** (m)	['fly bi'let]
reisgids (de)	**reisehåndbok** (m/f)	['ræjsə,hɔnbʊk]
kaart (de)	**kart** (n)	['kɑ:ʈ]
gebied (landelijk ~)	**område** (n)	['ɔm,ro:də]
plaats (de)	**sted** (n)	['sted]
exotisch (bn)	**eksotisk**	[ɛk'sʊtisk]
verwonderlijk (bn)	**forunderlig**	[fɔ'rʉnde:ɭi]
groep (de)	**gruppe** (m)	['grʉpə]
rondleiding (de)	**utflukt** (m/f)	['ʉt,flʉkt]
gids (de)	**guide** (m)	['gɑjd]

156. Hotel

hotel (het)	**hotell** (n)	[hʊ'tɛl]
motel (het)	**motell** (n)	[mʊ'tɛl]
3-sterren	**trestjernet**	['tre,stjæ:ɳə]
5-sterren	**femstjernet**	['fɛm,stjæ:ɳə]

overnachten (ww)	**å bo**	[ɔ 'bʊ]
kamer (de)	**rom** (n)	['rʊm]
eenpersoonskamer (de)	**enkeltrom** (n)	['ɛnkelt,rʊm]
tweepersoonskamer (de)	**dobbeltrom** (n)	['dɔbəlt,rʊm]
een kamer reserveren	**å reservere rom**	[ɔ resɛr'verə 'rʊm]
halfpension (het)	**halvpensjon** (m)	['hɑl pɑn,ʂʊn]
volpension (het)	**fullpensjon** (m)	['fʉl pɑn,ʂʊn]
met badkamer	**med badekar**	[me 'bɑdə,kɑr]
met douche	**med dusj**	[me 'dʉʂ]
satelliet-tv (de)	**satellitt-TV** (m)	[sɑtɛ'lit 'tɛvɛ]
airconditioner (de)	**klimaanlegg** (n)	['klimɑ'ɑn,leg]
handdoek (de)	**håndkle** (n)	['hɔn,kle]
sleutel (de)	**nøkkel** (m)	['nøkəl]
administrateur (de)	**administrator** (m)	[admini'strɑ:tʊr]
kamermeisje (het)	**stuepike** (m/f)	['stʉə,pikə]
piccolo (de)	**pikkolo** (m)	['pikɔlɔ]
portier (de)	**portier** (m)	[pɔ:'tje]
restaurant (het)	**restaurant** (m)	[rɛstʊ'rɑŋ]
bar (de)	**bar** (m)	['bɑr]
ontbijt (het)	**frokost** (m)	['frʊkɔst]
avondeten (het)	**middag** (m)	['mi,dɑ]
buffet (het)	**buffet** (m)	[bʉ'fɛ]
hal (de)	**hall, lobby** (m)	['hɑl], ['lɔbi]
lift (de)	**heis** (m)	['hæjs]
NIET STOREN	**VENNLIGST IKKE FORSTYRR!**	['vɛnligt ikə fɔ'ʂtyr]
VERBODEN TE ROKEN!	**RØYKING FORBUDT**	['røjkiŋ fɔr'bʉt]

157. Boeken. Lezen

boek (het)	**bok** (m/f)	['bʊk]
auteur (de)	**forfatter** (m)	[fɔr'fɑtər]
schrijver (de)	**forfatter** (m)	[fɔr'fɑtər]
schrijven (een boek)	**å skrive**	[ɔ 'skrivə]
lezer (de)	**leser** (m)	['lesər]
lezen (ww)	**å lese**	[ɔ 'lesə]
lezen (het)	**lesning** (m/f)	['lesniŋ]
stil (~ lezen)	**for seg selv**	[fɔr sæj 'sɛl]
hardop (~ lezen)	**høyt**	['højt]
uitgeven (boek ~)	**å publisere**	[ɔ pʉbli'serə]
uitgeven (het)	**publisering** (m/f)	[pʉbli'seriŋ]
uitgever (de)	**forlegger** (m)	['fɔ:,ɭegər]
uitgeverij (de)	**forlag** (n)	['fɔ:ɭɑg]
verschijnen (bijv. boek)	**å komme ut**	[ɔ 'kɔmə ʉt]
verschijnen (het)	**utgivelse** (m)	['ʉt,jivəlsə]

oplage (de)	**opplag** (n)	['ɔpˌlag]
boekhandel (de)	**bokhandel** (m)	['bʊkˌhandəl]
bibliotheek (de)	**bibliotek** (n)	[bibliʊ'tek]
novelle (de)	**kortroman** (m)	['kʊ:ʈ rʊˌman]
verhaal (het)	**novelle** (m/f)	[nʊ'vɛlə]
roman (de)	**roman** (m)	[rʊ'man]
detectiveroman (de)	**kriminalroman** (m)	[krimi'nal rʊˌman]
memoires (mv.)	**memoarer** (pl)	[memʊ'arər]
legende (de)	**legende** (m)	['le'gɛndə]
mythe (de)	**myte** (m)	['my:tə]
gedichten (mv.)	**dikt** (n pl)	['dikt]
autobiografie (de)	**selvbiografi** (m)	['sɛlˌbiʊgra'fi]
bloemlezing (de)	**utvalgte verker** (n pl)	['ʉtˌvalgtə 'værkər]
sciencefiction (de)	**science fiction** (m)	['sajəns ˌfikʂn]
naam (de)	**tittel** (m)	['titəl]
inleiding (de)	**innledning** (m)	['inˌledniŋ]
voorblad (het)	**tittelblad** (n)	['titəlˌbla]
hoofdstuk (het)	**kapitel** (n)	[ka'pitəl]
fragment (het)	**utdrag** (n)	['ʉtˌdrag]
episode (de)	**episode** (m)	[ɛpi'sʊdə]
intrige (de)	**handling** (m/f)	['handliŋ]
inhoud (de)	**innhold** (n)	['inˌhɔl]
inhoudsopgave (de)	**innholdsfortegnelse** (m)	['inhɔls fɔ:'ʈæjnəlsə]
hoofdpersonage (het)	**hovedperson** (m)	['hʊvəd pæ'ʂʊn]
boekdeel (het)	**bind** (n)	['bin]
omslag (de/het)	**omslag** (n)	['ɔmˌslag]
boekband (de)	**bokbind** (n)	['bʊkˌbin]
bladwijzer (de)	**bokmerke** (n)	['bʊkˌmærkə]
pagina (de)	**side** (m/f)	['sidə]
bladeren (ww)	**å bla**	[ɔ 'bla]
marges (mv.)	**marger** (m pl)	['margər]
annotatie (de)	**annotering** (n)	[anʊ'tɛriŋ]
opmerking (de)	**anmerkning** (m)	['anˌmærkniŋ]
tekst (de)	**tekst** (m/f)	['tɛkst]
lettertype (het)	**skrift, font** (m)	['skrift], ['fɔnt]
drukfout (de)	**trykkfeil** (m)	['trʏkˌfæjl]
vertaling (de)	**oversettelse** (m)	['ɔvəˌʂɛtəlsə]
vertalen (ww)	**å oversette**	[ɔ 'ɔvəˌʂɛtə]
origineel (het)	**original** (m)	[ɔrigi'nal]
beroemd (bn)	**berømt**	[be'rømt]
onbekend (bn)	**ukjent**	['ʉˌçɛnt]
interessant (bn)	**interessant**	[intere'san]
bestseller (de)	**bestselger** (m)	['bɛstˌsɛlər]
woordenboek (het)	**ordbok** (m/f)	['u:rˌbʊk]
leerboek (het)	**lærebok** (m/f)	['læreˌbʊk]
encyclopedie (de)	**encyklopedi** (m)	[ɛnsʏklɔpe'di]

158. Jacht. Vissen

jacht (de)	**jakt** (m/f)	['jakt]
jagen (ww)	**å jage**	[ɔ 'jagə]
jager (de)	**jeger** (m)	['jɛ:gər]
schieten (ww)	**å skyte**	[ɔ 'ʂytə]
geweer (het)	**gevær** (n)	[ge'vær]
patroon (de)	**patron** (m)	[pɑ'trʊn]
hagel (de)	**hagl** (n)	['hɑgl]
val (de)	**saks** (m/f)	['sɑks]
valstrik (de)	**felle** (m/f)	['fɛlə]
in de val trappen	**å fanges i felle**	[ɔ 'fɑŋəs i 'fɛlə]
een val zetten	**å sette opp felle**	[ɔ 'sɛtə ɔp 'fɛlə]
stroper (de)	**tyvskytter** (m)	['tyf,ʂytər]
wild (het)	**vilt** (n)	['vilt]
jachthond (de)	**jakthund** (m)	['jakt,hʉn]
safari (de)	**safari** (m)	[sɑ'fɑri]
opgezet dier (het)	**utstoppet dyr** (n)	['ʉt,stɔpet ,dyr]
visser (de)	**fisker** (m)	['fiskər]
visvangst (de)	**fiske** (n)	['fiskə]
vissen (ww)	**å fiske**	[ɔ 'fiskə]
hengel (de)	**fiskestang** (m/f)	['fiskə,stɑŋ]
vislijn (de)	**fiskesnøre** (n)	['fiskə,snøre]
haak (de)	**krok** (m)	['krʊk]
dobber (de)	**dupp** (m)	['dʉp]
aas (het)	**agn** (m)	['ɑŋn]
de hengel uitwerpen	**å kaste ut**	[ɔ 'kɑstə ʉt]
bijten (ov. de vissen)	**å bite**	[ɔ 'bitə]
vangst (de)	**fangst** (m)	['fɑŋst]
wak (het)	**hull** (n) **i isen**	['hʉl i ,isən]
net (het)	**nett** (n)	['nɛt]
boot (de)	**båt** (m)	['bɔt]
vissen met netten	**å fiske med nett**	[ɔ 'fiskə me 'nɛt]
het net uitwerpen	**å kaste nettet**	[ɔ 'kɑstə 'nɛtə]
het net binnenhalen	**å hale opp nettet**	[ɔ 'hɑlə ɔp 'nɛtə]
in het net vallen	**å bli fanget i nett**	[ɔ 'bli 'fɑŋət i 'nɛt]
walvisvangst (de)	**hvalfanger** (m)	['vɑl,fɑŋər]
walvisvaarder (de)	**hvalbåt** (m)	['vɑl,bɔt]
harpoen (de)	**harpun** (m)	[hɑr'pʉn]

159. Spellen. Biljart

biljart (het)	**biljard** (m)	[bil'ja:ɖ]
biljartzaal (de)	**biljardsalong** (m)	[bil'ja:ɖsɑ,lɔŋ]
biljartbal (de)	**biljardkule** (m/f)	[bil'ja:ɖ,kʉ:lə]

een bal in het gat jagen	**å støte en kule**	[ɔ 'støtə en 'kʉ:lə]
keu (de)	**kø** (m)	['kø]
gat (het)	**hull** (n)	['hʉl]

160. Spellen. Speelkaarten

ruiten (mv.)	**ruter** (m pl)	['rʉtər]
schoppen (mv.)	**spar** (m pl)	['spɑr]
klaveren (mv.)	**hjerter** (m)	['jæ:ʈər]
harten (mv.)	**kløver** (m)	['kløvər]
aas (de)	**ess** (n)	['ɛs]
koning (de)	**konge** (m)	['kʊŋə]
dame (de)	**dame** (m/f)	['dɑmə]
boer (de)	**knekt** (m)	['knɛkt]
speelkaart (de)	**kort** (n)	['kɔ:ʈ]
kaarten (mv.)	**kort** (n pl)	['kɔ:ʈ]
troef (de)	**trumf** (m)	['trʉmf]
pak (het) kaarten	**kortstokk** (m)	['kɔ:ʈˌstɔk]
punt (bijv. vijftig ~en)	**poeng** (n)	[pɔ'ɛŋ]
uitdelen (kaarten ~)	**å gi, å dele ut**	[ɔ 'ji], [ɔ 'delə ʉt]
schudden (de kaarten ~)	**å blande**	[ɔ 'blɑnə]
beurt (de)	**trekk** (n)	['trɛk]
valsspeler (de)	**falskspiller** (m)	['fɑlskˌspilər]

161. Casino. Roulette

casino (het)	**kasino** (n)	[kɑ'sinʊ]
roulette (de)	**rulett** (m)	[rʉ'let]
inzet (de)	**innsats** (m)	['inˌsɑts]
een bod doen	**å satse**	[ɔ 'sɑtsə]
rood (de)	**rød** (m)	['rø]
zwart (de)	**svart** (m)	['svɑ:ʈ]
inzetten op rood	**å satse på rød**	[ɔ 'sɑtsə pɔ 'rø]
inzetten op zwart	**å satse på svart**	[ɔ 'sɑtsə pɔ 'svɑ:ʈ]
croupier (de)	**croupier, dealer** (m)	[kru'pje], ['dilər]
de cilinder draaien	**å snurre hjulet**	[ɔ 'snʉrə 'jʉle]
spelregels (mv.)	**spilleregler** (m pl)	['spiləˌrɛglər]
fiche (pokerfiche, etc.)	**sjetong** (m)	[ʂɛ'tɔŋ]
winnen (ww)	**å vinne**	[ɔ 'vinə]
winst (de)	**gevinst** (m)	[ge'vinst]
verliezen (ww)	**å tape**	[ɔ 'tɑpə]
verlies (het)	**tap** (n)	['tɑp]
speler (de)	**spiller** (m)	['spilər]
blackjack (kaartspel)	**blackjack** (m)	['blekˌʂɛk]

dobbelspel (het)	**terningspill** (n)	['tæ:ŋiŋ,spil]
dobbelstenen (mv.)	**terninger** (m/f pl)	['tæ:ŋiŋər]
speelautomaat (de)	**spilleautomat** (m)	['spilə autu'mat]

162. Rusten. Spellen. Diversen

wandelen (on.ww.)	**å spasere**	[ɔ spa'serə]
wandeling (de)	**spasertur** (m)	[spa'sɛ:,tʉr]
trip (per auto)	**kjøretur** (m)	['çœ:rə,tʉr]
avontuur (het)	**eventyr** (n)	['ɛvən,tyr]
picknick (de)	**piknik** (m)	['piknik]
spel (het)	**spill** (n)	['spil]
speler (de)	**spiller** (m)	['spilər]
partij (de)	**parti** (n)	[pa:'ʈi]
collectioneur (de)	**samler** (m)	['samlər]
collectioneren (ww)	**å samle**	[ɔ 'samlə]
collectie (de)	**samling** (m/f)	['samliŋ]
kruiswoordraadsel (het)	**kryssord** (n)	['krʏs,u:r]
hippodroom (de)	**travbane** (m)	['trav,banə]
discotheek (de)	**diskotek** (n)	[disku'tek]
sauna (de)	**sauna** (m)	['sauna]
loterij (de)	**lotteri** (n)	[lɔte'ri]
trektocht (kampeertocht)	**campingtur** (m)	['kampiŋ,tʉr]
kamp (het)	**leir** (m)	['læjr]
tent (de)	**telt** (n)	['tɛlt]
kompas (het)	**kompass** (m/n)	[kum'pas]
rugzaktoerist (de)	**camper** (m)	['kampər]
bekijken (een film ~)	**å se på**	[ɔ 'se pɔ]
kijker (televisie~)	**TV-seer** (m)	['tɛvɛ ,se:ər]
televisie-uitzending (de)	**TV-show** (n)	['tɛvɛ ,ɕɔ:w]

163. Fotografie

fotocamera (de)	**kamera** (n)	['kamera]
foto (de)	**foto, fotografi** (n)	['fɔtɔ], ['fɔtɔgra'fi]
fotograaf (de)	**fotograf** (m)	[fɔtɔ'graf]
fotostudio (de)	**fotostudio** (n)	['fɔtɔ,stʉdiɔ]
fotoalbum (het)	**fotoalbum** (n)	['fɔtɔ,albʉm]
lens (de), objectief (het)	**objektiv** (n)	[ɔbjɛk'tiv]
telelens (de)	**teleobjektiv** (n)	['teleɔbjek'tiv]
filter (de/het)	**filter** (n)	['filtər]
lens (de)	**linse** (m/f)	['linsə]
optiek (de)	**optikk** (m)	[ɔp'tik]
diafragma (het)	**blender** (m)	['blenər]

belichtingstijd (de)	**eksponeringstid** (m/f)	[ɛkspʊ'neriŋsˌtid]
zoeker (de)	**søker** (m)	['søkər]
digitale camera (de)	**digitalkamera** (n)	[digi'tɑl ˌkɑmerɑ]
statief (het)	**stativ** (m)	[stɑ'tiv]
flits (de)	**blits** (m)	['blits]
fotograferen (ww)	**å fotografere**	[ɔ fɔtɔgrɑ'ferə]
kieken (foto's maken)	**å ta bilder**	[ɔ 'ta 'bildər]
zich laten fotograferen	**å bli fotografert**	[ɔ 'bli fɔtɔgrɑ'fɛːʈ]
focus (de)	**fokus** (n)	['fɔkʉs]
scherpstellen (ww)	**å stille skarphet**	[ɔ 'stilə 'skɑrpˌhet]
scherp (bn)	**skarp**	['skɑrp]
scherpte (de)	**skarphet** (m)	['skɑrpˌhet]
contrast (het)	**kontrast** (m)	[kʊn'trɑst]
contrastrijk (bn)	**kontrast-**	[kʊn'trɑst-]
kiekje (het)	**bilde** (n)	['bildə]
negatief (het)	**negativ** (m/n)	['negɑˌtiv]
filmpje (het)	**film** (m)	['film]
beeld (frame)	**bilde** (n)	['bildə]
afdrukken (foto's ~)	**å skrive ut**	[ɔ skrivə ʉt]

164. Strand. Zwemmen

strand (het)	**badestrand** (m/f)	['badəˌstrɑn]
zand (het)	**sand** (m)	['sɑn]
leeg (~ strand)	**øde**	['ødə]
bruine kleur (de)	**solbrenthet** (m)	['sʊlbrɛntˌhet]
zonnebaden (ww)	**å sole seg**	[ɔ 'sʊlə sæj]
gebruind (bn)	**solbrent**	['sʊlˌbrɛnt]
zonnecrème (de)	**solkrem** (m)	['sʊlˌkrɛm]
bikini (de)	**bikini** (m)	[bi'kini]
badpak (het)	**badedrakt** (m/f)	['badəˌdrɑkt]
zwembroek (de)	**badebukser** (m/f)	['badəˌbʉksər]
zwembad (het)	**svømmebasseng** (n)	['svœməˌbɑ'sɛŋ]
zwemmen (ww)	**å svømme**	[ɔ 'svœmə]
douche (de)	**dusj** (m)	['dʉʂ]
zich omkleden (ww)	**å kle seg om**	[ɔ 'kle sæj ˌɔm]
handdoek (de)	**håndkle** (n)	['hɔnˌkle]
boot (de)	**båt** (m)	['bɔt]
motorboot (de)	**motorbåt** (m)	['mɔtʊrˌbot]
waterski's (mv.)	**vannski** (m pl)	['vɑnˌʂi]
waterfiets (de)	**pedalbåt** (m)	['pe'dɑlˌbɔt]
surfen (het)	**surfing** (m/f)	['sørfiŋ]
surfer (de)	**surfer** (m)	['sørfər]
scuba, aqualong (de)	**scuba** (n)	['skʉbɑ]

zwemvliezen (mv.)	**svømmeføtter** (m pl)	['svœmə,fœtər]
duikmasker (het)	**maske** (m/f)	['maskə]
duiker (de)	**dykker** (m)	['dʏkər]
duiken (ww)	**å dykke**	[ɔ 'dʏkə]
onder water (bw)	**under vannet**	['ʉnər 'vanə]
parasol (de)	**parasoll** (m)	[para'sɔl]
ligstoel (de)	**liggestol** (m)	['ligə,stʊl]
zonnebril (de)	**solbriller** (m pl)	['sʊl,brilər]
luchtmatras (de/het)	**luftmadrass** (m)	['lʉftma,dras]
spelen (ww)	**å leke**	[ɔ 'lekə]
gaan zwemmen (ww)	**å bade**	[ɔ 'badə]
bal (de)	**ball** (m)	['bal]
opblazen (oppompen)	**å blåse opp**	[ɔ 'blɔ:sə ɔp]
lucht-, opblaasbare (bn)	**luft-, oppblåsbar**	['lʉft-], [ɔp'blɔ:sbar]
golf (hoge ~)	**bølge** (m)	['bølgə]
boei (de)	**bøye** (m)	['bøjə]
verdrinken (ww)	**å drukne**	[ɔ 'drʉknə]
redden (ww)	**å redde**	[ɔ 'rɛdə]
reddingsvest (de)	**redningsvest** (m)	['rɛdniŋs,vɛst]
waarnemen (ww)	**å observere**	[ɔ ɔbsɛr'verə]
redder (de)	**badevakt** (m/f)	['badə,vakt]

TECHNISCHE APPARATUUR. VERVOER

Technische apparatuur

165. Computer

computer (de)	**datamaskin** (m)	['data ma,ʂin]
laptop (de)	**bærbar, laptop** (m)	['bær,bar], ['laptɔp]
aanzetten (ww)	**å slå på**	[ɔ 'ʂlɔ pɔ]
uitzetten (ww)	**å slå av**	[ɔ 'ʂlɔ ɑ:]
toetsenbord (het)	**tastatur** (n)	[tasta'tʉr]
toets (enter~)	**tast** (m)	['tast]
muis (de)	**mus** (m/f)	['mʉs]
muismat (de)	**musematte** (m/f)	['mʉsə,matə]
knopje (het)	**knapp** (m)	['knap]
cursor (de)	**markør** (m)	[mar'kør]
monitor (de)	**monitor** (m)	['mɔnitɔr]
scherm (het)	**skjerm** (m)	['ʂærm]
harde schijf (de)	**harddisk** (m)	['har,disk]
volume (het) van de harde schijf	**harddiskkapasitet** (m)	['har,disk kapasi'tet]
geheugen (het)	**minne** (n)	['minə]
RAM-geheugen (het)	**hovedminne** (n)	['hɔvəd,minə]
bestand (het)	**fil** (m)	['fil]
folder (de)	**mappe** (m/f)	['mapə]
openen (ww)	**å åpne**	[ɔ 'ɔpnə]
sluiten (ww)	**å lukke**	[ɔ 'lʉkə]
opslaan (ww)	**å lagre**	[ɔ 'lagrə]
verwijderen (wissen)	**å slette, å fjerne**	[ɔ 'ʂletə], [ɔ 'fjæ:ɳə]
kopiëren (ww)	**å kopiere**	[ɔ kʊ'pjerə]
sorteren (ww)	**å sortere**	[ɔ sɔ:'ʈerə]
overplaatsen (ww)	**å overføre**	[ɔ 'ɔvər,førə]
programma (het)	**program** (n)	[prʊ'gram]
software (de)	**programvare** (m/f)	[prʊ'gram,varə]
programmeur (de)	**programmerer** (m)	[prʊgra'merər]
programmeren (ww)	**å programmere**	[ɔ prʊgra'merə]
hacker (computerkraker)	**hacker** (m)	['hakər]
wachtwoord (het)	**passord** (n)	['pas,u:r]
virus (het)	**virus** (m)	['virʉs]
ontdekken (virus ~)	**å oppdage**	[ɔ 'ɔp,dagə]

byte (de)	**byte** (m)	['bɑjt]
megabyte (de)	**megabyte** (m)	['megɑˌbɑjt]
data (de)	**data** (m pl)	['dɑtɑ]
databank (de)	**database** (m)	['dɑtɑˌbɑsə]
kabel (USB-~, enz.)	**kabel** (m)	['kɑbəl]
afsluiten (ww)	**å koble fra**	[ɔ 'kɔblə frɑ]
aansluiten op (ww)	**å koble**	[ɔ 'kɔblə]

166. Internet. E-mail

internet (het)	**Internett**	['intəˌɳɛt]
browser (de)	**nettleser** (m)	['nɛtˌlesər]
zoekmachine (de)	**søkemotor** (m)	['søkəˌmɔtʊr]
internetprovider (de)	**leverandør** (m)	[levərɑn'dør]
webmaster (de)	**webmaster** (m)	['vɛbˌmɑstər]
website (de)	**webside, hjemmeside** (m/f)	['vɛbˌsidə], ['jɛməˌsidə]
webpagina (de)	**nettside** (m)	['nɛtˌsidə]
adres (het)	**adresse** (m)	[ɑ'drɛsə]
adresboek (het)	**adressebok** (f)	[ɑ'drɛsəˌbʊk]
postvak (het)	**postkasse** (m/f)	['pɔstˌkɑsə]
post (de)	**post** (m)	['pɔst]
vol (~ postvak)	**full**	['fʉl]
bericht (het)	**melding** (m/f)	['mɛliŋ]
binnenkomende berichten (mv.)	**innkommende meldinger**	['inˌkɔmenə 'mɛliŋər]
uitgaande berichten (mv.)	**utgående meldinger**	['ʉtˌgɔənə 'mɛliŋər]
verzender (de)	**avsender** (m)	['ɑfˌsɛnər]
verzenden (ww)	**å sende**	[ɔ 'sɛnə]
verzending (de)	**avsending** (m)	['ɑfˌsɛniŋ]
ontvanger (de)	**mottaker** (m)	['mɔtˌtɑkər]
ontvangen (ww)	**å motta**	[ɔ 'mɔtɑ]
correspondentie (de)	**korrespondanse** (m)	[kʊrespɔn'dɑnsə]
corresponderen (met ...)	**å brevveksle**	[ɔ 'bʁɛvˌvɛkslə]
bestand (het)	**fil** (m)	['fil]
downloaden (ww)	**å laste ned**	[ɔ 'lɑstə 'ne]
creëren (ww)	**å opprette**	[ɔ 'ɔpˌrɛtə]
verwijderen (een bestand ~)	**å slette, å fjerne**	[ɔ 'ʂletə], [ɔ 'fjæ:ɳə]
verwijderd (bn)	**slettet**	['ʂletət]
verbinding (de)	**forbindelse** (m)	[fɔr'binəlsə]
snelheid (de)	**hastighet** (m/f)	['hɑstiˌhet]
modem (de)	**modem** (n)	['mʊ'dɛm]
toegang (de)	**tilgang** (m)	['tilˌgɑŋ]
poort (de)	**port** (m)	['pɔ:ʈ]
aansluiting (de)	**tilkobling** (m/f)	['tilˌkɔbliŋ]

zich aansluiten (ww)	**å koble**	[ɔ 'kɔblə]
selecteren (ww)	**å velge**	[ɔ 'vɛlgə]
zoeken (ww)	**å søke etter ...**	[ɔ 'søkə ˌɛtər ...]

167. Elektriciteit

elektriciteit (de)	**elektrisitet** (m)	[ɛlektrisi'tet]
elektrisch (bn)	**elektrisk**	[ɛ'lektrisk]
elektriciteitscentrale (de)	**kraftverk** (n)	['kraftˌværk]
energie (de)	**energi** (m)	[ɛnær'gi]
elektrisch vermogen (het)	**elkraft** (m/f)	['ɛlˌkraft]
lamp (de)	**lyspære** (m/f)	['lysˌpærə]
zaklamp (de)	**lommelykt** (m/f)	['lʊməˌlʏkt]
straatlantaarn (de)	**gatelykt** (m/f)	['gatəˌlʏkt]
licht (elektriciteit)	**lys** (n)	['lys]
aandoen (ww)	**å slå på**	[ɔ 'ʂlɔ pɔ]
uitdoen (ww)	**å slå av**	[ɔ 'ʂlɔ a:]
het licht uitdoen	**å slokke lyset**	[ɔ 'ʂløkə 'lysə]
doorbranden (gloeilamp)	**å brenne ut**	[ɔ 'brɛnə ʉt]
kortsluiting (de)	**kortslutning** (m)	['kʊ:ʈˌslʉtniŋ]
onderbreking (de)	**kabelbrudd** (n)	['kabəlˌbrʉd]
contact (het)	**kontakt** (m)	[kʊn'takt]
schakelaar (de)	**strømbryter** (m)	['strømˌbrytər]
stopcontact (het)	**stikkontakt** (m)	['stik kʊnˌtakt]
stekker (de)	**støpsel** (n)	['støpsəl]
verlengsnoer (de)	**skjøteledning** (m)	['ʂøtəˌledniŋ]
zekering (de)	**sikring** (m)	['sikriŋ]
kabel (de)	**ledning** (m)	['ledniŋ]
bedrading (de)	**ledningsnett** (n)	['ledniŋsˌnɛt]
ampère (de)	**ampere** (m)	[am'pɛr]
stroomsterkte (de)	**strømstyrke** (m)	['strømˌstyrkə]
volt (de)	**volt** (m)	['vɔlt]
spanning (de)	**spenning** (m/f)	['spɛniŋ]
elektrisch toestel (het)	**elektrisk apparat** (n)	[ɛ'lektrisk apa'rat]
indicator (de)	**indikator** (m)	[indi'katʊr]
elektricien (de)	**elektriker** (m)	[ɛ'lektrikər]
solderen (ww)	**å lodde**	[ɔ 'lɔdə]
soldeerbout (de)	**loddebolt** (m)	['lɔdəˌbɔlt]
stroom (de)	**strøm** (m)	['strøm]

168. Gereedschappen

werktuig (stuk gereedschap)	**verktøy** (n)	['værkˌtøj]
gereedschap (het)	**verktøy** (n pl)	['værkˌtøj]

uitrusting (de)	**utstyr** (n)	['ʉtˌstyr]
hamer (de)	**hammer** (m)	['hɑmər]
schroevendraaier (de)	**skrutrekker** (m)	['skrʉˌtrɛkər]
bijl (de)	**øks** (m/f)	['øks]
zaag (de)	**sag** (m/f)	['sɑg]
zagen (ww)	**å sage**	[ɔ 'sɑgə]
schaaf (de)	**høvel** (m)	['høvəl]
schaven (ww)	**å høvle**	[ɔ 'høvlə]
soldeerbout (de)	**loddebolt** (m)	['lɔdəˌbɔlt]
solderen (ww)	**å lodde**	[ɔ 'lɔdə]
vijl (de)	**fil** (m/f)	['fil]
nijptang (de)	**knipetang** (m/f)	['knipəˌtɑŋ]
combinatietang (de)	**flattang** (m/f)	['flɑtˌtɑŋ]
beitel (de)	**hoggjern, huggjern** (n)	['hʊgˌjæ:ŋ]
boorkop (de)	**bor** (m/n)	['bʊr]
boormachine (de)	**boremaskin** (m)	['bɔre mɑˌʂin]
boren (ww)	**å bore**	[ɔ 'bɔrə]
mes (het)	**kniv** (m)	['kniv]
zakmes (het)	**lommekniv** (m)	['lʊməˌkniv]
knip- (abn)	**folde-**	['fɔlə-]
lemmet (het)	**blad** (n)	['blɑ]
scherp (bijv. ~ mes)	**skarp**	['skɑrp]
bot (bn)	**sløv**	['sløv]
bot raken (ww)	**å bli sløv**	[ɔ 'bli 'sløv]
slijpen (een mes ~)	**å skjerpe, å slipe**	[ɔ 'ʂɛrpə], [ɔ 'ʂlipə]
bout (de)	**bolt** (m)	['bɔlt]
moer (de)	**mutter** (m)	['mʉtər]
schroefdraad (de)	**gjenge** (n)	['jɛŋə]
houtschroef (de)	**skrue** (m)	['skrʉə]
nagel (de)	**spiker** (m)	['spikər]
kop (de)	**spikerhode** (n)	['spikərˌhʊdə]
liniaal (de/het)	**linjal** (m)	[li'njɑl]
rolmeter (de)	**målebånd** (n)	['mo:ləˌbɔn]
waterpas (de/het)	**vater, vaterpass** (n)	['vɑtər], ['vɑtərˌpɑs]
loep (de)	**lupe** (m/f)	['lʉpə]
meetinstrument (het)	**måleinstrument** (n)	['mo:lə instrʉ'mɛnt]
opmeten (ww)	**å måle**	[ɔ 'mo:lə]
schaal (meetschaal)	**skala** (m)	['skɑlɑ]
gegevens (mv.)	**avlesninger** (m/f pl)	['ɑvˌlesniŋər]
compressor (de)	**kompressor** (m)	[kʊm'presʊr]
microscoop (de)	**mikroskop** (n)	[mikrʊ'skʊp]
pomp (de)	**pumpe** (m/f)	['pʉmpə]
robot (de)	**robot** (m)	['rɔbɔt]
laser (de)	**laser** (m)	['lɑsər]
moersleutel (de)	**skrunøkkel** (m)	['skrʉˌnøkəl]

plakband (de)	**pakketeip** (m)	['pakə,tɛjp]
lijm (de)	**lim** (n)	['lim]
schuurpapier (het)	**sandpapir** (n)	['sanpa,pir]
veer (de)	**fjær** (m/f)	['fjær]
magneet (de)	**magnet** (m)	[maŋ'net]
handschoenen (mv.)	**hansker** (m pl)	['hanskər]
touw (bijv. henneptouw)	**reip, rep** (n)	['ræjp], ['rɛp]
snoer (het)	**snor** (m/f)	['snʊr]
draad (de)	**ledning** (m)	['ledniŋ]
kabel (de)	**kabel** (m)	['kabəl]
moker (de)	**slegge** (m/f)	['ʂlegə]
breekijzer (het)	**spett, jernspett** (n)	['spɛt], ['jæ:ɳ,spɛt]
ladder (de)	**stige** (m)	['sti:ə]
trapje (inklapbaar ~)	**trappstige** (m/f)	['trap,sti:ə]
aanschroeven (ww)	**å skru fast**	[ɔ 'skrʉ 'fast]
losschroeven (ww)	**å skru løs**	[ɔ 'skrʉ ,løs]
dichtpersen (ww)	**å klemme**	[ɔ 'klemə]
vastlijmen (ww)	**å klistre, å lime**	[ɔ 'klistrə], [ɔ 'limə]
snijden (ww)	**å skjære**	[ɔ 'ʂæ:rə]
defect (het)	**funksjonsfeil** (m)	['fʉnkʂɔns,fæjl]
reparatie (de)	**reparasjon** (m)	[repara'ʂʊn]
repareren (ww)	**å reparere**	[ɔ repa'rerə]
regelen (een machine ~)	**å justere**	[ɔ jʉ'sterə]
nakijken (ww)	**å sjekke**	[ɔ 'ʂɛkə]
controle (de)	**kontroll** (m)	[kʊn'trɔl]
gegevens (mv.)	**avlesninger** (m/f pl)	['av,lesniŋər]
degelijk (bijv. ~ machine)	**pålitelig**	[pɔ'liteli]
ingewikkeld (bn)	**komplisert**	[kʊmpli'sɛ:ʈ]
roesten (ww)	**å ruste**	[ɔ 'rʉstə]
roestig (bn)	**rusten, rustet**	['rʉstən], ['rʉstət]
roest (de/het)	**rust** (m/f)	['rʉst]

Vervoer

169. Vliegtuig

vliegtuig (het)	**fly** (n)	['fly]
vliegticket (het)	**flybillett** (m)	['fly bi'let]
luchtvaartmaatschappij (de)	**flyselskap** (n)	['flysəl,skap]
luchthaven (de)	**flyplass** (m)	['fly,plas]
supersonisch (bn)	**overlyds-**	['ɔve,lyds-]
gezagvoerder (de)	**kaptein** (m)	[kap'tæjn]
bemanning (de)	**besetning** (m/f)	[be'sɛtniŋ]
piloot (de)	**pilot** (m)	[pi'lɔt]
stewardess (de)	**flyvertinne** (m/f)	[flyvɛ:'ʈinə]
stuurman (de)	**styrmann** (m)	['styr,man]
vleugels (mv.)	**vinger** (m pl)	['viŋər]
staart (de)	**hale** (m)	['halə]
cabine (de)	**cockpit, førerkabin** (m)	['kɔkpit], ['førərka,bin]
motor (de)	**motor** (m)	['mɔtʊr]
landingsgestel (het)	**landingshjul** (n)	['laniŋs,jʉl]
turbine (de)	**turbin** (m)	[tʉr'bin]
propeller (de)	**propell** (m)	[prʊ'pɛl]
zwarte doos (de)	**svart boks** (m)	['sva:ʈ bɔks]
stuur (het)	**ratt** (n)	['rat]
brandstof (de)	**brensel** (n)	['brɛnsəl]
veiligheidskaart (de)	**sikkerhetsbrosjyre** (m)	['sikərhɛts,brɔ'ʂyrə]
zuurstofmasker (het)	**oksygenmaske** (m/f)	['ɔksygən,maskə]
uniform (het)	**uniform** (m)	[ʉni'fɔrm]
reddingsvest (de)	**redningsvest** (m)	['rɛdniŋs,vɛst]
parachute (de)	**fallskjerm** (m)	['fal,ʂærm]
opstijgen (het)	**start** (m)	['sta:ʈ]
opstijgen (ww)	**å løfte**	[ɔ 'lœftə]
startbaan (de)	**startbane** (m)	['sta:ʈ,banə]
zicht (het)	**siktbarhet** (m)	['siktbar,het]
vlucht (de)	**flyging** (m/f)	['flygiŋ]
hoogte (de)	**høyde** (m)	['højdə]
luchtzak (de)	**lufthull** (n)	['lʉft,hʉl]
plaats (de)	**plass** (m)	['plas]
koptelefoon (de)	**hodetelefoner** (n pl)	['hɔdətelə,fʊnər]
tafeltje (het)	**klappbord** (n)	['klap,bʊr]
venster (het)	**vindu** (n)	['vindʉ]
gangpad (het)	**midtgang** (m)	['mit,gaŋ]

170. Trein

trein (de)	**tog** (n)	['tɔg]
elektrische trein (de)	**lokaltog** (n)	[lɔ'kɑlˌtɔg]
sneltrein (de)	**ekspresstog** (n)	[ɛks'prɛsˌtɔg]
diesellocomotief (de)	**diesellokomotiv** (n)	['disəl lʊkɔmɔ'tiv]
locomotief (de)	**damplokomotiv** (n)	['dɑmp lʊkɔmɔ'tiv]
rijtuig (het)	**vogn** (m)	['vɔŋn]
restauratierijtuig (het)	**restaurantvogn** (m/f)	[rɛstʊ'rɑŋˌvɔŋn]
rails (mv.)	**skinner** (m/f pl)	['ʂinər]
spoorweg (de)	**jernbane** (m)	['jæ:ɳˌbɑnə]
dwarsligger (de)	**sville** (m/f)	['svilə]
perron (het)	**perrong, plattform** (m/f)	[pɛ'rɔŋ], ['plɑtfɔrm]
spoor (het)	**spor** (n)	['spʊr]
semafoor (de)	**semafor** (m)	[semɑ'fʊr]
halte (bijv. kleine treinhalte)	**stasjon** (m)	[stɑ'ʂʊn]
machinist (de)	**lokfører** (m)	['lʊkˌførər]
kruier (de)	**bærer** (m)	['bærər]
conducteur (de)	**betjent** (m)	['be'tjɛnt]
passagier (de)	**passasjer** (m)	[pɑsɑ'ʂɛr]
controleur (de)	**billett inspektør** (m)	[bi'let inspɛk'tør]
gang (in een trein)	**korridor** (m)	[kʊri'dɔr]
noodrem (de)	**nødbrems** (m)	['nødˌbrɛms]
coupé (de)	**kupé** (m)	[kʉ'pe]
bed (slaapplaats)	**køye** (m/f)	['køjə]
bovenste bed (het)	**overkøye** (m/f)	['ɔvərˌkøjə]
onderste bed (het)	**underkøye** (m/f)	['ʉnərˌkøjə]
beddengoed (het)	**sengetøy** (n)	['sɛŋəˌtøj]
kaartje (het)	**billett** (m)	[bi'let]
dienstregeling (de)	**rutetabell** (m)	['rʉtəˌtɑ'bɛl]
informatiebord (het)	**informasjonstavle** (m/f)	[infɔrmɑ'ʂʊns ˌtɑvlə]
vertrekken (De trein vertrekt ...)	**å avgå**	[ɔ 'ɑvgɔ]
vertrek (ov. een trein)	**avgang** (m)	['ɑvˌgɑŋ]
aankomen (ov. de treinen)	**å ankomme**	[ɔ 'ɑnˌkɔmə]
aankomst (de)	**ankomst** (m)	['ɑnˌkɔmst]
aankomen per trein	**å ankomme med toget**	[ɔ 'ɑnˌkɔmə me 'tɔge]
in de trein stappen	**å gå på toget**	[ɔ 'gɔ pɔ 'tɔge]
uit de trein stappen	**å gå av toget**	[ɔ 'gɔ ɑ: 'tɔge]
treinwrak (het)	**togulykke** (m/n)	['tɔg ʉ'lʏkə]
ontspoord zijn	**å spore av**	[ɔ 'spʊrə ɑ:]
locomotief (de)	**damplokomotiv** (n)	['dɑmp lʊkɔmɔ'tiv]
stoker (de)	**fyrbøter** (m)	['fyrˌbøtər]
stookplaats (de)	**fyrrom** (n)	['fyrˌrʊm]
steenkool (de)	**kull** (n)	['kʉl]

171. Schip

schip (het)	**skip** (n)	['ʂip]
vaartuig (het)	**fartøy** (n)	['fɑ:ˌtøj]
stoomboot (de)	**dampskip** (n)	['dɑmpˌʂip]
motorschip (het)	**elvebåt** (m)	['ɛlvəˌbɔt]
lijnschip (het)	**cruiseskip** (n)	['krʉsˌʂip]
kruiser (de)	**krysser** (m)	['krʏsər]
jacht (het)	**jakt** (m/f)	['jakt]
sleepboot (de)	**bukserbåt** (m)	[bʉk'serˌbɔt]
duwbak (de)	**lastepram** (m)	['lɑstəˌprɑm]
ferryboot (de)	**ferje, ferge** (m/f)	['færjə], ['færgə]
zeilboot (de)	**seilbåt** (n)	['sæjlˌbɔt]
brigantijn (de)	**brigantin** (m)	[brigɑn'tin]
IJsbreker (de)	**isbryter** (m)	['isˌbrytər]
duikboot (de)	**ubåt** (m)	['ʉ:ˌbɔt]
boot (de)	**båt** (m)	['bɔt]
sloep (de)	**jolle** (m/f)	['jɔlə]
reddingssloep (de)	**livbåt** (m)	['livˌbɔt]
motorboot (de)	**motorbåt** (m)	['mɔtʊrˌbot]
kapitein (de)	**kaptein** (m)	[kɑp'tæjn]
zeeman (de)	**matros** (m)	[mɑ'trʊs]
matroos (de)	**sjømann** (m)	['ʂøˌmɑn]
bemanning (de)	**besetning** (m/f)	[be'sɛtniŋ]
bootsman (de)	**båtsmann** (m)	['bɔsˌmɑn]
scheepsjongen (de)	**skipsgutt, jungmann** (m)	['ʂipsˌgʉt], ['jʉŋˌmɑn]
kok (de)	**kokk** (m)	['kʊk]
scheepsarts (de)	**skipslege** (m)	['ʂipsˌlegə]
dek (het)	**dekk** (n)	['dɛk]
mast (de)	**mast** (m/f)	['mɑst]
zeil (het)	**seil** (n)	['sæjl]
ruim (het)	**lasterom** (n)	['lɑstəˌrʊm]
voorsteven (de)	**baug** (m)	['bæu]
achtersteven (de)	**akterende** (m)	['ɑktəˌrɛnə]
roeispaan (de)	**åre** (m)	['o:rə]
schroef (de)	**propell** (m)	[prʊ'pɛl]
kajuit (de)	**hytte** (m)	['hʏte]
officierskamer (de)	**offisersmesse** (m/f)	[ɔfi'sɛrsˌmɛsə]
machinekamer (de)	**maskinrom** (n)	[mɑ'ʂinˌrʊm]
brug (de)	**kommandobro** (m/f)	[kɔ'mɑndʊˌbrʊ]
radiokamer (de)	**radiorom** (m)	['rɑdiʊˌrʊm]
radiogolf (de)	**bølge** (m)	['bølgə]
logboek (het)	**loggbok** (m/f)	['lɔgˌbʊk]
verrekijker (de)	**langkikkert** (m)	['lɑŋˌkike:ʈ]
klok (de)	**klokke** (m/f)	['klɔkə]

vlag (de)	**flagg** (n)	['flag]
kabel (de)	**trosse** (m/f)	['trʊsə]
knoop (de)	**knute** (m)	['knʉtə]
trapleuning (de)	**rekkverk** (n)	['rɛkˌværk]
trap (de)	**landgang** (m)	['lanˌgaŋ]
anker (het)	**anker** (n)	['ankər]
het anker lichten	**å lette anker**	[ɔ 'letə 'ankər]
het anker neerlaten	**å kaste anker**	[ɔ 'kastə 'ankər]
ankerketting (de)	**ankerkjetting** (m)	['ankərˌçɛtiŋ]
haven (bijv. containerhaven)	**havn** (m/f)	['havn]
kaai (de)	**kai** (m/f)	['kaj]
aanleggen (ww)	**å fortøye**	[ɔ fɔː'ʈøjə]
wegvaren (ww)	**å kaste loss**	[ɔ 'kastə lɔs]
reis (de)	**reise** (m/f)	['ræjsə]
cruise (de)	**cruise** (n)	['krʉs]
koers (de)	**kurs** (m)	['kʉʂ]
route (de)	**rute** (m/f)	['rʉtə]
vaarwater (het)	**seilrende** (m)	['sæjlˌrɛnə]
zandbank (de)	**grunne** (m/f)	['grʉnə]
stranden (ww)	**å gå på grunn**	[ɔ 'gɔ pɔ 'grʉn]
storm (de)	**storm** (m)	['stɔrm]
signaal (het)	**signal** (n)	[siŋ'nal]
zinken (ov. een boot)	**å synke**	[ɔ 'sʏnkə]
Man overboord!	**Mann over bord!**	['man ˌɔvər 'bʊr]
SOS (noodsignaal)	**SOS** (n)	[ɛsʊ'ɛs]
reddingsboei (de)	**livbøye** (m/f)	['livˌbøjə]

172. Vliegveld

luchthaven (de)	**flyplass** (m)	['flyˌplas]
vliegtuig (het)	**fly** (n)	['fly]
luchtvaartmaatschappij (de)	**flyselskap** (n)	['flysəlˌskap]
luchtverkeersleider (de)	**flygeleder** (m)	['flygəˌledər]
vertrek (het)	**avgang** (m)	['avˌgaŋ]
aankomst (de)	**ankomst** (m)	['anˌkɔmst]
aankomen (per vliegtuig)	**å ankomme**	[ɔ 'anˌkɔmə]
vertrektijd (de)	**avgangstid** (m/f)	['avgaŋsˌtid]
aankomstuur (het)	**ankomsttid** (m/f)	[an'kɔmsˌtid]
vertraagd zijn (ww)	**å bli forsinket**	[ɔ 'bli fɔ'ʂinkət]
vluchtvertraging (de)	**avgangsforsinkelse** (m)	['avgaŋs fɔ'ʂinkəlsə]
informatiebord (het)	**informasjonstavle** (m/f)	[infɔrma'ʂʊns ˌtavlə]
informatie (de)	**informasjon** (m)	[infɔrma'ʂʊn]
aankondigen (ww)	**å meddele**	[ɔ 'mɛdˌdelə]
vlucht (bijv. KLM ~)	**fly** (n)	['fly]

douane (de)	**toll** (m)	['tɔl]
douanier (de)	**tollbetjent** (m)	['tɔlbeˌtjɛnt]
douaneaangifte (de)	**tolldeklarasjon** (m)	['tɔldɛklarɑ'ʂʊn]
invullen (douaneaangifte ~)	**å utfylle**	[ɔ 'ʉtˌfʏlə]
een douaneaangifte invullen	**å utfylle en tolldeklarasjon**	[ɔ 'ʉtˌfʏlə en 'tɔldɛklarɑˌʂʊn]
paspoortcontrole (de)	**passkontroll** (m)	['paskʊnˌtrɔl]
bagage (de)	**bagasje** (m)	[bɑ'gɑʂə]
handbagage (de)	**håndbagasje** (m)	['hɔnˌbɑ'gɑʂə]
bagagekarretje (het)	**bagasjetralle** (m/f)	[bɑ'gɑʂəˌtralə]
landing (de)	**landing** (m)	['laniŋ]
landingsbaan (de)	**landingsbane** (m)	['laniŋsˌbanə]
landen (ww)	**å lande**	[ɔ 'lanə]
vliegtuigtrap (de)	**trapp** (m/f)	['trap]
inchecken (het)	**innsjekking** (m/f)	['inˌʂɛkiŋ]
incheckbalie (de)	**innsjekkingsskranke** (m)	['inˌʂɛkiŋs ˌskrankə]
inchecken (ww)	**å sjekke inn**	[ɔ 'ʂɛkə in]
instapkaart (de)	**boardingkort** (n)	['bɔːɖiŋˌkɔːʈ]
gate (de)	**gate** (m/f)	['gejt]
transit (de)	**transitt** (m)	[tran'sit]
wachten (ww)	**å vente**	[ɔ 'vɛntə]
wachtzaal (de)	**ventehall** (m)	['vɛntəˌhal]
begeleiden (uitwuiven)	**å ta avskjed**	[ɔ 'ta 'afˌʂɛd]
afscheid nemen (ww)	**å si farvel**	[ɔ 'si far'vɛl]

173. Fiets. Motorfiets

fiets (de)	**sykkel** (m)	['sʏkəl]
bromfiets (de)	**skooter** (m)	['skutər]
motorfiets (de)	**motorsykkel** (m)	['mɔtʊrˌsʏkəl]
met de fiets rijden	**å sykle**	[ɔ 'sʏklə]
stuur (het)	**styre** (n)	['styrə]
pedaal (de/het)	**pedal** (m)	[pe'dal]
remmen (mv.)	**bremser** (m pl)	['brɛmsər]
fietszadel (de/het)	**sete** (n)	['setə]
pomp (de)	**pumpe** (m/f)	['pʉmpə]
bagagedrager (de)	**bagasjebrett** (n)	[bɑ'gɑʂəˌbrɛt]
fietslicht (het)	**lykt** (m/f)	['lʏkt]
helm (de)	**hjelm** (m)	['jɛlm]
wiel (het)	**hjul** (n)	['jʉl]
spatbord (het)	**skjerm** (m)	['ʂærm]
velg (de)	**felg** (m)	['fɛlg]
spaak (de)	**eik** (m/f)	['æjk]

Auto's

174. Soorten auto's

auto (de)	**bil** (m)	['bil]
sportauto (de)	**sportsbil** (m)	['spɔ:ʈsˌbil]
limousine (de)	**limousin** (m)	[limʉ'sin]
terreinwagen (de)	**terrengbil** (m)	[tɛ'rɛŋˌbil]
cabriolet (de)	**kabriolet** (m)	[kabriʊ'le]
minibus (de)	**minibuss** (m)	['miniˌbʉs]
ambulance (de)	**ambulanse** (m)	[ambʉ'lansə]
sneeuwruimer (de)	**snøplog** (m)	['snøˌplɔg]
vrachtwagen (de)	**lastebil** (m)	['lastəˌbil]
tankwagen (de)	**tankbil** (m)	['tankˌbil]
bestelwagen (de)	**skapbil** (m)	['skapˌbil]
trekker (de)	**trekkvogn** (m/f)	['trɛkˌvɔŋn]
aanhangwagen (de)	**tilhenger** (m)	['tilˌhɛŋər]
comfortabel (bn)	**komfortabel**	[kʊmfɔ:'ʈabəl]
tweedehands (bn)	**brukt**	['brʉkt]

175. Auto's. Carrosserie

motorkap (de)	**panser** (n)	['pansər]
spatbord (het)	**skjerm** (m)	['ʂærm]
dak (het)	**tak** (n)	['tak]
voorruit (de)	**frontrute** (m/f)	['frɔntˌrʉtə]
achterruit (de)	**bakspeil** (n)	['bakˌspæjl]
ruitensproeier (de)	**vindusspyler** (m)	['vindʉsˌspylər]
wisserbladen (mv.)	**viskerblader** (n pl)	['viskəblaər]
zijruit (de)	**siderute** (m/f)	['sidəˌrʉtə]
raamlift (de)	**vindusheis** (m)	['vindʉsˌhæjs]
antenne (de)	**antenne** (m)	[an'tɛnə]
zonnedak (het)	**takluke** (m/f), **soltak** (n)	['takˌlʉkə], ['sʊlˌtak]
bumper (de)	**støtfanger** (m)	['støtˌfaŋər]
koffer (de)	**bagasjerom** (n)	[ba'gaʂəˌrʊm]
imperiaal (de/het)	**takgrind** (m/f)	['takˌgrin]
portier (het)	**dør** (m/f)	['dœr]
handvat (het)	**dørhåndtak** (n)	['dœrˌhɔntak]
slot (het)	**dørlås** (m/n)	['dœrˌlɔs]
nummerplaat (de)	**nummerskilt** (n)	['nʉmərˌʂilt]
knalpot (de)	**lyddemper** (m)	['lydˌdɛmpər]

benzinetank (de)	**bensintank** (m)	[bɛn'sin,tank]
uitlaatpijp (de)	**eksosrør** (n)	['ɛksʊs,rør]
gas (het)	**gass** (m)	['gɑs]
pedaal (de/het)	**pedal** (m)	[pe'dɑl]
gaspedaal (de/het)	**gasspedal** (m)	['gɑs pe'dɑl]
rem (de)	**brems** (m)	['brɛms]
rempedaal (de/het)	**bremsepedal** (m)	['brɛmsə pe'dɑl]
remmen (ww)	**å bremse**	[ɔ 'brɛmsə]
handrem (de)	**håndbrekk** (n)	['hɔn,brɛk]
koppeling (de)	**kopling** (m)	['kɔpliŋ]
koppelingspedaal (de/het)	**koplingspedal** (m)	['kɔpliŋs pe'dɑl]
koppelingsschijf (de)	**koplingsskive** (m/f)	['kɔpliŋs,ʂivə]
schokdemper (de)	**støtdemper** (m)	['støt,dɛmpər]
wiel (het)	**hjul** (n)	['jʉl]
reservewiel (het)	**reservehjul** (n)	[re'sɛrvə,jʉl]
band (de)	**dekk** (n)	['dɛk]
wieldop (de)	**hjulkapsel** (m)	['jʉl,kapsəl]
aandrijfwielen (mv.)	**drivhjul** (n pl)	['driv,jʉl]
met voorwielaandrijving	**forhjulsdrevet**	['fɔrjʉls,drevət]
met achterwielaandrijving	**bakhjulsdrevet**	['bɑkjʉls,drevət]
met vierwielaandrijving	**firehjulsdrevet**	['firəjʉls,drevət]
versnellingsbak (de)	**girkasse** (m/f)	['gir,kasə]
automatisch (bn)	**automatisk**	[aʊtʊ'mɑtisk]
mechanisch (bn)	**mekanisk**	[me'kɑnisk]
versnellingspook (de)	**girspak** (m)	['gi,ʂpɑk]
voorlicht (het)	**lyskaster** (m)	['lys,kastər]
voorlichten (mv.)	**lyskastere** (m pl)	['lys,kastərə]
dimlicht (het)	**nærlys** (n)	['nær,lys]
grootlicht (het)	**fjernlys** (n)	['fjæ:ɳ,lys]
stoplicht (het)	**stopplys, bremselys** (n)	['stɔp,lys], ['brɛmsə,lys]
standlichten (mv.)	**parkeringslys** (n)	[pɑr'keriŋs,lys]
noodverlichting (de)	**varselblinklys** (n)	['vɑʂəl,blink lys]
mistlichten (mv.)	**tåkelys** (n)	['to:kə,lys]
pinker (de)	**blinklys** (n)	['blink,lys]
achteruitrijdlicht (het)	**baklys** (n)	['bɑk,lys]

176. Auto's. Passagiersruimte

interieur (het)	**interiør** (n), **innredning** (m/f)	[inter'jør], ['in,rɛdniŋ]
leren (van leer gemaakt)	**lær-**	['lær-]
fluwelen (abn)	**velur**	[ve'lʉr]
bekleding (de)	**trekk** (n)	['trɛk]
toestel (het)	**instrument** (n)	[instrʉ'mɛnt]
instrumentenbord (het)	**dashbord** (n)	['dɑʂbɔ:d]

snelheidsmeter (de)	**speedometer** (n)	[spidʊ'metər]
pijltje (het)	**viser** (m)	['visər]
kilometerteller (de)	**kilometerteller** (m)	[çilu'metərˌtɛlər]
sensor (de)	**indikator** (m)	[indi'kɑtʊr]
niveau (het)	**nivå** (n)	[ni'vo]
controlelampje (het)	**varsellampe** (m/f)	['vɑʂəlˌlɑmpə]
stuur (het)	**ratt** (n)	['rɑt]
toeter (de)	**horn** (n)	['hʊːɳ]
knopje (het)	**knapp** (m)	['knɑp]
schakelaar (de)	**bryter** (m)	['brytər]
stoel (bestuurders~)	**sete** (n)	['setə]
rugleuning (de)	**seterygg** (m)	['seteˌrʏg]
hoofdsteun (de)	**nakkestøtte** (m/f)	['nɑkəˌstœtə]
veiligheidsgordel (de)	**sikkerhetsbelte** (m)	['sikərhɛtsˌbɛltə]
de gordel aandoen	**å spenne fast sikkerhetsbeltet**	[ɔ 'spɛnə fɑst 'sikərhetsˌbɛltə]
regeling (de)	**justering** (m/f)	[jʉ'steriŋ]
airbag (de)	**kollisjonspute** (m/f)	['kʊliʂʊnsˌpʉtə]
airconditioner (de)	**klimaanlegg** (n)	['klima'ɑnˌleg]
radio (de)	**radio** (m)	['rɑdiʊ]
CD-speler (de)	**CD-spiller** (m)	['sɛdɛ ˌspilər]
aanzetten (bijv. radio ~)	**å slå på**	[ɔ 'ʂlɔ pɔ]
antenne (de)	**antenne** (m)	[ɑn'tɛnə]
handschoenenkastje (het)	**hanskerom** (n)	['hɑnskəˌrʊm]
asbak (de)	**askebeger** (n)	['ɑskəˌbegər]

177. Auto's. Motor

motor (de)	**motor** (m)	['mɔtʊr]
diesel- (abn)	**diesel-**	['disəl-]
benzine- (~motor)	**bensin-**	[bɛn'sin-]
motorinhoud (de)	**motorvolum** (n)	['mɔtʊr vɔ'lʉm]
vermogen (het)	**styrke** (m)	['styrkə]
paardenkracht (de)	**hestekraft** (m/f)	['hɛstəˌkrɑft]
zuiger (de)	**stempel** (n)	['stɛmpəl]
cilinder (de)	**sylinder** (m)	[sy'lindər]
klep (de)	**ventil** (m)	[vɛn'til]
injectie (de)	**injektor** (m)	[i'njɛktʊr]
generator (de)	**generator** (m)	[gene'rɑtʊr]
carburator (de)	**forgasser** (m)	[fɔr'gɑsər]
motorolie (de)	**motorolje** (m)	['mɔtʊrˌɔljə]
radiator (de)	**radiator** (m)	[rɑdi'ɑtʊr]
koelvloeistof (de)	**kjølevæske** (m/f)	['çœləˌvæskə]
ventilator (de)	**vifte** (m/f)	['viftə]
accu (de)	**batteri** (n)	[batɛ'ri]
starter (de)	**starter** (m)	['stɑːʈər]

contact (ontsteking)	**tenning** (m/f)	['tɛniŋ]
bougie (de)	**tennplugg** (m)	['tɛnˌplʉg]
pool (de)	**klemme** (m/f)	['klemə]
positieve pool (de)	**plussklemme** (m/f)	['plʉsˌklemə]
negatieve pool (de)	**minusklemme** (m/f)	['minʉsˌklemə]
zekering (de)	**sikring** (m)	['sikriŋ]
luchtfilter (de)	**luftfilter** (n)	['lʉftˌfiltər]
oliefilter (de)	**oljefilter** (n)	['ɔljəˌfiltər]
benzinefilter (de)	**brenselsfilter** (n)	['brɛnsəlsˌfiltər]

178. Auto's. Botsing. Reparatie

auto-ongeval (het)	**bilulykke** (m/f)	['bil ʉ'lʏkə]
verkeersongeluk (het)	**trafikkulykke** (m/f)	[tra'fik ʉ'lʏkə]
aanrijden (tegen een boom, enz.)	**å kjøre inn i ...**	[ɔ 'çœːrə in i ...]
verongelukken (ww)	**å havarere**	[ɔ hava'rerə]
beschadiging (de)	**skade** (m)	['skadə]
heelhuids (bn)	**uskadd**	['ʉˌskad]
pech (de)	**havari** (n)	[hava'ri]
kapot gaan (zijn gebroken)	**å bryte sammen**	[ɔ 'brytə 'samən]
sleeptouw (het)	**slepetau** (n)	['ʂlepəˌtaʊ]
lek (het)	**punktering** (m)	[pʉn'teriŋ]
lekke krijgen (band)	**å være punktert**	[ɔ 'værə pʉnk'tɛːʈ]
oppompen (ww)	**å pumpe opp**	[ɔ 'pʉmpə ɔp]
druk (de)	**trykk** (n)	['trʏk]
checken (controleren)	**å sjekke**	[ɔ 'ʂɛkə]
reparatie (de)	**reparasjon** (m)	[repara'ʂʊn]
garage (de)	**bilverksted** (n)	['bil 'værkˌsted]
wisselstuk (het)	**reservedel** (m)	[re'sɛrvəˌdel]
onderdeel (het)	**del** (m)	['del]
bout (de)	**bolt** (m)	['bɔlt]
schroef (de)	**skrue** (m)	['skrʉə]
moer (de)	**mutter** (m)	['mʉtər]
sluitring (de)	**skive** (m/f)	['ʂivə]
kogellager (de/het)	**lager** (n)	['lagər]
pijp (de)	**rør** (m)	['rør]
pakking (de)	**pakning** (m/f)	['pakniŋ]
kabel (de)	**ledning** (m)	['ledniŋ]
dommekracht (de)	**jekk** (m), **donkraft** (m/f)	['jɛk], ['dɔnˌkraft]
moersleutel (de)	**skrunøkkel** (m)	['skrʉˌnøkəl]
hamer (de)	**hammer** (m)	['hamər]
pomp (de)	**pumpe** (m/f)	['pʉmpə]
schroevendraaier (de)	**skrutrekker** (m)	['skrʉˌtrɛkər]
brandblusser (de)	**brannslukker** (n)	['branˌʂlʉkər]
gevarendriehoek (de)	**varseltrekant** (m)	['vaʂəl 'trɛˌkant]

afslaan (ophouden te werken)	**å skjære**	[ɔ 'ʂæ:rə]
uitvallen (het)	**stans** (m), **stopp** (m/n)	['stɑns], ['stɔp]
zijn gebroken	**å være ødelagt**	[ɔ 'værə 'ødəˌlɑkt]
oververhitten (ww)	**å bli overopphetet**	[ɔ 'bli 'ɔvərɔpˌhetət]
verstopt raken (ww)	**å bli tilstoppet**	[ɔ 'bli til'stɔpət]
bevriezen (autodeur, enz.)	**å fryse**	[ɔ 'frysə]
barsten (leidingen, enz.)	**å sprekke, å briste**	[ɔ 'sprɛkə], [ɔ 'bristə]
druk (de)	**trykk** (n)	['trʏk]
niveau (bijv. olieniveau)	**nivå** (n)	[ni'vo]
slap (de drijfriem is ~)	**slakk**	['ʂlɑk]
deuk (de)	**bulk** (m)	['bʉlk]
geklop (vreemde geluiden)	**bankelyd** (m), **dunk** (m/n)	['bɑnkəˌlyd], ['dʉnk]
barst (de)	**sprekk** (m)	['sprɛk]
kras (de)	**ripe** (m/f)	['ripə]

179. Auto's. Weg

weg (de)	**vei** (m)	['væj]
snelweg (de)	**hovedvei** (m)	['hʊvədˌvæj]
autoweg (de)	**motorvei** (m)	['mɔtʊrˌvæj]
richting (de)	**retning** (m/f)	['rɛtniŋ]
afstand (de)	**avstand** (m)	['ɑfˌstɑn]
brug (de)	**bro** (m/f)	['brʊ]
parking (de)	**parkeringsplass** (m)	[pɑr'keriŋsˌplɑs]
plein (het)	**torg** (n)	['tɔr]
verkeersknooppunt (het)	**trafikkmaskin** (m)	[trɑ'fik mɑˌʂin]
tunnel (de)	**tunnel** (m)	['tʉnəl]
benzinestation (het)	**bensinstasjon** (m)	[bɛn'sinˌstɑ'ʂʊn]
parking (de)	**parkeringsplass** (m)	[pɑr'keriŋsˌplɑs]
benzinepomp (de)	**bensinpumpe** (m/f)	[bɛn'sinˌpʉmpə]
garage (de)	**bilverksted** (n)	['bil 'værkˌsted]
tanken (ww)	**å tanke opp**	[ɔ 'tɑnkə ɔp]
brandstof (de)	**brensel** (n)	['brɛnsəl]
jerrycan (de)	**bensinkanne** (m/f)	[bɛn'sinˌkɑnə]
asfalt (het)	**asfalt** (m)	['ɑsˌfɑlt]
markering (de)	**vegoppmerking** (m/f)	['veg 'ɔpˌmærkiŋ]
trottoirband (de)	**fortauskant** (m)	['fɔ:ʈɑʊsˌkɑnt]
geleiderail (de)	**autovern, veirekkverk** (n)	['ɑʊtɔˌvæ:ɳ], ['væjˌrekværk]
greppel (de)	**veigrøft** (m/f)	['væjˌgrœft]
vluchtstrook (de)	**veikant** (m)	['væjˌkɑnt]
lichtmast (de)	**lyktestolpe** (m)	['lʏktəˌstɔlpə]
besturen (een auto ~)	**å kjøre**	[ɔ 'çœ:rə]
afslaan (naar rechts ~)	**å svinge**	[ɔ 'sviŋə]
U-bocht maken (ww)	**å ta en U-sving**	[ɔ 'tɑ en 'ʉ:ˌsviŋ]
achteruit (de)	**revers** (m)	[re'væʂ]
toeteren (ww)	**å tute**	[ɔ 'tʉtə]

toeter (de)	**tut** (n)	['tʉt]
vastzitten (in modder)	**å kjøre seg fast**	[ɔ 'çœ:rə sæj 'fɑst]
spinnen (wielen gaan ~)	**å spinne**	[ɔ 'spinə]
uitzetten (ww)	**å stanse**	[ɔ 'stɑnsə]
snelheid (de)	**hastighet** (m/f)	['hɑsti,het]
een snelheidsovertreding maken	**å overskride fartsgrensen**	[ɔ 'ɔvə,şkridə 'fɑ:ʈs,grɛnsən]
bekeuren (ww)	**å gi bot**	[ɔ 'ji 'bʊt]
verkeerslicht (het)	**trafikklys** (n)	[trɑ'fik,lys]
rijbewijs (het)	**førerkort** (n)	['førər,kɔ:ʈ]
overgang (de)	**planovergang** (m)	['plɑn 'ɔvər,gɑŋ]
kruispunt (het)	**veikryss** (n)	['væjkrʏs]
zebrapad (oversteekplaats)	**fotgjengerovergang** (m)	['fʊt,jɛŋər 'ɔvər,gɑŋ]
bocht (de)	**kurve** (m)	['kʉrvə]
voetgangerszone (de)	**gågate** (m/f)	['go:,gɑtə]

180. Verkeersborden

verkeersregels (mv.)	**trafikkregler** (m pl)	[trɑ'fik,rɛglər]
verkeersbord (het)	**trafikkskilt** (n)	[trɑ'fik,şilt]
inhalen (het)	**forbikjøring** (m/f)	['fɔrbi,çœriŋ]
bocht (de)	**Sving**	['sviŋ]
U-bocht, kering (de)	**u-sving, u-vending**	['ʉ:,sviŋ], ['ʉ:,vɛniŋ]
Rotonde (de)	**rundkjøring**	['rʉn,çœriŋ]
Verboden richting	**Innkjøring forbudt**	['in'çœriŋ fɔr'bʉt]
Verboden toegang	**Trafikkforbud**	[trɑ'fik fɔr,bʉt]
Inhalen verboden	**Forbikjøring forbudt**	['fɔrbi,çœriŋ fɔr'bʉt]
Parkeerverbod	**Parkering forbudt**	[pɑr'keriŋ fɔr'bʉt]
Verbod stil te staan	**Stans forbudt**	['stɑns fɔr'bʉt]
Gevaarlijke bocht	**Farlig sving**	['fɑ:ɭi ,sviŋ]
Gevaarlijke daling	**Bratt bakke**	['brɑt ,bɑkə]
Eenrichtingsweg	**Enveiskjøring**	['ɛnvæjs,şøriŋ]
Voetgangers	**fotgjengerovergang** (m)	['fʊt,jɛŋər 'ɔvər,gɑŋ]
Slipgevaar	**Glatt kjørebane**	['glɑt 'çœ:rə,bɑnə]
Voorrang verlenen	**Vikeplikt**	['vikə,plikt]

MENSEN. GEBEURTENISSEN IN HET LEVEN

Gebeurtenissen in het leven

181. Vakanties. Evenement

feest (het)	**fest** (m)	['fɛst]
nationale feestdag (de)	**nasjonaldag** (m)	[naʂʊ'nal,da]
feestdag (de)	**festdag** (m)	['fɛst,da]
herdenken (ww)	**å feire**	[ɔ 'fæjrə]
gebeurtenis (de)	**begivenhet** (m/f)	[be'jiven,het]
evenement (het)	**evenement** (n)	[ɛvenə'maŋ]
banket (het)	**bankett** (m)	[ban'kɛt]
receptie (de)	**resepsjon** (m)	[resɛp'ʂʊn]
feestmaal (het)	**fest** (n)	['fɛst]
verjaardag (de)	**årsdag** (m)	['o:ʂ,da]
jubileum (het)	**jubileum** (n)	[jʉbi'leʉm]
vieren (ww)	**å feire**	[ɔ 'fæjrə]
Nieuwjaar (het)	**nytt år** (n)	['nʏt ,o:r]
Gelukkig Nieuwjaar!	**Godt nytt år!**	['gɔt nʏt ,o:r]
Sinterklaas (de)	**Julenissen**	['jʉlə,nisən]
Kerstfeest (het)	**Jul** (m/f)	['jʉl]
Vrolijk kerstfeest!	**Gledelig jul!**	['gledəli 'jʉl]
kerstboom (de)	**juletre** (n)	['jʉlə,trɛ]
vuurwerk (het)	**fyrverkeri** (n)	[,fyrværkə'ri]
bruiloft (de)	**bryllup** (n)	['brʏlʉp]
bruidegom (de)	**brudgom** (m)	['brʉd,gɔm]
bruid (de)	**brud** (m/f)	['brʉd]
uitnodigen (ww)	**å innby, å invitere**	[ɔ 'inby], [ɔ invi'terə]
uitnodiging (de)	**innbydelse** (m)	[in'bydəlse]
gast (de)	**gjest** (m)	['jɛst]
op bezoek gaan	**å besøke**	[ɔ be'søkə]
gasten verwelkomen	**å hilse på gjestene**	[ɔ 'hilsə pɔ 'jɛstenə]
geschenk, cadeau (het)	**gave** (m/f)	['gavə]
geven (iets cadeau ~)	**å gi**	[ɔ 'ji]
geschenken ontvangen	**å få gaver**	[ɔ 'fɔ 'gavər]
boeket (het)	**bukett** (m)	[bʉ'kɛt]
felicitaties (mv.)	**lykkønskning** (m/f)	['lʏk,ønskniŋ]
feliciteren (ww)	**å gratulere**	[ɔ gratʉ'lerə]
wenskaart (de)	**gratulasjonskort** (n)	[gratʉla'ʂʊns,kɔ:ʈ]

een kaartje versturen	**å sende postkort**	[ɔ 'sɛnə 'pɔst,kɔ:ʈ]
een kaartje ontvangen	**å få postkort**	[ɔ 'fɔ 'pɔst,kɔ:ʈ]
toast (de)	**skål** (m/f)	['skɔl]
aanbieden (een drankje ~)	**å tilby**	[ɔ 'tilby]
champagne (de)	**champagne** (m)	[ʂam'panjə]
plezier hebben (ww)	**å more seg**	[ɔ 'mʊrə sæj]
plezier (het)	**munterhet** (m)	['mʉntər,het]
vreugde (de)	**glede** (m/f)	['gledə]
dans (de)	**dans** (m)	['dans]
dansen (ww)	**å danse**	[ɔ 'dansə]
wals (de)	**vals** (m)	['vals]
tango (de)	**tango** (m)	['taŋgʊ]

182. Begrafenissen. Begrafenis

kerkhof (het)	**gravplass, kirkegård** (m)	['grav,plas], ['çirkə,gɔ:r]
graf (het)	**grav** (m)	['grav]
kruis (het)	**kors** (n)	['kɔ:ʂ]
grafsteen (de)	**gravstein** (m)	['graf,stæjn]
omheining (de)	**gjerde** (n)	['jærə]
kapel (de)	**kapell** (n)	[ka'pɛl]
dood (de)	**død** (m)	['dø]
sterven (ww)	**å dø**	[ɔ 'dø]
overledene (de)	**den avdøde**	[den 'av,dødə]
rouw (de)	**sorg** (m/f)	['sɔr]
begraven (ww)	**å begrave**	[ɔ be'gravə]
begrafenisonderneming (de)	**begravelsesbyrå** (n)	[be'gravəlsəs by,ro]
begrafenis (de)	**begravelse** (m)	[be'gravəlsə]
krans (de)	**krans** (m)	['krans]
doodskist (de)	**likkiste** (m/f)	['lik,çistə]
lijkwagen (de)	**likbil** (m)	['lik,bil]
lijkkleed (de)	**likklede** (n)	['lik,kledə]
begrafenisstoet (de)	**gravfølge** (n)	['grav,følgə]
urn (de)	**askeurne** (m/f)	['askə,ʉ:ɳə]
crematorium (het)	**krematorium** (n)	[krɛma'tʊrium]
overlijdensbericht (het)	**nekrolog** (m)	[nekrʊ'lɔg]
huilen (wenen)	**å gråte**	[ɔ 'gro:tə]
snikken (huilen)	**å hulke**	[ɔ 'hʉlkə]

183. Oorlog. Soldaten

peloton (het)	**tropp** (m)	['trɔp]
compagnie (de)	**kompani** (n)	[kʊmpa'ni]

regiment (het)	**regiment** (n)	[rɛgi'mɛnt]
leger (armee)	**hær** (m)	['hær]
divisie (de)	**divisjon** (m)	[divi'ʂʊn]
sectie (de)	**tropp** (m)	['trɔp]
troep (de)	**hær** (m)	['hær]
soldaat (militair)	**soldat** (m)	[sʊl'dɑt]
officier (de)	**offiser** (m)	[ɔfi'sɛr]
soldaat (rang)	**menig** (m)	['meni]
sergeant (de)	**sersjant** (m)	[sær'ʂɑnt]
luitenant (de)	**løytnant** (m)	['løjt,nɑnt]
kapitein (de)	**kaptein** (m)	[kɑp'tæjn]
majoor (de)	**major** (m)	[mɑ'jɔr]
kolonel (de)	**oberst** (m)	['ʊbɛʂt]
generaal (de)	**general** (m)	[gene'rɑl]
matroos (de)	**sjømann** (m)	['ʂø,mɑn]
kapitein (de)	**kaptein** (m)	[kɑp'tæjn]
bootsman (de)	**båtsmann** (m)	['bɔs,mɑn]
artillerist (de)	**artillerist** (m)	[,ɑ:ʈile'rist]
valschermjager (de)	**fallskjermjeger** (m)	['fɑl,ʂærm 'jɛ:gər]
piloot (de)	**flyger, flyver** (m)	['flygər], ['flyvər]
stuurman (de)	**styrmann** (m)	['styr,mɑn]
mecanicien (de)	**mekaniker** (m)	[me'kɑnikər]
sappeur (de)	**pioner** (m)	[piʊ'ner]
parachutist (de)	**fallskjermhopper** (m)	['fɑl,ʂærm 'hɔpər]
verkenner (de)	**oppklaringssoldat** (m)	['ɔp,klariŋ sʊl'dɑt]
scherpschutter (de)	**skarpskytte** (m)	['skɑrp,ʂʏtə]
patrouille (de)	**patrulje** (m)	[pɑ'trʉlje]
patrouilleren (ww)	**å patruljere**	[ɔ patrʉ'ljerə]
wacht (de)	**vakt** (m)	['vɑkt]
krijger (de)	**kriger** (m)	['krigər]
held (de)	**helt** (m)	['hɛlt]
heldin (de)	**heltinne** (m)	['hɛlt,inə]
patriot (de)	**patriot** (m)	[pɑtri'ɔt]
verrader (de)	**forræder** (m)	[fɔ'rædər]
verraden (ww)	**å forråde**	[ɔ fɔ'rɔ:də]
deserteur (de)	**desertør** (m)	[desæ:'ʈør]
deserteren (ww)	**å desertere**	[ɔ desæ:'ʈerə]
huurling (de)	**leiesoldat** (m)	['læjəsʊl,dɑt]
rekruut (de)	**rekrutt** (m)	[re'krʉt]
vrijwilliger (de)	**frivillig** (m)	['fri,vili]
gedode (de)	**drept** (m)	['drɛpt]
gewonde (de)	**såret** (m)	['so:rə]
krijgsgevangene (de)	**fange** (m)	['fɑŋə]

184. Oorlog. Militaire acties. Deel 1

oorlog (de)	**krig** (m)	['krig]
oorlog voeren (ww)	**å være i krig**	[ɔ 'værə i ˌkrig]
burgeroorlog (de)	**borgerkrig** (m)	['bɔrgərˌkrig]
achterbaks (bw)	**lumsk, forræderisk**	['lʉmsk], [fɔ'rædərisk]
oorlogsverklaring (de)	**krigserklæring** (m)	['krigs ærˌklæriŋ]
verklaren (de oorlog ~)	**å erklære**	[ɔ ær'klærə]
agressie (de)	**aggresjon** (m)	[ɑgre'ʂʊn]
aanvallen (binnenvallen)	**å angripe**	[ɔ 'ɑnˌgripə]
binnenvallen (ww)	**å invadere**	[ɔ invɑ'derə]
invaller (de)	**angriper** (m)	['ɑnˌgripər]
veroveraar (de)	**erobrer** (m)	[ɛ'rʊbrər]
verdediging (de)	**forsvar** (n)	['fʊˌʂvɑr]
verdedigen (je land ~)	**å forsvare**	[ɔ fɔ'ʂvɑrə]
zich verdedigen (ww)	**å forsvare seg**	[ɔ fɔ'ʂvɑrə sæj]
vijand (de)	**fiende** (m)	['fiɛndə]
tegenstander (de)	**motstander** (m)	['mʊtˌstɑnər]
vijandelijk (bn)	**fiendtlig**	['fjɛntli]
strategie (de)	**strategi** (m)	[strɑte'gi]
tactiek (de)	**taktikk** (m)	[tɑk'tik]
order (de)	**ordre** (m)	['ɔrdrə]
bevel (het)	**ordre, kommando** (m/f)	['ɔrdrə], ['kʊ'mɑndʊ]
bevelen (ww)	**å beordre**	[ɔ be'ɔrdrə]
opdracht (de)	**oppdrag** (m)	['ɔpdrɑg]
geheim (bn)	**hemmelig**	['hɛməli]
slag (de)	**batalje** (m)	[bɑ'tɑljə]
veldslag (de)	**slag** (n)	['ʂlɑg]
strijd (de)	**kamp** (m)	['kɑmp]
aanval (de)	**angrep** (n)	['ɑnˌgrɛp]
bestorming (de)	**storm** (m)	['stɔrm]
bestormen (ww)	**å storme**	[ɔ 'stɔrmə]
bezetting (de)	**beleiring** (m/f)	[be'læjriŋ]
aanval (de)	**offensiv** (m), **angrep** (n)	['ɔfenˌsif], ['ɑnˌgrɛp]
in het offensief te gaan	**å angripe**	[ɔ 'ɑnˌgripə]
terugtrekking (de)	**retrett** (m)	[rɛ'trɛt]
zich terugtrekken (ww)	**å retirere**	[ɔ reti'rerə]
omsingeling (de)	**omringing** (m/f)	['ɔmˌriŋiŋ]
omsingelen (ww)	**å omringe**	[ɔ 'ɔmˌriŋə]
bombardement (het)	**bombing** (m/f)	['bʊmbiŋ]
een bom gooien	**å slippe bombe**	[ɔ 'ʂlipə 'bʊmbə]
bombarderen (ww)	**å bombardere**	[ɔ bʊmbɑ:'ɖerə]
ontploffing (de)	**eksplosjon** (m)	[ɛksplʊ'ʂʊn]

schot (het)	**skudd** (n)	['skʉd]
een schot lossen	**å skyte av**	[ɔ 'ʂytə ɑ:]
schieten (het)	**skytning** (m/f)	['ʂytniŋ]
mikken op (ww)	**å sikte på ...**	[ɔ 'siktə pɔ ...]
aanleggen (een wapen ~)	**å rette**	[ɔ 'rɛtə]
treffen (doelwit ~)	**å treffe**	[ɔ 'trɛfə]
zinken (tot zinken brengen)	**å senke**	[ɔ 'sɛnkə]
kogelgat (het)	**hull** (n)	['hʉl]
zinken (gezonken zijn)	**å synke**	[ɔ 'sʏnkə]
front (het)	**front** (m)	['frɔnt]
evacuatie (de)	**evakuering** (m/f)	[ɛvɑkʉ'eriŋ]
evacueren (ww)	**å evakuere**	[ɔ ɛvɑkʉ'erə]
loopgraaf (de)	**skyttergrav** (m)	['ʂytə,grɑv]
prikkeldraad (de)	**piggtråd** (m)	['pig,trɔd]
verdedigingsobstakel (het)	**hinder** (n), **sperring** (m/f)	['hindər], ['spɛriŋ]
wachttoren (de)	**vakttårn** (n)	['vɑkt,tɔ:ɳ]
hospitaal (het)	**militærsykehus** (n)	[mili'tær,sykə'hʉs]
verwonden (ww)	**å såre**	[ɔ 'so:rə]
wond (de)	**sår** (n)	['sɔr]
gewonde (de)	**såret** (n)	['so:rə]
gewond raken (ww)	**å bli såret**	[ɔ 'bli 'so:rət]
ernstig (~e wond)	**alvorlig**	[ɑl'vɔ:ɭi]

185. Oorlog. Militaire acties. Deel 2

krijgsgevangenschap (de)	**fangeskap** (n)	['fɑŋə,skɑp]
krijgsgevangen nemen	**å ta til fange**	[ɔ 'tɑ til 'fɑŋə]
krijgsgevangene zijn	**å være i fangeskap**	[ɔ 'værə i 'fɑŋə,skɑp]
krijgsgevangen genomen worden	**å bli tatt til fange**	[ɔ 'bli tɑt til 'fɑŋə]
concentratiekamp (het)	**konsentrasjonsleir** (m)	[kʊnsəntrɑ'ʂʊns,læjr]
krijgsgevangene (de)	**fange** (m)	['fɑŋə]
vluchten (ww)	**å flykte**	[ɔ 'flʏktə]
verraden (ww)	**å forråde**	[ɔ fɔ'rɔ:də]
verrader (de)	**forræder** (m)	[fɔ'rædər]
verraad (het)	**forræderi** (n)	[fɔrædə'ri]
fusilleren (executeren)	**å henrette ved skyting**	[ɔ 'hɛn,rɛtə ve 'ʂytiŋ]
executie (de)	**skyting** (m/f)	['ʂytiŋ]
uitrusting (de)	**mundering** (m/f)	[mʉn'dɛriŋ]
schouderstuk (het)	**skulderklaff** (m)	['skʉldər,klɑf]
gasmasker (het)	**gassmaske** (m/f)	['gɑs,mɑskə]
portofoon (de)	**feltradio** (m)	['fɛlt,rɑdiʊ]
geheime code (de)	**chiffer** (n)	['ʂifər]
samenzwering (de)	**hemmeligholdelse** (m)	['hɛməli,hɔləlsə]

wachtwoord (het)	**passord** (n)	['pɑsˌu:r]
mijn (landmijn)	**mine** (m/f)	['minə]
ondermijnen (legden mijnen)	**å minelegge**	[ɔ 'minəˌlegə]
mijnenveld (het)	**minefelt** (n)	['minəˌfɛlt]
luchtalarm (het)	**flyalarm** (m)	['fly ɑ'lɑrm]
alarm (het)	**alarm** (m)	[ɑ'lɑrm]
signaal (het)	**signal** (n)	[siŋ'nɑl]
vuurpijl (de)	**signalrakett** (m)	[siŋ'nɑl rɑ'kɛt]
staf (generale ~)	**stab** (m)	['stɑb]
verkenningstocht (de)	**oppklaring** (m/f)	['ɔpˌklɑriŋ]
toestand (de)	**situasjon** (m)	[sitʉɑ'ʂʊn]
rapport (het)	**rapport** (m)	[rɑ'pɔ:ʈ]
hinderlaag (de)	**bakhold** (n)	['bɑkˌhɔl]
versterking (de)	**forsterkning** (m/f)	[fɔ'ʂtærkniŋ]
doel (bewegend ~)	**mål** (n)	['mol]
proefterrein (het)	**skytefelt** (n)	['ʂytəˌfɛlt]
manoeuvres (mv.)	**manøverer** (m pl)	[mɑ'nøvər]
paniek (de)	**panikk** (m)	[pɑ'nik]
verwoesting (de)	**ødeleggelse** (m)	['ødəˌlegəlsə]
verwoestingen (mv.)	**ruiner** (m pl)	[rʉ'inər]
verwoesten (ww)	**å ødelegge**	[ɔ 'ødəˌlegə]
overleven (ww)	**å overleve**	[ɔ 'ɔvəˌɭevə]
ontwapenen (ww)	**å avvæpne**	[ɔ 'ɑvˌvæpnə]
behandelen (een pistool ~)	**å handtere**	[ɔ hɑn'terə]
Geeft acht!	**Rett! | Gi-akt!**	['rɛt], ['ji:'ɑkt]
Op de plaats rust!	**Hvil!**	['vil]
heldendaad (de)	**bedrift** (m)	[be'drift]
eed (de)	**ed** (m)	['ɛd]
zweren (een eed doen)	**å sverge**	[ɔ 'sværgə]
decoratie (de)	**belønning** (m/f)	[be'lœniŋ]
onderscheiden (een ereteken geven)	**å belønne**	[ɔ be'lœnə]
medaille (de)	**medalje** (m)	[me'dɑljə]
orde (de)	**orden** (m)	['ɔrdən]
overwinning (de)	**seier** (m)	['sæjər]
verlies (het)	**nederlag** (n)	['nedəˌɭɑg]
wapenstilstand (de)	**våpenhvile** (m)	['vɔpənˌvilə]
wimpel (vaandel)	**fane** (m)	['fɑnə]
roem (de)	**berømmelse** (m)	[be'rœməlsə]
parade (de)	**parade** (m)	[pɑ'rɑdə]
marcheren (ww)	**å marsjere**	[ɔ mɑ'ʂerə]

186. Wapens

wapens (mv.)	**våpen** (n)	['vɔpən]
vuurwapens (mv.)	**skytevåpen** (n)	['ʂytəˌvɔpən]

koude wapens (mv.)	**blankvåpen** (n)	['blɑnkˌvɔpən]
chemische wapens (mv.)	**kjemisk våpen** (n)	['çemisk ˌvɔpən]
kern-, nucleair (bn)	**kjerne-**	['çæ:ɳə-]
kernwapens (mv.)	**kjernevåpen** (n)	['çæ:ɳəˌvɔpən]
bom (de)	**bombe** (m)	['bʊmbə]
atoombom (de)	**atombombe** (m)	[ɑ'tʊmˌbʊmbə]
pistool (het)	**pistol** (m)	[pi'stʊl]
geweer (het)	**gevær** (n)	[ge'vær]
machinepistool (het)	**maskinpistol** (m)	[mɑ'ʂin piˌstʊl]
machinegeweer (het)	**maskingevær** (n)	[mɑ'ʂin geˌvær]
loop (schietbuis)	**munning** (m)	['mʉniŋ]
loop (bijv. geweer met kortere ~)	**løp** (n)	['løp]
kaliber (het)	**kaliber** (m/n)	[kɑ'libər]
trekker (de)	**avtrekker** (m)	['ɑvˌtrɛkər]
korrel (de)	**sikte** (n)	['siktə]
magazijn (het)	**magasin** (n)	[mɑgɑ'sin]
geweerkolf (de)	**kolbe** (m)	['kɔlbə]
granaat (handgranaat)	**håndgranat** (m)	['hɔnˌgrɑ'nɑt]
explosieven (mv.)	**sprengstoff** (n)	['sprɛŋˌstɔf]
kogel (de)	**kule** (m/f)	['kʉ:lə]
patroon (de)	**patron** (m)	[pɑ'trʊn]
lading (de)	**ladning** (m)	['lɑdniŋ]
ammunitie (de)	**ammunisjon** (m)	[ɑmʉni'ʂʊn]
bommenwerper (de)	**bombefly** (n)	['bʊmbəˌfly]
straaljager (de)	**jagerfly** (n)	['jɑgərˌfly]
helikopter (de)	**helikopter** (n)	[heli'kɔptər]
afweergeschut (het)	**luftvernkanon** (m)	['lʉftvɛ:ɳ kɑ'nʊn]
tank (de)	**stridsvogn** (m/f)	['stridsˌvɔŋn]
kanon (tank met een ~ van 76 mm)	**kanon** (m)	[kɑ'nʊn]
artillerie (de)	**artilleri** (n)	[ˌɑ:ʈile'ri]
kanon (het)	**kanon** (m)	[kɑ'nʊn]
aanleggen (een wapen ~)	**å rette**	[ɔ 'rɛtə]
projectiel (het)	**projektil** (m)	[prʊek'til]
mortiergranaat (de)	**granat** (m/f)	[grɑ'nɑt]
mortier (de)	**granatkaster** (m)	[grɑ'nɑtˌkɑstər]
granaatscherf (de)	**splint** (m)	['splint]
duikboot (de)	**ubåt** (m)	['ʉ:ˌbɔt]
torpedo (de)	**torpedo** (m)	[tʊr'pedʊ]
raket (de)	**rakett** (m)	[rɑ'kɛt]
laden (geweer, kanon)	**å lade**	[ɔ 'lɑdə]
schieten (ww)	**å skyte**	[ɔ 'ʂytə]
richten op (mikken)	**å sikte på ...**	[ɔ 'siktə pɔ ...]

bajonet (de)	**bajonett** (m)	[bɑjo'nɛt]
degen (de)	**kårde** (m)	['ko:rdə]
sabel (de)	**sabel** (m)	['sɑbəl]
speer (de)	**spyd** (n)	['spyd]
boog (de)	**bue** (m)	['bʉ:ə]
pijl (de)	**pil** (m/f)	['pil]
musket (de)	**muskett** (m)	[mʉ'skɛt]
kruisboog (de)	**armbrøst** (m)	['ɑrm,brøst]

187. Oude mensen

primitief (bn)	**ur-**	['ʉr-]
voorhistorisch (bn)	**forhistorisk**	['fɔrhi,stʊrisk]
eeuwenoude (~ beschaving)	**oldtidens, antikkens**	['ɔl,tidəns], [ɑn'tikəns]
Steentijd (de)	**Steinalderen**	['stæjn,ɑlderən]
Bronstijd (de)	**bronsealder** (m)	['brɔnsə,ɑldər]
IJstijd (de)	**istid** (m/f)	['is,tid]
stam (de)	**stamme** (m)	['stɑmə]
menseneter (de)	**kannibal** (m)	[kɑni'bɑl]
jager (de)	**jeger** (m)	['jɛ:gər]
jagen (ww)	**å jage**	[ɔ 'jɑgə]
mammoet (de)	**mammut** (m)	['mɑmʉt]
grot (de)	**grotte** (m/f)	['grɔtə]
vuur (het)	**ild** (m)	['il]
kampvuur (het)	**bål** (n)	['bɔl]
rotstekening (de)	**helleristning** (m/f)	['hɛlə,ristniŋ]
werkinstrument (het)	**redskap** (m/n)	['rɛd,skɑp]
speer (de)	**spyd** (n)	['spyd]
stenen bijl (de)	**steinøks** (m/f)	['stæjn,øks]
oorlog voeren (ww)	**å være i krig**	[ɔ 'værə i ,krig]
temmen (bijv. wolf ~)	**å temme**	[ɔ 'tɛmə]
idool (het)	**idol** (n)	[i'dʊl]
aanbidden (ww)	**å dyrke**	[ɔ 'dyrkə]
bijgeloof (het)	**overtro** (m)	['ɔvə,trʊ]
ritueel (het)	**ritual** (n)	[ritʉ'ɑl]
evolutie (de)	**evolusjon** (m)	[ɛvɔlʉ'ʂʊn]
ontwikkeling (de)	**utvikling** (m/f)	['ʉt,vikliŋ]
verdwijning (de)	**forsvinning** (m/f)	[fɔ'ʂviniŋ]
zich aanpassen (ww)	**å tilpasse seg**	[ɔ 'til,pɑsə sæj]
archeologie (de)	**arkeologi** (m)	[,ɑrkeʊlʊ'gi]
archeoloog (de)	**arkeolog** (m)	[,ɑrkeʊ'lɔg]
archeologisch (bn)	**arkeologisk**	[,ɑrkeʊ'lɔgisk]
opgravingsplaats (de)	**utgravingssted** (n)	['ʉt,grɑviŋs ,sted]
opgravingen (mv.)	**utgravinger** (m/f pl)	['ʉt,grɑviŋər]
vondst (de)	**funn** (n)	['fʉn]
fragment (het)	**fragment** (n)	[frɑg'mɛnt]

188. Middeleeuwen

volk (het)	**folk** (n)	['fɔlk]
volkeren (mv.)	**folk** (n pl)	['fɔlk]
stam (de)	**stamme** (m)	['stɑmə]
stammen (mv.)	**stammer** (m pl)	['stɑmər]
barbaren (mv.)	**barbarer** (m pl)	[bɑr'bɑrər]
Galliërs (mv.)	**gallere** (m pl)	['gɑlere]
Goten (mv.)	**gotere** (m pl)	['gɔterə]
Slaven (mv.)	**slavere** (m pl)	['slɑvɛrə]
Vikings (mv.)	**vikinger** (m pl)	['vikiŋər]
Romeinen (mv.)	**romere** (m pl)	['rʊmerə]
Romeins (bn)	**romersk**	['rʊmæʂk]
Byzantijnen (mv.)	**bysantiner** (m pl)	[bysɑn'tinər]
Byzantium (het)	**Bysants**	[by'sɑnts]
Byzantijns (bn)	**bysantinsk**	[bysɑn'tinsk]
keizer (bijv. Romeinse ~)	**keiser** (m)	['kæjsər]
opperhoofd (het)	**høvding** (m)	['høvdiŋ]
machtig (bn)	**mektig**	['mɛkti]
koning (de)	**konge** (m)	['kʊŋə]
heerser (de)	**hersker** (m)	['hæʂkər]
ridder (de)	**ridder** (m)	['ridər]
feodaal (de)	**føydalherre** (m)	['føjdɑlˌhɛrə]
feodaal (bn)	**føydal**	['føjdɑl]
vazal (de)	**vasall** (m)	[vɑ'sɑl]
hertog (de)	**hertug** (m)	['hæ:tʉg]
graaf (de)	**greve** (m)	['grevə]
baron (de)	**baron** (m)	[bɑ'rʊn]
bisschop (de)	**biskop** (m)	['biskɔp]
harnas (het)	**rustning** (m/f)	['rʉstniŋ]
schild (het)	**skjold** (n)	['ʂɔl]
zwaard (het)	**sverd** (n)	['sværd]
vizier (het)	**visir** (n)	[vi'sir]
maliënkolder (de)	**ringbrynje** (m/f)	['riŋˌbrynje]
kruistocht (de)	**korstog** (n)	['kɔ:ʂˌtɔg]
kruisvaarder (de)	**korsfarer** (m)	['kɔ:ʂˌfɑrər]
gebied (bijv. bezette ~en)	**territorium** (n)	[tɛri'tʊrium]
aanvallen (binnenvallen)	**å angripe**	[ɔ 'ɑnˌgripə]
veroveren (ww)	**å erobre**	[ɔ ɛ'rʊbrə]
innemen (binnenvallen)	**å okkupere**	[ɔ ɔkʉ'perə]
bezetting (de)	**beleiring** (m/f)	[be'læjriŋ]
bezet (bn)	**beleiret**	[be'læjrət]
belegeren (ww)	**å beleire**	[ɔ be'læjre]
inquisitie (de)	**inkvisisjon** (m)	[inkvisi'ʂʊn]
inquisiteur (de)	**inkvisitor** (m)	[inkvi'sitʊr]

foltering (de)	**tortur** (m)	[tɔ:'tʉr]
wreed (bn)	**brutal**	[brʉ'tal]
ketter (de)	**kjetter** (m)	['çɛtər]
ketterij (de)	**kjetteri** (n)	[çɛtə'ri]
zeevaart (de)	**sjøfart** (m)	['ʂøˌfa:ʈ]
piraat (de)	**pirat, sjørøver** (m)	['pi'rat], ['ʂøˌrøvər]
piraterij (de)	**sjørøveri** (n)	['ʂø røvɛ'ri]
enteren (het)	**entring** (m/f)	['ɛntriŋ]
buit (de)	**bytte** (n)	['bʏtə]
schatten (mv.)	**skatter** (m pl)	['skatər]
ontdekking (de)	**oppdagelse** (m)	['ɔpˌdagəlsə]
ontdekken (bijv. nieuw land)	**å oppdage**	[ɔ 'ɔpˌdagə]
expeditie (de)	**ekspedisjon** (m)	[ɛkspedi'ʂʊn]
musketier (de)	**musketer** (m)	[mʉskə'ter]
kardinaal (de)	**kardinal** (m)	[ka:ɖi'nal]
heraldiek (de)	**heraldikk** (m)	[heral'dik]
heraldisch (bn)	**heraldisk**	[he'raldisk]

189. Leider. Baas. Autoriteiten

koning (de)	**konge** (m)	['kʊŋə]
koningin (de)	**dronning** (m/f)	['drɔniŋ]
koninklijk (bn)	**kongelig**	['kʊŋəli]
koninkrijk (het)	**kongerike** (n)	['kʊŋəˌrikə]
prins (de)	**prins** (m)	['prins]
prinses (de)	**prinsesse** (m/f)	[prin'sɛsə]
president (de)	**president** (m)	[prɛsi'dɛnt]
vicepresident (de)	**visepresident** (m)	['visə prɛsi'dɛnt]
senator (de)	**senator** (m)	[se'natʊr]
monarch (de)	**monark** (m)	[mʊ'nark]
heerser (de)	**hersker** (m)	['hæʂkər]
dictator (de)	**diktator** (m)	[dik'tatʊr]
tiran (de)	**tyrann** (m)	[ty'ran]
magnaat (de)	**magnat** (m)	[maŋ'nat]
directeur (de)	**direktør** (m)	[dirɛk'tør]
chef (de)	**sjef** (m)	['ʂɛf]
beheerder (de)	**forstander** (m)	[fɔ'ʂtandər]
baas (de)	**boss** (m)	['bɔs]
eigenaar (de)	**eier** (m)	['æjər]
leider (de)	**leder** (m)	['ledər]
hoofd (bijv. ~ van de delegatie)	**leder** (m)	['ledər]
autoriteiten (mv.)	**myndigheter** (m pl)	['mʏndiˌhetər]
superieuren (mv.)	**overordnede** (pl)	['ɔvərˌɔrdnedə]
gouverneur (de)	**guvernør** (m)	[gʉver'nør]
consul (de)	**konsul** (m)	['kʊnˌsʉl]

diplomaat (de)	**diplomat** (m)	[diplʊ'mɑt]
burgemeester (de)	**borgermester** (m)	[bɔrgər'mɛstər]
sheriff (de)	**sheriff** (m)	[ʂɛ'rif]
keizer (bijv. Romeinse ~)	**keiser** (m)	['kæjsər]
tsaar (de)	**tsar** (m)	['tsɑr]
farao (de)	**farao** (m)	['fɑrɑu]
kan (de)	**khan** (m)	['kɑn]

190. Weg. Weg. Routebeschrijving

weg (de)	**vei** (m)	['væj]
route (de kortste ~)	**vei** (m)	['væj]
autoweg (de)	**motorvei** (m)	['mɔtʊr,væj]
snelweg (de)	**hovedvei** (m)	['hʊvəd,væj]
rijksweg (de)	**riksvei** (m)	['riks,væj]
hoofdweg (de)	**hovedvei** (m)	['hʊvəd,væj]
landweg (de)	**bygdevei** (m)	['bʏgdə,væj]
pad (het)	**sti** (m)	['sti]
paadje (het)	**sti** (m)	['sti]
Waar?	**Hvor?**	['vʊr]
Waarheen?	**Hvorhen?**	['vʊrhen]
Waaruit?	**Hvorfra?**	['vʊrfrɑ]
richting (de)	**retning** (m/f)	['rɛtniŋ]
aanwijzen (de weg ~)	**å peke**	[ɔ 'pekə]
naar links (bw)	**til venstre**	[til 'vɛnstrə]
naar rechts (bw)	**til høyre**	[til 'højrə]
rechtdoor (bw)	**rett frem**	['rɛt frem]
terug (bijv. ~ keren)	**tilbake**	[til'bɑkə]
bocht (de)	**kurve** (m)	['kʉrvə]
afslaan (naar rechts ~)	**å svinge**	[ɔ 'sviŋə]
U-bocht maken (ww)	**å ta en U-sving**	[ɔ 'tɑ en 'ʉ:,sviŋ]
zichtbaar worden (ww)	**å være synlig**	[ɔ 'værə 'sʏnli]
verschijnen (in zicht komen)	**å vise seg**	[ɔ 'visə sæj]
stop (korte onderbreking)	**stopp** (m), **hvile** (m/f)	['stɔp], ['vilə]
zich verpozen (uitrusten)	**å hvile**	[ɔ 'vilə]
rust (de)	**hvile** (m/f)	['vilə]
verdwalen (de weg kwijt zijn)	**å gå seg vill**	[ɔ 'gɔ sæj 'vil]
leiden naar … (de weg)	**å føre til …**	[ɔ 'førə til …]
bereiken (ergens aankomen)	**å komme ut …**	[ɔ 'kɔmə ʉt …]
deel (~ van de weg)	**strekning** (m)	['strɛkniŋ]
asfalt (het)	**asfalt** (m)	['ɑs,fɑlt]
trottoirband (de)	**fortauskant** (m)	['fɔ:ʈɑʊs,kɑnt]

greppel (de)	**veigrøft** (m/f)	['væj,grœft]
putdeksel (het)	**kum** (m), **kumlokk** (n)	['kʉm], ['kʉm,lɔk]
vluchtstrook (de)	**veikant** (m)	['væj,kɑnt]
kuil (de)	**grop** (m/f)	['grʊp]
gaan (te voet)	**å gå**	[ɔ 'gɔ]
inhalen (voorbijgaan)	**å passere**	[ɔ pɑ'serə]
stap (de)	**skritt** (n)	['skrit]
te voet (bw)	**til fots**	[til 'fʊts]
blokkeren (de weg ~)	**å sperre**	[ɔ 'spɛrə]
slagboom (de)	**bom** (m)	['bʊm]
doodlopende straat (de)	**blindgate** (m/f)	['blin,gɑtə]

191. De wet overtreden. Criminelen. Deel 1

bandiet (de)	**banditt** (m)	[bɑn'dit]
misdaad (de)	**forbrytelse** (m)	[fɔr'brytəlsə]
misdadiger (de)	**forbryter** (m)	[fɔr'brytər]
dief (de)	**tyv** (m)	['tyv]
stelen (ww)	**å stjele**	[ɔ 'stjelə]
kidnappen (ww)	**å kidnappe**	[ɔ 'kid,nɛpə]
kidnapping (de)	**kidnapping** (m)	['kid,nɛpiŋ]
kidnapper (de)	**kidnapper** (m)	['kid,nɛpər]
losgeld (het)	**løsepenger** (m pl)	['løsə,pɛŋər]
eisen losgeld (ww)	**å kreve løsepenger**	[ɔ 'krevə 'løsə,pɛŋər]
overvallen (ww)	**å rane**	[ɔ 'rɑnə]
overval (de)	**ran** (n)	['rɑn]
overvaller (de)	**raner** (m)	['rɑnər]
afpersen (ww)	**å presse ut**	[ɔ 'prɛsə ʉt]
afperser (de)	**utpresser** (m)	['ʉt,prɛsər]
afpersing (de)	**utpressing** (m/f)	['ʉt,prɛsiŋ]
vermoorden (ww)	**å myrde**	[ɔ 'mʏ:ɖə]
moord (de)	**mord** (n)	['mʊr]
moordenaar (de)	**morder** (m)	['mʊrdər]
schot (het)	**skudd** (n)	['skʉd]
een schot lossen	**å skyte av**	[ɔ 'ʂytə ɑ:]
neerschieten (ww)	**å skyte ned**	[ɔ 'ʂytə ne]
schieten (ww)	**å skyte**	[ɔ 'ʂytə]
schieten (het)	**skyting, skytning** (m/f)	['ʂytiŋ], ['ʂytniŋ]
ongeluk (gevecht, enz.)	**hendelse** (m)	['hɛndəlsə]
gevecht (het)	**slagsmål** (n)	['ʂlɑks,mol]
Help!	**Hjelp!**	['jɛlp]
slachtoffer (het)	**offer** (n)	['ɔfər]
beschadigen (ww)	**å skade**	[ɔ 'skɑdə]

schade (de)	**skade** (m)	['skadə]
lijk (het)	**lik** (n)	['lik]
zwaar (~ misdrijf)	**alvorlig**	[al'vɔ:ɭi]
aanvallen (ww)	**å anfalle**	[ɔ 'an,falə]
slaan (iemand ~)	**å slå**	[ɔ 'ʂlɔ]
in elkaar slaan (toetakelen)	**å klå opp**	[ɔ 'klɔ ɔp]
ontnemen (beroven)	**å berøve**	[ɔ be'røvə]
steken (met een mes)	**å stikke i hjel**	[ɔ 'stikə i 'jel]
verminken (ww)	**å lemleste**	[ɔ 'lem,lestə]
verwonden (ww)	**å såre**	[ɔ 'so:rə]
chantage (de)	**utpressing** (m/f)	['ʉt,prɛsiŋ]
chanteren (ww)	**å utpresse**	[ɔ 'ʉt,prɛsə]
chanteur (de)	**utpresser** (m)	['ʉt,prɛsər]
afpersing (de)	**utpressing** (m/f)	['ʉt,prɛsiŋ]
afperser (de)	**utpresser** (m)	['ʉt,prɛsər]
gangster (de)	**gangster** (m)	['gɛŋstər]
maffia (de)	**mafia** (m)	['mafia]
kruimeldief (de)	**lommetyv** (m)	['lʊmə,tyv]
inbreker (de)	**innbruddstyv** (m)	['inbrʉds,tyv]
smokkelen (het)	**smugling** (m/f)	['smʉgliŋ]
smokkelaar (de)	**smugler** (m)	['smʉglər]
namaak (de)	**forfalskning** (m/f)	[fɔr'falskniŋ]
namaken (ww)	**å forfalske**	[ɔ fɔr'falskə]
namaak-, vals (bn)	**falsk**	['falsk]

192. De wet overtreden. Criminelen. Deel 2

verkrachting (de)	**voldtekt** (m)	['vɔl,tɛkt]
verkrachten (ww)	**å voldta**	[ɔ 'vɔl,ta]
verkrachter (de)	**voldtektsmann** (m)	['vɔl,tɛkts man]
maniak (de)	**maniker** (m)	['manikər]
prostituee (de)	**prostituert** (m)	[prʊstitʉ'e:ʈ]
prostitutie (de)	**prostitusjon** (m)	[prʊstitʉ'ʂʊn]
pooier (de)	**hallik** (m)	['halik]
drugsverslaafde (de)	**narkoman** (m)	[narkʊ'man]
drugshandelaar (de)	**narkolanger** (m)	['narkɔ,laŋər]
opblazen (ww)	**å sprenge**	[ɔ 'sprɛŋə]
explosie (de)	**eksplosjon** (m)	[ɛksplʊ'ʂʊn]
in brand steken (ww)	**å sette fyr**	[ɔ 'sɛtə ,fyr]
brandstichter (de)	**brannstifter** (m)	['bran,stiftər]
terrorisme (het)	**terrorisme** (m)	[tɛrʊ'rismə]
terrorist (de)	**terrorist** (m)	[tɛrʊ'rist]
gijzelaar (de)	**gissel** (m)	['jisəl]
bedriegen (ww)	**å bedra**	[ɔ be'dra]
bedrog (het)	**bedrag** (n)	[be'drag]

oplichter (de)	**bedrager, svindler** (m)	[be'dragər], ['svindlər]
omkopen (ww)	**å bestikke**	[ɔ be'stikə]
omkoperij (de)	**bestikkelse** (m)	[be'stikəlsə]
smeergeld (het)	**bestikkelse** (m)	[be'stikəlsə]
vergif (het)	**gift** (m/f)	['jift]
vergiftigen (ww)	**å forgifte**	[ɔ fɔr'jiftə]
vergif innemen (ww)	**å forgifte seg selv**	[ɔ fɔr'jiftə sæj sɛl]
zelfmoord (de)	**selvmord** (n)	['sɛlˌmʊr]
zelfmoordenaar (de)	**selvmorder** (m)	['sɛlˌmʊrdər]
bedreigen (bijv. met een pistool)	**å true**	[ɔ 'trʉə]
bedreiging (de)	**trussel** (m)	['trʉsəl]
een aanslag plegen	**å begå mordforsøk**	[ɔ be'gɔ 'mʊrdfɔˌʂøk]
aanslag (de)	**mordforsøk** (n)	['mʊrdfɔˌʂøk]
stelen (een auto)	**å stjele**	[ɔ 'stjelə]
kapen (een vliegtuig)	**å kapre**	[ɔ 'kaprə]
wraak (de)	**hevn** (m)	['hɛvn]
wreken (ww)	**å hevne**	[ɔ 'hɛvnə]
martelen (gevangenen)	**å torturere**	[ɔ tɔːʈʉ'rerə]
foltering (de)	**tortur** (m)	[tɔː'ʈʉr]
folteren (ww)	**å plage**	[ɔ 'plagə]
piraat (de)	**pirat, sjørøver** (m)	['pi'rat], ['ʂøˌrøvər]
straatschender (de)	**bølle** (m)	['bølə]
gewapend (bn)	**bevæpnet**	[be'væpnət]
geweld (het)	**vold** (m)	['vɔl]
onwettig (strafbaar)	**illegal**	['ileˌgal]
spionage (de)	**spionasje** (m)	[spiʊ'naʂə]
spioneren (ww)	**å spionere**	[ɔ spiʊ'nerə]

193. Politie. Wet. Deel 1

gerecht (het)	**justis** (m), **rettspleie** (m/f)	['jʉ'stis], ['rɛtsˌplæje]
gerechtshof (het)	**rettssal** (m)	['rɛtsˌsal]
rechter (de)	**dommer** (m)	['dɔmər]
jury (de)	**lagrettemedlemmer** (n pl)	['lagˌrɛtə medle'mer]
juryrechtspraak (de)	**lagrette, juryordning** (m)	['lagˌrɛtə], ['jʉriˌɔrdniŋ]
berechten (ww)	**å dømme**	[ɔ 'dœmə]
advocaat (de)	**advokat** (m)	[advʊ'kat]
beklaagde (de)	**anklaget** (m)	['anˌklaget]
beklaagdenbank (de)	**anklagebenk** (m)	[an'klagəˌbɛnk]
beschuldiging (de)	**anklage** (m)	['anˌklagə]
beschuldigde (de)	**anklagede** (m)	['anˌklagedə]
vonnis (het)	**dom** (m)	['dɔm]

veroordelen (in een rechtszaak)	**å dømme**	[ɔ 'dœmə]
schuldige (de)	**skyldige** (m)	['ʂyldiə]
straffen (ww)	**å straffe**	[ɔ 'strafə]
bestraffing (de)	**straff, avstraffelse** (m)	['straf], ['af,strafəlsə]
boete (de)	**bot** (m/f)	['bʊt]
levenslange opsluiting (de)	**livsvarig fengsel** (n)	['lifs,vari 'fɛŋsəl]
doodstraf (de)	**dødsstraff** (m/f)	['død,straf]
elektrische stoel (de)	**elektrisk stol** (m)	[ɛ'lektrisk ,stʊl]
schavot (het)	**galge** (m)	['galgə]
executeren (ww)	**å henrette**	[ɔ 'hɛn,rɛtə]
executie (de)	**henrettelse** (m)	['hɛn,rɛtəlsə]
gevangenis (de)	**fengsel** (n)	['fɛŋsəl]
cel (de)	**celle** (m)	['sɛlə]
konvooi (het)	**eskorte** (m)	[ɛs'kɔ:ʈə]
gevangenisbewaker (de)	**fangevokter** (m)	['faŋə,vɔktər]
gedetineerde (de)	**fange** (m)	['faŋə]
handboeien (mv.)	**håndjern** (n pl)	['hɔn,jæ:ɳ]
handboeien omdoen	**å sette håndjern**	[ɔ 'sɛtə 'hɔn,jæ:ɳ]
ontsnapping (de)	**flykt** (m/f)	['flʏkt]
ontsnappen (ww)	**å flykte, å rømme**	[ɔ 'flʏktə], [ɔ 'rœmə]
verdwijnen (ww)	**å forsvinne**	[ɔ fɔ'ʂvinə]
vrijlaten (uit de gevangenis)	**å løslate**	[ɔ 'løs,latə]
amnestie (de)	**amnesti** (m)	[amnɛ'sti]
politie (de)	**politi** (n)	[pʊli'ti]
politieagent (de)	**politi** (m)	[pʊli'ti]
politiebureau (het)	**politistasjon** (m)	[pʊli'ti,sta'ʂʊn]
knuppel (de)	**gummikølle** (m/f)	['gʉmi,kølə]
megafoon (de)	**megafon** (m)	[mega'fʊn]
patrouilleerwagen (de)	**patruljebil** (m)	[pa'trʉljə,bil]
sirene (de)	**sirene** (m/f)	[si'renə]
de sirene aansteken	**å slå på sirenen**	[ɔ 'ʂlɔ pɔ si'renən]
geloei (het) van de sirene	**sirene hyl** (n)	[si'renə ,hyl]
plaats delict (de)	**åsted** (n)	['ɔsted]
getuige (de)	**vitne** (n)	['vitnə]
vrijheid (de)	**frihet** (m)	['fri,het]
handlanger (de)	**medskyldig** (m)	['mɛ,ʂyldi]
ontvluchten (ww)	**å flykte**	[ɔ 'flʏktə]
spoor (het)	**spor** (n)	['spʊr]

194. Politie. Wet. Deel 2

opsporing (de)	**ettersøking** (m/f)	['ɛtə,ʂøkiŋ]
opsporen (ww)	**å søke etter ...**	[ɔ 'søkə ,ɛtər ...]
verdenking (de)	**mistanke** (m)	['mis,tankə]

verdacht (bn)	**mistenkelig**	[mis'tɛnkəli]
aanhouden (stoppen)	**å stoppe**	[ɔ 'stɔpə]
tegenhouden (ww)	**å anholde**	[ɔ 'an,hɔlə]
strafzaak (de)	**sak** (m/f)	['sɑk]
onderzoek (het)	**etterforskning** (m/f)	['ɛtər,fɔʂkniŋ]
detective (de)	**detektiv** (m)	[detɛk'tiv]
onderzoeksrechter (de)	**etterforsker** (m)	['ɛtər,fɔʂkər]
versie (de)	**versjon** (m)	[væ'ʂʊn]
motief (het)	**motiv** (n)	[mʊ'tiv]
verhoor (het)	**forhør** (n)	[fɔr'hør]
ondervragen (door de politie)	**å forhøre**	[ɔ fɔr'hørə]
ondervragen (omstanders ~)	**å avhøre**	[ɔ 'ɑv,hørə]
controle (de)	**sjekking** (m/f)	['ʂɛkiŋ]
razzia (de)	**rassia, razzia** (m)	['rɑsiɑ]
huiszoeking (de)	**ransakelse** (m)	['rɑn,sɑkəlsə]
achtervolging (de)	**jakt** (m/f)	['jakt]
achtervolgen (ww)	**å forfølge**	[ɔ fɔr'følə]
opsporen (ww)	**å spore**	[ɔ 'spʊrə]
arrest (het)	**arrest** (m)	[ɑ'rɛst]
arresteren (ww)	**å arrestere**	[ɔ ɑrɛ'sterə]
vangen, aanhouden (een dief, enz.)	**å fange**	[ɔ 'fɑŋə]
aanhouding (de)	**pågripelse** (m)	['pɔ,gripəlsə]
document (het)	**dokument** (n)	[dɔkʉ'mɛnt]
bewijs (het)	**bevis** (n)	[be'vis]
bewijzen (ww)	**å bevise**	[ɔ be'visə]
voetspoor (het)	**fotspor** (n)	['fʊt,spʊr]
vingerafdrukken (mv.)	**fingeravtrykk** (n pl)	['fiŋər,ɑvtrʏk]
bewijs (het)	**bevis** (n)	[be'vis]
alibi (het)	**alibi** (n)	['ɑlibi]
onschuldig (bn)	**uskyldig**	[ʉ'ʂyldi]
onrecht (het)	**urettferdighet** (m)	['ʉrɛtfærdi,het]
onrechtvaardig (bn)	**urettferdig**	['ʉrɛt,færdi]
crimineel (bn)	**kriminell**	[krimi'nɛl]
confisqueren (in beslag nemen)	**å konfiskere**	[ɔ kʊnfi'skerə]
drug (de)	**narkotika** (m)	[nɑr'kɔtikɑ]
wapen (het)	**våpen** (n)	['vɔpən]
ontwapenen (ww)	**å avvæpne**	[ɔ 'ɑv,væpnə]
bevelen (ww)	**å befale**	[ɔ be'fɑlə]
verdwijnen (ww)	**å forsvinne**	[ɔ fɔ'ʂvinə]
wet (de)	**lov** (m)	['lɔv]
wettelijk (bn)	**lovlig**	['lɔvli]
onwettelijk (bn)	**ulovlig**	[ʉ'lɔvli]
verantwoordelijkheid (de)	**ansvar** (n)	['ɑn,svɑr]
verantwoordelijk (bn)	**ansvarlig**	[ɑns'vɑ:ḷi]

NATUUR

De Aarde. Deel 1

195. De kosmische ruimte

kosmos (de)	**rommet, kosmos** (n)	['rʊmə], ['kɔsmɔs]
kosmisch (bn)	**rom-**	['rʊm-]
kosmische ruimte (de)	**ytre rom** (n)	['ytrə ˌrʊm]
wereld (de)	**verden** (m)	['værdən]
heelal (het)	**univers** (n)	[ʉni'væʂ]
sterrenstelsel (het)	**galakse** (m)	[gɑ'lɑksə]
ster (de)	**stjerne** (m/f)	['stjæ:ɳə]
sterrenbeeld (het)	**stjernebilde** (n)	['stjæ:ɳəˌbildə]
planeet (de)	**planet** (m)	[plɑ'net]
satelliet (de)	**satellitt** (m)	[sɑtɛ'lit]
meteoriet (de)	**meteoritt** (m)	[meteʊ'rit]
komeet (de)	**komet** (m)	[kʊ'met]
asteroïde (de)	**asteroide** (n)	[ɑsterʊ'idə]
baan (de)	**bane** (m)	['bɑnə]
draaien (om de zon, enz.)	**å rotere**	[ɔ rʊ'terə]
atmosfeer (de)	**atmosfære** (m)	[ɑtmʊ'sfærə]
Zon (de)	**Solen**	['sʊlən]
zonnestelsel (het)	**solsystem** (n)	['sʊl sʏ'stem]
zonsverduistering (de)	**solformørkelse** (m)	['sʊl fɔr'mœrkəlsə]
Aarde (de)	**Jorden**	['ju:rən]
Maan (de)	**Månen**	['mo:nən]
Mars (de)	**Mars**	['mɑʂ]
Venus (de)	**Venus**	['venʉs]
Jupiter (de)	**Jupiter**	['jʉpitər]
Saturnus (de)	**Saturn**	['sɑˌtʉ:ɳ]
Mercurius (de)	**Merkur**	[mær'kʉr]
Uranus (de)	**Uranus**	[ʉ'rɑnʉs]
Neptunus (de)	**Neptun**	[nɛp'tʉn]
Pluto (de)	**Pluto**	['plʉtʊ]
Melkweg (de)	**Melkeveien**	['mɛlkəˌvæjən]
Grote Beer (de)	**den Store Bjørn**	['dən 'stʊrə ˌbjœ:ɳ]
Poolster (de)	**Nordstjernen, Polaris**	['nʊ:rˌstjæ:ɳən], [pɔ'lɑris]
marsmannetje (het)	**marsbeboer** (m)	['mɑʂˌbebʊər]
buitenaards wezen (het)	**utenomjordisk vesen** (n)	['ʉtənɔmˌju:rdisk 'vesən]

bovenaards (het)	**romvesen** (n)	['rʊmˌvesən]
vliegende schotel (de)	**flygende tallerken** (m)	['flygenə tɑ'lærkən]
ruimtevaartuig (het)	**romskip** (n)	['rʊmˌʂip]
ruimtestation (het)	**romstasjon** (m)	['rʊmˌstɑ'ʂʊn]
start (de)	**start** (m), **oppskyting** (m/f)	['stɑ:ʈ], ['ɔpˌʂytiŋ]
motor (de)	**motor** (m)	['mɔtʊr]
straalpijp (de)	**dyse** (m)	['dysə]
brandstof (de)	**brensel** (n), **drivstoff** (n)	['brɛnsəl], ['drifˌstɔf]
cabine (de)	**cockpit** (m), **flydekk** (n)	['kɔkpit], ['flyˌdɛk]
antenne (de)	**antenne** (m)	[ɑn'tɛnə]
patrijspoort (de)	**koøye** (n)	['kʊˌøjə]
zonnebatterij (de)	**solbatteri** (n)	['sʊl batɛ'ri]
ruimtepak (het)	**romdrakt** (m/f)	['rʊmˌdrɑkt]
gewichtloosheid (de)	**vektløshet** (m/f)	['vɛktløsˌhet]
zuurstof (de)	**oksygen** (n)	['ɔksy'gen]
koppeling (de)	**dokking** (m/f)	['dɔkiŋ]
koppeling maken	**å dokke**	[ɔ 'dɔkə]
observatorium (het)	**observatorium** (n)	[ɔbsərvɑ'tʊrium]
telescoop (de)	**teleskop** (n)	[tele'skʊp]
waarnemen (ww)	**å observere**	[ɔ ɔbsɛr'verə]
exploreren (ww)	**å utforske**	[ɔ 'ʉtˌføʂkə]

196. De Aarde

Aarde (de)	**Jorden**	['ju:rən]
aardbol (de)	**jordklode** (m)	['ju:rˌklɔdə]
planeet (de)	**planet** (m)	[plɑ'net]
atmosfeer (de)	**atmosfære** (m)	[ɑtmʊ'sfærə]
aardrijkskunde (de)	**geografi** (m)	[geʊgrɑ'fi]
natuur (de)	**natur** (m)	[nɑ'tʉr]
wereldbol (de)	**globus** (m)	['glɔbʉs]
kaart (de)	**kart** (n)	['kɑ:ʈ]
atlas (de)	**atlas** (n)	['ɑtlɑs]
Europa (het)	**Europa**	[ɛʉ'rʊpɑ]
Azië (het)	**Asia**	['ɑsiɑ]
Afrika (het)	**Afrika**	['ɑfrikɑ]
Australië (het)	**Australia**	[ɑʊ'strɑliɑ]
Amerika (het)	**Amerika**	[ɑ'merikɑ]
Noord-Amerika (het)	**Nord-Amerika**	['nʊ:r ɑ'merikɑ]
Zuid-Amerika (het)	**Sør-Amerika**	['sør ɑ'merikɑ]
Antarctica (het)	**Antarktis**	[ɑn'tɑrktis]
Arctis (de)	**Arktis**	['ɑrktis]

197. Windrichtingen

noorden (het)	**nord** (n)	['nʊ:r]
naar het noorden	**mot nord**	[mʊt 'nʊ:r]
in het noorden	**i nord**	[i 'nʊ:r]
noordelijk (bn)	**nordlig**	['nʊ:rli]
zuiden (het)	**syd, sør**	['syd], ['sør]
naar het zuiden	**mot sør**	[mʊt 'sør]
in het zuiden	**i sør**	[i 'sør]
zuidelijk (bn)	**sydlig, sørlig**	['sydli], ['sø:ɭi]
westen (het)	**vest** (m)	['vɛst]
naar het westen	**mot vest**	[mʊt 'vɛst]
in het westen	**i vest**	[i 'vɛst]
westelijk (bn)	**vestlig, vest-**	['vɛstli]
oosten (het)	**øst** (m)	['øst]
naar het oosten	**mot øst**	[mʊt 'øst]
in het oosten	**i øst**	[i 'øst]
oostelijk (bn)	**østlig**	['østli]

198. Zee. Oceaan

zee (de)	**hav** (n)	['hɑv]
oceaan (de)	**verdenshav** (n)	[værdəns'hɑv]
golf (baai)	**bukt** (m/f)	['bʉkt]
straat (de)	**sund** (n)	['sʉn]
grond (vaste grond)	**fastland** (n)	['fɑst,lɑn]
continent (het)	**fastland, kontinent** (n)	['fɑst,lɑn], [kʊnti'nɛnt]
eiland (het)	**øy** (m/f)	['øj]
schiereiland (het)	**halvøy** (m/f)	['hɑl,ø:j]
archipel (de)	**skjærgård** (m), **arkipelag** (n)	['ʂær,gɔr], [ɑrkipe'lɑg]
baai, bocht (de)	**bukt** (m/f)	['bʉkt]
haven (de)	**havn** (m/f)	['hɑvn]
lagune (de)	**lagune** (m)	[lɑ'gʉnə]
kaap (de)	**nes** (n), **kapp** (n)	['nes], ['kɑp]
atol (de)	**atoll** (m)	[ɑ'tɔl]
rif (het)	**rev** (n)	['rev]
koraal (het)	**korall** (m)	[kʊ'rɑl]
koraalrif (het)	**korallrev** (n)	[kʊ'rɑl,rɛv]
diep (bn)	**dyp**	['dyp]
diepte (de)	**dybde** (m)	['dʏbdə]
diepzee (de)	**avgrunn** (m)	['ɑv,grʉn]
trog (bijv. Marianentrog)	**dyphavsgrop** (m/f)	['dyphɑfs,grɔp]
stroming (de)	**strøm** (m)	['strøm]
omspoelen (ww)	**å omgi**	[ɔ 'ɔm,ji]
oever (de)	**kyst** (m)	['çyst]

kust (de)	**kyst** (m)	['çyst]
vloed (de)	**flo** (m/f)	['flʊ]
eb (de)	**ebbe** (m), **fjære** (m/f)	['ɛbə], ['fjærə]
ondiepte (ondiep water)	**sandbanke** (m)	['sɑn,bɑnkə]
bodem (de)	**bunn** (m)	['bʉn]
golf (hoge ~)	**bølge** (m)	['bølgə]
golfkam (de)	**bølgekam** (m)	['bølgə,kɑm]
schuim (het)	**skum** (n)	['skʉm]
storm (de)	**storm** (m)	['stɔrm]
orkaan (de)	**orkan** (m)	[ɔr'kɑn]
tsunami (de)	**tsunami** (m)	[tsʉ'nɑmi]
windstilte (de)	**stille** (m/f)	['stilə]
kalm (bijv. ~e zee)	**stille**	['stilə]
pool (de)	**pol** (m)	['pʊl]
polair (bn)	**pol-, polar**	['pʊl-], [pʊ'lɑr]
breedtegraad (de)	**bredde, latitude** (m)	['brɛdə], ['lɑti,tʉdə]
lengtegraad (de)	**lengde** (m/f)	['leŋdə]
parallel (de)	**breddegrad** (m)	['brɛdə,grɑd]
evenaar (de)	**ekvator** (m)	[ɛ'kvɑtʊr]
hemel (de)	**himmel** (m)	['himəl]
horizon (de)	**horisont** (m)	[hʊri'sɔnt]
lucht (de)	**luft** (f)	['lʉft]
vuurtoren (de)	**fyr** (n)	['fyr]
duiken (ww)	**å dykke**	[ɔ 'dʏkə]
zinken (ov. een boot)	**å synke**	[ɔ 'sʏnkə]
schatten (mv.)	**skatter** (m pl)	['skɑtər]

199. Namen van zeeën en oceanen

Atlantische Oceaan (de)	**Atlanterhavet**	[ɑt'lɑntər,hɑve]
Indische Oceaan (de)	**Indiahavet**	['indiɑ,hɑve]
Stille Oceaan (de)	**Stillehavet**	['stilə,hɑve]
Noordelijke IJszee (de)	**Polhavet**	['pɔl,hɑve]
Zwarte Zee (de)	**Svartehavet**	['svɑ:ʈə,hɑve]
Rode Zee (de)	**Rødehavet**	['rødə,hɑve]
Gele Zee (de)	**Gulehavet**	['gʉlə,hɑve]
Witte Zee (de)	**Kvitsjøen, Hvitehavet**	['kvit,ʂø:n], ['vit,hɑve]
Kaspische Zee (de)	**Kaspihavet**	['kɑspi,hɑve]
Dode Zee (de)	**Dødehavet**	['dødə'hɑve]
Middellandse Zee (de)	**Middelhavet**	['midəl,hɑve]
Egeïsche Zee (de)	**Egeerhavet**	[ɛ'ge:ər,hɑve]
Adriatische Zee (de)	**Adriahavet**	['ɑdriɑ,hɑve]
Arabische Zee (de)	**Arabiahavet**	[ɑ'rɑbiɑ,hɑve]
Japanse Zee (de)	**Japanhavet**	['jɑpɑn,hɑve]

Beringzee (de)	**Beringhavet**	['beriŋ,have]
Zuid-Chinese Zee (de)	**Sør-Kina-havet**	['sør,çina 'have]
Koraalzee (de)	**Korallhavet**	[kʊ'ral,have]
Tasmanzee (de)	**Tasmanhavet**	[tas'man,have]
Caribische Zee (de)	**Karibhavet**	[ka'rib,have]
Barentszzee (de)	**Barentshavet**	['barɛns,have]
Karische Zee (de)	**Karahavet**	['kara,have]
Noordzee (de)	**Nordsjøen**	['nʊ:r,ʂø:n]
Baltische Zee (de)	**Østersjøen**	['østə,ʂø:n]
Noorse Zee (de)	**Norskehavet**	['nɔʂkə,have]

200. Bergen

berg (de)	**fjell** (n)	['fjɛl]
bergketen (de)	**fjellkjede** (m)	['fjɛl,çɛ:də]
gebergte (het)	**fjellrygg** (m)	['fjɛl,rʏg]
bergtop (de)	**topp** (m)	['tɔp]
bergpiek (de)	**tind** (m)	['tin]
voet (ov. de berg)	**fot** (m)	['fʊt]
helling (de)	**skråning** (m)	['skrɔniŋ]
vulkaan (de)	**vulkan** (m)	[vʉl'kan]
actieve vulkaan (de)	**virksom vulkan** (m)	['virksɔm vʉl'kan]
uitgedoofde vulkaan (de)	**utslukt vulkan** (m)	['ʉt,ʂlʉkt vʉl'kan]
uitbarsting (de)	**utbrudd** (n)	['ʉt,brʉd]
krater (de)	**krater** (n)	['kratər]
magma (het)	**magma** (m/n)	['magma]
lava (de)	**lava** (m)	['lava]
gloeiend (~e lava)	**glødende**	['glødenə]
kloof (canyon)	**canyon** (m)	['kanjən]
bergkloof (de)	**gjel** (n), **kløft** (m)	['jel], ['klœft]
spleet (de)	**renne** (m/f)	['rɛnə]
afgrond (de)	**avgrunn** (m)	['av,grʉn]
bergpas (de)	**pass** (n)	['pas]
plateau (het)	**platå** (n)	[pla'to]
klip (de)	**klippe** (m)	['klipə]
heuvel (de)	**ås** (m)	['ɔs]
gletsjer (de)	**bre, jøkel** (m)	['bre], ['jøkəl]
waterval (de)	**foss** (m)	['fɔs]
geiser (de)	**geysir** (m)	['gɛjsir]
meer (het)	**innsjø** (m)	['in'ʂø]
vlakte (de)	**slette** (m/f)	['ʂletə]
landschap (het)	**landskap** (n)	['lan,skap]
echo (de)	**ekko** (n)	['ɛkʊ]
alpinist (de)	**alpinist** (m)	[alpi'nist]

bergbeklimmer (de)	**fjellklatrer** (m)	['fjɛlˌklatrər]
trotseren (berg ~)	**å erobre**	[ɔ ɛ'rʊbrə]
beklimming (de)	**bestigning** (m/f)	[be'stigniŋ]

201. Bergen namen

Alpen (de)	**Alpene**	['alpenə]
Mont Blanc (de)	**Mont Blanc**	[ˌmɔn'blan]
Pyreneeën (de)	**Pyreneene**	[pyre'ne:ənə]
Karpaten (de)	**Karpatene**	[kar'patenə]
Oeralgebergte (het)	**Uralfjellene**	[ʉ'ral ˌfjɛlenə]
Kaukasus (de)	**Kaukasus**	['kaʊkasʉs]
Elbroes (de)	**Elbrus**	[ɛl'brʉs]
Altaj (de)	**Altaj**	[al'taj]
Tiensjan (de)	**Tien Shan**	[ti'enˌʂan]
Pamir (de)	**Pamir**	[pa'mir]
Himalaya (de)	**Himalaya**	[hima'laja]
Everest (de)	**Everest**	['ɛve'rɛst]
Andes (de)	**Andes**	['andəs]
Kilimanjaro (de)	**Kilimanjaro**	[kiliman'dʂarʊ]

202. Rivieren

rivier (de)	**elv** (m/f)	['ɛlv]
bron (~ van een rivier)	**kilde** (m)	['çildə]
rivierbedding (de)	**elveleie** (n)	['ɛlvəˌlæje]
rivierbekken (het)	**flodbasseng** (n)	['flʊd baˌseŋ]
uitmonden in ...	**å munne ut ...**	[ɔ 'mʉnə ʉt ...]
zijrivier (de)	**bielv** (m/f)	['biˌelv]
oever (de)	**bredd** (m)	['brɛd]
stroming (de)	**strøm** (m)	['strøm]
stroomafwaarts (bw)	**medstrøms**	['meˌstrøms]
stroomopwaarts (bw)	**motstrøms**	['mʊtˌstrøms]
overstroming (de)	**oversvømmelse** (m)	['ɔvəˌʂvœməlsə]
overstroming (de)	**flom** (m)	['flɔm]
buiten zijn oevers treden	**å overflø**	[ɔ 'ɔvərˌflø]
overstromen (ww)	**å oversvømme**	[ɔ 'ɔvəˌʂvœmə]
zandbank (de)	**grunne** (m/f)	['grʉnə]
stroomversnelling (de)	**stryk** (m/n)	['stryk]
dam (de)	**demning** (m)	['dɛmniŋ]
kanaal (het)	**kanal** (m)	[ka'nal]
spaarbekken (het)	**reservoar** (n)	[resɛrvʊ'ar]
sluis (de)	**sluse** (m)	['ʂlʉsə]
waterlichaam (het)	**vannmasse** (m)	['vanˌmasə]

moeras (het)	**myr, sump** (m)	['myr], ['sʉmp]
broek (het)	**hengemyr** (m)	['hɛŋeˌmyr]
draaikolk (de)	**virvel** (m)	['virvəl]
stroom (de)	**bekk** (m)	['bɛk]
drink- (abn)	**drikke-**	['drikə-]
zoet (~ water)	**fersk-**	['fæʂk-]
IJs (het)	**is** (m)	['is]
bevriezen (rivier, enz.)	**å fryse til**	[ɔ 'frysə til]

203. Namen van rivieren

Seine (de)	**Seine**	['sɛːn]
Loire (de)	**Loire**	[lu'ɑːr]
Theems (de)	**Themsen**	['tɛmsən]
Rijn (de)	**Rhinen**	['riːnən]
Donau (de)	**Donau**	['dɔnaʊ]
Wolga (de)	**Volga**	['vɔlgɑ]
Don (de)	**Don**	['dɔn]
Lena (de)	**Lena**	['lenɑ]
Gele Rivier (de)	**Huang He**	[ˌhwɑn'hɛ]
Blauwe Rivier (de)	**Yangtze**	['jaŋtse]
Mekong (de)	**Mekong**	[me'kɔŋ]
Ganges (de)	**Ganges**	['gɑŋes]
Nijl (de)	**Nilen**	['nilən]
Kongo (de)	**Kongo**	['kɔngʊ]
Okavango (de)	**Okavango**	[ʊkɑ'vɑngʊ]
Zambezi (de)	**Zambezi**	[sɑm'besi]
Limpopo (de)	**Limpopo**	[limpɔ'pɔ]
Mississippi (de)	**Mississippi**	['misi'sipi]

204. Bos

bos (het)	**skog** (m)	['skʊg]
bos- (abn)	**skog-**	['skʊg-]
oerwoud (dicht bos)	**tett skog** (n)	['tɛt ˌskʊg]
bosje (klein bos)	**lund** (m)	['lʉn]
open plek (de)	**glenne** (m/f)	['glenə]
struikgewas (het)	**krattskog** (m)	['krɑtˌskʊg]
struiken (mv.)	**kratt** (n)	['krɑt]
paadje (het)	**sti** (m)	['sti]
ravijn (het)	**ravine** (m)	[rɑ'vinə]
boom (de)	**tre** (n)	['trɛ]
blad (het)	**blad** (n)	['blɑ]

gebladerte (het)	**løv** (n)	['løv]
vallende bladeren (mv.)	**løvfall** (n)	['løv,fal]
vallen (ov. de bladeren)	**å falle**	[ɔ 'falə]
boomtop (de)	**tretopp** (m)	['trɛ,tɔp]
tak (de)	**kvist, gren** (m)	['kvist], ['gren]
ent (de)	**gren, grein** (m/f)	['gren], ['græjn]
knop (de)	**knopp** (m)	['knɔp]
naald (de)	**nål** (m/f)	['nɔl]
dennenappel (de)	**kongle** (m/f)	['kʊŋlə]
boom holte (de)	**trehull** (n)	['trɛ,hʉl]
nest (het)	**reir** (n)	['ræjr]
hol (het)	**hule** (m/f)	['hʉlə]
stam (de)	**stamme** (m)	['stamə]
wortel (bijv. boom~s)	**rot** (m/f)	['rʊt]
schors (de)	**bark** (m)	['bark]
mos (het)	**mose** (m)	['mʊsə]
ontwortelen (een boom)	**å rykke opp med roten**	[ɔ 'rʏkə ɔp me 'rutən]
kappen (een boom ~)	**å felle**	[ɔ 'fɛlə]
ontbossen (ww)	**å hogge ned**	[ɔ 'hɔgə 'ne]
stronk (de)	**stubbe** (m)	['stʉbə]
kampvuur (het)	**bål** (n)	['bɔl]
bosbrand (de)	**skogbrann** (m)	['skʊg,bran]
blussen (ww)	**å slokke**	[ɔ 'ʂløkə]
boswachter (de)	**skogvokter** (m)	['skʊg,vɔktər]
bescherming (de)	**vern** (n), **beskyttelse** (m)	['væ:ɳ], ['be'ʂytəlsə]
beschermen (bijv. de natuur ~)	**å beskytte**	[ɔ be'ʂytə]
stroper (de)	**tyvskytter** (m)	['tyf,ʂytər]
val (de)	**saks** (m/f)	['saks]
plukken (vruchten, enz.)	**å plukke**	[ɔ 'plʉkə]
verdwalen (de weg kwijt zijn)	**å gå seg vill**	[ɔ 'gɔ sæj 'vil]

205. Natuurlijke hulpbronnen

natuurlijke rijkdommen (mv.)	**naturressurser** (m pl)	[na'tʉr rɛ'sʉʂər]
delfstoffen (mv.)	**mineraler** (n pl)	[minə'ralər]
lagen (mv.)	**forekomster** (m pl)	['fɔrə,kɔmstər]
veld (bijv. olie~)	**felt** (m)	['fɛlt]
winnen (uit erts ~)	**å utvinne**	[ɔ 'ʉt,vinə]
winning (de)	**utvinning** (m/f)	['ʉt,viniŋ]
erts (het)	**malm** (m)	['malm]
mijn (bijv. kolenmijn)	**gruve** (m/f)	['grʉvə]
mijnschacht (de)	**gruvesjakt** (m/f)	['grʉvə,ʂakt]
mijnwerker (de)	**gruvearbeider** (m)	['grʉvə'ar,bæjdər]
gas (het)	**gass** (m)	['gas]
gasleiding (de)	**gassledning** (m)	['gas,ledniŋ]

olie (aardolie)	**olje** (m)	['ɔljə]
olieleiding (de)	**oljeledning** (m)	['ɔljə,ledniŋ]
oliebron (de)	**oljebrønn** (m)	['ɔljə,brœn]
boortoren (de)	**boretårn** (n)	['bo:rə,tɔ:ɳ]
tanker (de)	**tankskip** (n)	['tɑnk,ʂip]
zand (het)	**sand** (m)	['sɑn]
kalksteen (de)	**kalkstein** (m)	['kɑlk,stæjn]
grind (het)	**grus** (m)	['grʉs]
veen (het)	**torv** (m/f)	['tɔrv]
klei (de)	**leir** (n)	['læjr]
steenkool (de)	**kull** (n)	['kʉl]
IJzer (het)	**jern** (n)	['jæ:ɳ]
goud (het)	**gull** (n)	['gʉl]
zilver (het)	**sølv** (n)	['søl]
nikkel (het)	**nikkel** (m)	['nikəl]
koper (het)	**kobber** (n)	['kɔbər]
zink (het)	**sink** (m/n)	['sink]
mangaan (het)	**mangan** (m/n)	[mɑ'ŋɑn]
kwik (het)	**kvikksølv** (n)	['kvik,søl]
lood (het)	**bly** (n)	['bly]
mineraal (het)	**mineral** (n)	[minə'rɑl]
kristal (het)	**krystall** (m/n)	[kry'stɑl]
marmer (het)	**marmor** (m/n)	['mɑrmʊr]
uraan (het)	**uran** (m/n)	[ʉ'rɑn]

De Aarde. Deel 2

206. Weer

weer (het)	**vær** (n)	['vær]
weersvoorspelling (de)	**værvarsel** (n)	['vær,vaʂəl]
temperatuur (de)	**temperatur** (m)	[tɛmpəra'tʉr]
thermometer (de)	**termometer** (n)	[tɛrmʊ'metər]
barometer (de)	**barometer** (n)	[barʊ'metər]
vochtig (bn)	**fuktig**	['fʉkti]
vochtigheid (de)	**fuktighet** (m)	['fʉkti,het]
hitte (de)	**hete** (m)	['he:tə]
heet (bn)	**het**	['het]
het is heet	**det er hett**	[de ær 'het]
het is warm	**det er varmt**	[de ær 'varmt]
warm (bn)	**varm**	['varm]
het is koud	**det er kaldt**	[de ær 'kalt]
koud (bn)	**kald**	['kal]
zon (de)	**sol** (m/f)	['sʊl]
schijnen (de zon)	**å skinne**	[ɔ 'ʂinə]
zonnig (~e dag)	**solrik**	['sʊl,rik]
opgaan (ov. de zon)	**å gå opp**	[ɔ 'gɔ ɔp]
ondergaan (ww)	**å gå ned**	[ɔ 'gɔ ne]
wolk (de)	**sky** (m)	['ʂy]
bewolkt (bn)	**skyet**	['ʂy:ət]
regenwolk (de)	**regnsky** (m/f)	['ræjn,ʂy]
somber (bn)	**mørk**	['mœrk]
regen (de)	**regn** (n)	['ræjn]
het regent	**det regner**	[de 'ræjnər]
regenachtig (bn)	**regnværs-**	['ræjn,væʂ-]
motregenen (ww)	**å småregne**	[ɔ 'smo:ræjnə]
plensbui (de)	**piskende regn** (n)	['piskenə ,ræjn]
stortbui (de)	**styrtregn** (n)	['sty:ʈ,ræjn]
hard (bn)	**kraftig, sterk**	['krafti], ['stærk]
plas (de)	**vannpytt** (m)	['van,pʏt]
nat worden (ww)	**å bli våt**	[ɔ 'bli 'vɔt]
mist (de)	**tåke** (m/f)	['to:kə]
mistig (bn)	**tåke**	['to:kə]
sneeuw (de)	**snø** (m)	['snø]
het sneeuwt	**det snør**	[de 'snør]

207. Zwaar weer. Natuurrampen

noodweer (storm)	**tordenvær** (n)	['tʊrdən,vær]
bliksem (de)	**lyn** (n)	['lyn]
flitsen (ww)	**å glimte**	[ɔ 'glimtə]
donder (de)	**torden** (m)	['tʊrdən]
donderen (ww)	**å tordne**	[ɔ 'tʊrdnə]
het dondert	**det tordner**	[de 'tʊrdnər]
hagel (de)	**hagle** (m/f)	['hɑglə]
het hagelt	**det hagler**	[de 'hɑglər]
overstromen (ww)	**å oversvømme**	[ɔ 'ɔvə,ʂvœmə]
overstroming (de)	**oversvømmelse** (m)	['ɔvə,ʂvœməlsə]
aardbeving (de)	**jordskjelv** (n)	['ju:r,ʂɛlv]
aardschok (de)	**skjelv** (n)	['ʂɛlv]
epicentrum (het)	**episenter** (n)	[ɛpi'sɛntər]
uitbarsting (de)	**utbrudd** (n)	['ʉt,brʉd]
lava (de)	**lava** (m)	['lɑvɑ]
wervelwind (de)	**skypumpe** (m/f)	['ʂy,pʉmpə]
windhoos (de)	**tornado** (m)	[tʊ:'ɳɑdʊ]
tyfoon (de)	**tyfon** (m)	[ty'fʊn]
orkaan (de)	**orkan** (m)	[ɔr'kɑn]
storm (de)	**storm** (m)	['stɔrm]
tsunami (de)	**tsunami** (m)	[tsʉ'nɑmi]
cycloon (de)	**syklon** (m)	[sy'klun]
onweer (het)	**uvær** (n)	['ʉ:,vær]
brand (de)	**brann** (m)	['brɑn]
ramp (de)	**katastrofe** (m)	[kɑtɑ'strɔfə]
meteoriet (de)	**meteoritt** (m)	[meteʊ'rit]
lawine (de)	**lavine** (m)	[lɑ'vinə]
sneeuwverschuiving (de)	**snøskred, snøras** (n)	['snø,skred], ['snøras]
sneeuwjacht (de)	**snøstorm** (m)	['snø,stɔrm]
sneeuwstorm (de)	**snøstorm** (m)	['snø,stɔrm]

208. Geluiden. Geluiden

stilte (de)	**stillhet** (m/f)	['stil,het]
geluid (het)	**lyd** (m)	['lyd]
lawaai (het)	**støy** (m)	['støj]
lawaai maken (ww)	**å støye**	[ɔ 'støjə]
lawaaierig (bn)	**støyende**	['støjənə]
luid (~ spreken)	**høylytt**	['højlʏt]
luid (bijv. ~e stem)	**høy**	['høj]
aanhoudend (voortdurend)	**konstant**	[kʊn'stɑnt]

schreeuw (de)	**skrik** (n)	['skrik]
schreeuwen (ww)	**å skrike**	[ɔ 'skrikə]
gefluister (het)	**hvisking** (m/f)	['viskiŋ]
fluisteren (ww)	**å hviske**	[ɔ 'viskə]
geblaf (het)	**gjøing** (m/f)	['jø:iŋ]
blaffen (ww)	**å gjø**	[ɔ 'jø]
gekreun (het)	**stønn** (n)	['stœn]
kreunen (ww)	**å stønne**	[ɔ 'stœnə]
hoest (de)	**hoste** (m)	['hʊstə]
hoesten (ww)	**å hoste**	[ɔ 'hʊstə]
gefluit (het)	**plystring** (m/f)	['plʏstriŋ]
fluiten (op het fluitje blazen)	**å plystre**	[ɔ 'plʏstrə]
geklop (het)	**knakk** (m/n)	['knɑk]
kloppen (aan een deur)	**å knakke**	[ɔ 'knɑkə]
kraken (hout, ijs)	**å knake**	[ɔ 'knɑkə]
gekraak (het)	**knak** (n)	['knɑk]
sirene (de)	**sirene** (m/f)	[si'renə]
fluit (stoom ~)	**fløyte** (m/f)	['fløjtə]
fluiten (schip, trein)	**å tute**	[ɔ 'tʉtə]
toeter (de)	**tut** (n)	['tʉt]
toeteren (ww)	**å tute**	[ɔ 'tʉtə]

209. Winter

winter (de)	**vinter** (m)	['vintər]
winter- (abn)	**vinter-**	['vintər-]
in de winter (bw)	**om vinteren**	[ɔm 'vinterən]
sneeuw (de)	**snø** (m)	['snø]
het sneeuwt	**det snør**	[de 'snør]
sneeuwval (de)	**snøfall** (n)	['snøˌfal]
sneeuwhoop (de)	**snødrive** (m/f)	['snøˌdrivə]
sneeuwvlok (de)	**snøfnugg** (n)	['snøˌfnʉg]
sneeuwbal (de)	**snøball** (m)	['snøˌbɑl]
sneeuwman (de)	**snømann** (m)	['snøˌmɑn]
IJspegel (de)	**istapp** (m)	['isˌtɑp]
december (de)	**desember** (m)	[de'sɛmbər]
januari (de)	**januar** (m)	['janʉˌɑr]
februari (de)	**februar** (m)	['febrʉˌɑr]
vorst (de)	**frost** (m/f)	['frɔst]
vries- (abn)	**frost**	['frɔst]
onder nul (bw)	**under null**	['ʉnər nʉl]
eerste vorst (de)	**lett frost** (m)	['let 'frɔst]
rijp (de)	**rimfrost** (m)	['rimˌfrɔst]
koude (de)	**kulde** (m/f)	['kʉlə]

het is koud	**det er kaldt**	[de ær 'kalt]
bontjas (de)	**pels** (m), **pelskåpe** (m/f)	['pɛls], ['pɛls,ko:pə]
wanten (mv.)	**votter** (m pl)	['vɔtər]
ziek worden (ww)	**å bli syk**	[ɔ 'bli 'syk]
verkoudheid (de)	**forkjølelse** (m)	[fɔr'çœləlsə]
verkouden raken (ww)	**å forkjøle seg**	[ɔ fɔr'çœlə sæj]
IJs (het)	**is** (m)	['is]
IJzel (de)	**islag** (n)	['is,lag]
bevriezen (rivier, enz.)	**å fryse til**	[ɔ 'frysə til]
IJsschol (de)	**isflak** (n)	['is,flak]
ski's (mv.)	**ski** (m/f pl)	['ʂi]
skiër (de)	**skigåer** (m)	['ʂi,goər]
skiën (ww)	**å gå på ski**	[ɔ 'gɔ pɔ 'ʂi]
schaatsen (ww)	**å gå på skøyter**	[ɔ 'gɔ pɔ 'ʂøjtər]

Fauna

210. Zoogdieren. Roofdieren

roofdier (het)	**rovdyr** (n)	['rɔvˌdyr]
tijger (de)	**tiger** (m)	['tigər]
leeuw (de)	**løve** (m/f)	['løve]
wolf (de)	**ulv** (m)	['ʉlv]
vos (de)	**rev** (m)	['rev]
jaguar (de)	**jaguar** (m)	[jagʉ'ɑr]
luipaard (de)	**leopard** (m)	[leʊ'pɑrd]
jachtluipaard (de)	**gepard** (m)	[ge'pɑrd]
panter (de)	**panter** (m)	['pɑntər]
poema (de)	**puma** (m)	['pʉmɑ]
sneeuwluipaard (de)	**snøleopard** (m)	['snø leʊ'pɑrd]
lynx (de)	**gaupe** (m/f)	['gaʊpə]
coyote (de)	**coyote, prærieulv** (m)	[kɔ'jotə], ['præriˌʉlv]
jakhals (de)	**sjakal** (m)	[ʂɑ'kɑl]
hyena (de)	**hyene** (m)	[hy'enə]

211. Wilde dieren

dier (het)	**dyr** (n)	['dyr]
beest (het)	**best, udyr** (n)	['bɛst], ['ʉˌdyr]
eekhoorn (de)	**ekorn** (n)	['ɛkʊːɳ]
egel (de)	**pinnsvin** (n)	['pinˌsvin]
haas (de)	**hare** (m)	['hɑrə]
konijn (het)	**kanin** (m)	[kɑ'nin]
das (de)	**grevling** (m)	['grɛvliŋ]
wasbeer (de)	**vaskebjørn** (m)	['vɑskəˌbjœːɳ]
hamster (de)	**hamster** (m)	['hɑmstər]
marmot (de)	**murmeldyr** (n)	['mʉrməlˌdyr]
mol (de)	**muldvarp** (m)	['mʉlˌvɑrp]
muis (de)	**mus** (m/f)	['mʉs]
rat (de)	**rotte** (m/f)	['rɔtə]
vleermuis (de)	**flaggermus** (m/f)	['flɑgərˌmʉs]
hermelijn (de)	**røyskatt** (m)	['røjskɑt]
sabeldier (het)	**sobel** (m)	['sʊbəl]
marter (de)	**mår** (m)	['mɔr]
wezel (de)	**snømus** (m/f)	['snøˌmʉs]
nerts (de)	**mink** (m)	['mink]

bever (de)	**bever** (m)	['bevər]
otter (de)	**oter** (m)	['ʊtər]
paard (het)	**hest** (m)	['hɛst]
eland (de)	**elg** (m)	['ɛlg]
hert (het)	**hjort** (m)	['jɔ:ʈ]
kameel (de)	**kamel** (m)	[kɑ'mel]
bizon (de)	**bison** (m)	['bisɔn]
oeros (de)	**urokse** (m)	['ʉrˌʊksə]
buffel (de)	**bøffel** (m)	['bøfəl]
zebra (de)	**sebra** (m)	['sebrɑ]
antilope (de)	**antilope** (m)	[ɑnti'lʊpə]
ree (de)	**rådyr** (n)	['rɔˌdyr]
damhert (het)	**dåhjort, dådyr** (n)	['dɔˌjɔ:ʈ], ['dɔˌdyr]
gems (de)	**gemse** (m)	['gɛmsə]
everzwijn (het)	**villsvin** (n)	['vilˌsvin]
walvis (de)	**hval** (m)	['vɑl]
rob (de)	**sel** (m)	['sel]
walrus (de)	**hvalross** (m)	['vɑlˌrɔs]
zeehond (de)	**pelssel** (m)	['pɛlsˌsel]
dolfijn (de)	**delfin** (m)	[dɛl'fin]
beer (de)	**bjørn** (m)	['bjœ:ɳ]
IJsbeer (de)	**isbjørn** (m)	['isˌbjœ:ɳ]
panda (de)	**panda** (m)	['pɑndɑ]
aap (de)	**ape** (m/f)	['ɑpe]
chimpansee (de)	**sjimpanse** (m)	[ʂim'pɑnsə]
orang-oetan (de)	**orangutang** (m)	[ʊ'rɑŋgʉˌtɑŋ]
gorilla (de)	**gorilla** (m)	[gɔ'rilɑ]
makaak (de)	**makak** (m)	[mɑ'kɑk]
gibbon (de)	**gibbon** (m)	['gibʊn]
olifant (de)	**elefant** (m)	[ɛle'fɑnt]
neushoorn (de)	**neshorn** (n)	['nesˌhʊ:ɳ]
giraffe (de)	**sjiraff** (m)	[ʂi'rɑf]
nijlpaard (het)	**flodhest** (m)	['flʊdˌhɛst]
kangoeroe (de)	**kenguru** (m)	['kɛŋgʉrʉ]
koala (de)	**koala** (m)	[kʊ'ɑlɑ]
mangoest (de)	**mangust, mungo** (m)	[mɑŋ'gʉst], ['mʉŋgu]
chinchilla (de)	**chinchilla** (m)	[ʂin'ʂilɑ]
stinkdier (het)	**skunk** (m)	['skunk]
stekelvarken (het)	**hulepinnsvin** (n)	['hʉləˌpinsvin]

212. Huisdieren

poes (de)	**katt** (m)	['kɑt]
kater (de)	**hannkatt** (m)	['hɑnˌkɑt]
hond (de)	**hund** (m)	['hʉŋ]

paard (het)	**hest** (m)	['hɛst]
hengst (de)	**hingst** (m)	['hiŋst]
merrie (de)	**hoppe, merr** (m/f)	['hɔpə], ['mɛr]
koe (de)	**ku** (f)	['kʉ]
stier (de)	**tyr** (m)	['tyr]
os (de)	**okse** (m)	['ɔksə]
schaap (het)	**sau** (m)	['saʊ]
ram (de)	**vær, saubukk** (m)	['vær], ['saʊˌbʉk]
geit (de)	**geit** (m/f)	['jæjt]
bok (de)	**geitebukk** (m)	['jæjtəˌbʉk]
ezel (de)	**esel** (n)	['ɛsəl]
muilezel (de)	**muldyr** (n)	['mʉlˌdyr]
varken (het)	**svin** (n)	['svin]
biggetje (het)	**gris** (m)	['gris]
konijn (het)	**kanin** (m)	[kɑ'nin]
kip (de)	**høne** (m/f)	['hønə]
haan (de)	**hane** (m)	['hɑnə]
eend (de)	**and** (m/f)	['ɑn]
woerd (de)	**andrik** (m)	['ɑndrik]
gans (de)	**gås** (m/f)	['gɔs]
kalkoen haan (de)	**kalkunhane** (m)	[kɑl'kʉnˌhɑnə]
kalkoen (de)	**kalkunhøne** (m/f)	[kɑl'kʉnˌhønə]
huisdieren (mv.)	**husdyr** (n pl)	['hʉsˌdyr]
tam (bijv. hamster)	**tam**	['tɑm]
temmen (tam maken)	**å temme**	[ɔ 'tɛmə]
fokken (bijv. paarden ~)	**å avle, å oppdrette**	[ɔ 'ɑvlə], [ɔ 'ɔpˌdrɛtə]
boerderij (de)	**farm, gård** (m)	['fɑrm], ['gɔ:r]
gevogelte (het)	**fjærfe** (n)	['fjærˌfɛ]
rundvee (het)	**kveg** (n)	['kvɛg]
kudde (de)	**flokk, bøling** (m)	['flɔk], ['bøliŋ]
paardenstal (de)	**stall** (m)	['stɑl]
zwijnenstal (de)	**grisehus** (n)	['griseˌhʉs]
koeienstal (de)	**kufjøs** (m/n)	['kuˌfjøs]
konijnenhok (het)	**kaninbur** (n)	[kɑ'ninˌbʉr]
kippenhok (het)	**hønsehus** (n)	['hønsəˌhʉs]

213. Honden. Hondenrassen

hond (de)	**hund** (m)	['hʉŋ]
herdershond (de)	**fårehund** (m)	['fo:rəˌhʉn]
Duitse herdershond (de)	**schäferhund** (m)	['ʂɛfærˌhʉn]
poedel (de)	**puddel** (m)	['pʉdəl]
teckel (de)	**dachshund** (m)	['dɑʂˌhʉŋ]
buldog (de)	**bulldogg** (m)	['bʉlˌdɔg]

boxer (de)	**bokser** (m)	['bɔksər]
mastiff (de)	**mastiff** (m)	[mɑs'tif]
rottweiler (de)	**rottweiler** (m)	['rɔtˌvæjlər]
doberman (de)	**dobermann** (m)	['dɔbermɑn]
basset (de)	**basset** (m)	['basɛt]
bobtail (de)	**bobtail** (m)	['bɔbtɛjl]
dalmatiër (de)	**dalmatiner** (m)	[dɑlmɑ'tinər]
cockerspaniël (de)	**cocker spaniel** (m)	['kɔker ˌspɑniəl]
newfoundlander (de)	**newfoundlandshund** (m)	[njʉ'fawndˌlənds 'hʉn]
sint-bernard (de)	**sankt bernhardshund** (m)	[ˌsɑnkt 'bɛːɳɑdsˌhʉn]
poolhond (de)	**husky** (m)	['hɑski]
chowchow (de)	**chihuahua** (m)	[tʂi'vɑvɑ]
spits (de)	**spisshund** (m)	['spisˌhʉn]
mopshond (de)	**mops** (m)	['mɔps]

214. Dierengeluiden

geblaf (het)	**gjøing** (m/f)	['jøːiŋ]
blaffen (ww)	**å gjø**	[ɔ 'jø]
miauwen (ww)	**å mjaue**	[ɔ 'mjaʊe]
spinnen (katten)	**å spinne**	[ɔ 'spinə]
loeien (ov. een koe)	**å raute**	[ɔ 'raʊtə]
brullen (stier)	**å belje, å brøle**	[ɔ 'belje], [ɔ 'brøle]
grommen (ov. de honden)	**å knurre**	[ɔ 'knʉrə]
gehuil (het)	**hyl** (n)	['hyl]
huilen (wolf, enz.)	**å hyle**	[ɔ 'hylə]
janken (ov. een hond)	**å klynke**	[ɔ 'klʏnkə]
mekkeren (schapen)	**å breke**	[ɔ 'brekə]
knorren (varkens)	**å grynte**	[ɔ 'grʏntə]
gillen (bijv. varken)	**å hvine**	[ɔ 'vinə]
kwaken (kikvorsen)	**å kvekke**	[ɔ 'kvɛkə]
zoemen (hommel, enz.)	**å surre**	[ɔ 'sʉrə]
tjirpen (sprinkhanen)	**å gnisse**	[ɔ 'gnisə]

215. Jonge dieren

jong (het)	**unge** (m)	['ʉŋə]
poesje (het)	**kattunge** (m)	['katˌʉŋə]
muisje (het)	**museunge** (m)	['mʉsəˌʉŋə]
puppy (de)	**valp** (m)	['vɑlp]
jonge haas (de)	**hareunge** (m)	['hɑrəˌʉŋə]
konijntje (het)	**kaninunge** (m)	[kɑ'ninˌʉŋə]
wolfje (het)	**ulvunge** (m)	['ʉlvˌʉŋə]
vosje (het)	**revevalp** (m)	['revəˌvɑlp]

beertje (het)	**bjørnunge** (m)	['bjœːɳˌʉŋə]
leeuwenjong (het)	**løveunge** (m)	['løvəˌʉŋə]
tijgertje (het)	**tigerunge** (m)	['tigərˌʉŋə]
olifantenjong (het)	**elefantunge** (m)	[ɛle'fantˌʉŋə]
biggetje (het)	**gris** (m)	['gris]
kalf (het)	**kalv** (m)	['kalv]
geitje (het)	**kje** (n), **geitekilling** (m)	['çe], ['jæjtəˌçiliŋ]
lam (het)	**lam** (n)	['lam]
reekalf (het)	**hjortekalv** (m)	['jɔːʈəˌkalv]
jonge kameel (de)	**kamelunge** (m)	[ka'melˌʉŋə]
slangenjong (het)	**slangeyngel** (m)	['ʂlaŋəˌyŋəl]
kikkertje (het)	**froskeunge** (m)	['frɔskəˌʉŋə]
vogeltje (het)	**fugleunge** (m)	['fʉləˌʉŋə]
kuiken (het)	**kylling** (m)	['çyliŋ]
eendje (het)	**andunge** (m)	['anˌʉŋə]

216. Vogels

vogel (de)	**fugl** (m)	['fʉl]
duif (de)	**due** (m/f)	['dʉə]
mus (de)	**spurv** (m)	['spʉrv]
koolmees (de)	**kjøttmeis** (m/f)	['çœtˌmæjs]
ekster (de)	**skjære** (m/f)	['ʂærə]
raaf (de)	**ravn** (m)	['ravn]
kraai (de)	**kråke** (m)	['kroːkə]
kauw (de)	**kaie** (m/f)	['kajə]
roek (de)	**kornkråke** (m/f)	['kʊːɳˌkroːkə]
eend (de)	**and** (m/f)	['an]
gans (de)	**gås** (m/f)	['gɔs]
fazant (de)	**fasan** (m)	[fa'san]
arend (de)	**ørn** (m/f)	['œːɳ]
havik (de)	**hauk** (m)	['haʊk]
valk (de)	**falk** (m)	['falk]
gier (de)	**gribb** (m)	['grib]
condor (de)	**kondor** (m)	[kʊn'dʊr]
zwaan (de)	**svane** (m/f)	['svanə]
kraanvogel (de)	**trane** (m/f)	['tranə]
ooievaar (de)	**stork** (m)	['stɔrk]
papegaai (de)	**papegøye** (m)	[pape'gøjə]
kolibrie (de)	**kolibri** (m)	[kʊ'libri]
pauw (de)	**påfugl** (m)	['pɔˌfʉl]
struisvogel (de)	**struts** (m)	['strʉts]
reiger (de)	**hegre** (m)	['hæjrə]
flamingo (de)	**flamingo** (m)	[fla'mingʊ]
pelikaan (de)	**pelikan** (m)	[peli'kan]

nachtegaal (de)	**nattergal** (m)	['natər,gal]
zwaluw (de)	**svale** (m/f)	['svalə]
lijster (de)	**trost** (m)	['trʊst]
zanglijster (de)	**måltrost** (m)	['mo:l,trʊst]
merel (de)	**svarttrost** (m)	['sva:,ʈrʊst]
gierzwaluw (de)	**tårnseiler** (m), **tårnsvale** (m/f)	['tɔ:ɳ,sæjlə], ['tɔ:ɳ,svalə]
leeuwerik (de)	**lerke** (m/f)	['lærkə]
kwartel (de)	**vaktel** (m)	['vaktəl]
specht (de)	**hakkespett** (m)	['hakə,spɛt]
koekoek (de)	**gjøk, gauk** (m)	['jøk], ['gaʊk]
uil (de)	**ugle** (m/f)	['ʉglə]
oehoe (de)	**hubro** (m)	['hʉbrʊ]
auerhoen (het)	**storfugl** (m)	['stʊr,fʉl]
korhoen (het)	**orrfugl** (m)	['ɔr,fʉl]
patrijs (de)	**rapphøne** (m/f)	['rap,hønə]
spreeuw (de)	**stær** (m)	['stær]
kanarie (de)	**kanarifugl** (m)	[ka'nari,fʉl]
hazelhoen (het)	**jerpe** (m/f)	['jærpə]
vink (de)	**bokfink** (m)	['bʊk,fink]
goudvink (de)	**dompap** (m)	['dʊmpap]
meeuw (de)	**måke** (m/f)	['mo:kə]
albatros (de)	**albatross** (m)	['alba,trɔs]
pinguïn (de)	**pingvin** (m)	[piŋ'vin]

217. Vogels. Zingen en geluiden

fluiten, zingen (ww)	**å synge**	[ɔ 'syŋə]
schreeuwen (dieren, vogels)	**å skrike**	[ɔ 'skrikə]
kraaien (ov. een haan)	**å gale**	[ɔ 'galə]
kukeleku	**kykeliky**	[kykəli'ky:]
klokken (hen)	**å kakle**	[ɔ 'kaklə]
krassen (kraai)	**å krae**	[ɔ 'kraə]
kwaken (eend)	**å snadre, å rappe**	[ɔ 'snadrə], [ɔ 'rapə]
piepen (kuiken)	**å pipe**	[ɔ 'pipə]
tjilpen (bijv. een mus)	**å kvitre**	[ɔ 'kvitrə]

218. Vis. Zeedieren

brasem (de)	**brasme** (m/f)	['brasmə]
karper (de)	**karpe** (m)	['karpə]
baars (de)	**åbor** (m)	['obɔr]
meerval (de)	**malle** (m)	['malə]
snoek (de)	**gjedde** (m/f)	['jɛdə]
zalm (de)	**laks** (m)	['laks]
steur (de)	**stør** (m)	['stør]

haring (de)	**sild** (m/f)	['sil]
atlantische zalm (de)	**atlanterhavslaks** (m)	[ɑt'lantərhɑfsˌlɑks]
makreel (de)	**makrell** (m)	[mɑ'krɛl]
platvis (de)	**rødspette** (m/f)	['røˌspɛtə]
snoekbaars (de)	**gjørs** (m)	['jøːʂ]
kabeljauw (de)	**torsk** (m)	['tɔʂk]
tonijn (de)	**tunfisk** (m)	['tʉnˌfisk]
forel (de)	**ørret** (m)	['øret]
paling (de)	**ål** (m)	['ɔl]
sidderrog (de)	**elektrisk rokke** (m/f)	[ɛ'lektrisk ˌrɔkə]
murene (de)	**murene** (m)	[mʉ'rɛnə]
piranha (de)	**piraja** (m)	[pi'rɑja]
haai (de)	**hai** (m)	['hɑj]
dolfijn (de)	**delfin** (m)	[dɛl'fin]
walvis (de)	**hval** (m)	['vɑl]
krab (de)	**krabbe** (m)	['krɑbə]
kwal (de)	**manet** (m/f), **meduse** (m)	['mɑnet], [me'dʉsə]
octopus (de)	**blekksprut** (m)	['blekˌsprʉt]
zeester (de)	**sjøstjerne** (m/f)	['ʂøˌstjæːɳə]
zee-egel (de)	**sjøpinnsvin** (n)	['ʂøː'pinˌsvin]
zeepaardje (het)	**sjøhest** (m)	['ʂøˌhɛst]
oester (de)	**østers** (m)	['østəʂ]
garnaal (de)	**reke** (m/f)	['rekə]
kreeft (de)	**hummer** (m)	['hʉmər]
langoest (de)	**langust** (m)	[lɑŋ'gʉst]

219. Amfibieën. Reptielen

slang (de)	**slange** (m)	['ʂlɑŋə]
giftig (slang)	**giftig**	['jifti]
adder (de)	**hoggorm, huggorm** (m)	['hʊgˌɔrm], ['hʉgˌɔrm]
cobra (de)	**kobra** (m)	['kʊbrɑ]
python (de)	**pyton** (m)	['pytɔn]
boa (de)	**boaslange** (m)	['bɔɑˌslɑŋə]
ringslang (de)	**snok** (m)	['snʊk]
ratelslang (de)	**klapperslange** (m)	['klɑpəˌslɑŋə]
anaconda (de)	**anakonda** (m)	[ɑnɑ'kɔndɑ]
hagedis (de)	**øgle** (m/f)	['øglə]
leguaan (de)	**iguan** (m)	[igʉ'ɑn]
varaan (de)	**varan** (n)	[vɑ'rɑn]
salamander (de)	**salamander** (m)	[sɑlɑ'mɑndər]
kameleon (de)	**kameleon** (m)	[kɑməle'ʊn]
schorpioen (de)	**skorpion** (m)	[skɔrpi'ʊn]
schildpad (de)	**skilpadde** (m/f)	['ʂilˌpɑdə]
kikker (de)	**frosk** (m)	['frɔsk]

pad (de)	**padde** (m/f)	['pɑdə]
krokodil (de)	**krokodille** (m)	[krʊkə'dilə]

220. Insecten

insect (het)	**insekt** (n)	['insɛkt]
vlinder (de)	**sommerfugl** (m)	['sɔmər,fʉl]
mier (de)	**maur** (m)	['maʉr]
vlieg (de)	**flue** (m/f)	['flʉə]
mug (de)	**mygg** (m)	['mʏg]
kever (de)	**bille** (m)	['bilə]
wesp (de)	**veps** (m)	['vɛps]
bij (de)	**bie** (m/f)	['biə]
hommel (de)	**humle** (m/f)	['hʉmlə]
horzel (de)	**brems** (m)	['brɛms]
spin (de)	**edderkopp** (m)	['ɛdər,kɔp]
spinnenweb (het)	**edderkoppnett** (n)	['ɛdərkɔp,nɛt]
libel (de)	**øyenstikker** (m)	['øjən,stikər]
sprinkhaan (de)	**gresshoppe** (m/f)	['grɛs,hɔpə]
nachtvlinder (de)	**nattsvermer** (m)	['nɑt,sværmər]
kakkerlak (de)	**kakerlakk** (m)	[kɑkə'lɑk]
mijt (de)	**flått, midd** (m)	['flɔt], ['mid]
vlo (de)	**loppe** (f)	['lɔpə]
kriebelmug (de)	**knott** (m)	['knɔt]
treksprinkhaan (de)	**vandgresshoppe** (m/f)	['vɑn 'grɛs,hɔpə]
slak (de)	**snegl** (m)	['snæjl]
krekel (de)	**siriss** (m)	['si,ris]
glimworm (de)	**ildflue** (m/f), **lysbille** (m)	['il,flʉe], ['lys,bilə]
lieveheersbeestje (het)	**marihøne** (m/f)	['mɑri,hønə]
meikever (de)	**oldenborre** (f)	['ɔldən,bɔrə]
bloedzuiger (de)	**igle** (m/f)	['iglə]
rups (de)	**sommerfugllarve** (m/f)	['sɔmərfʉl,lɑrvə]
aardworm (de)	**meitemark** (m)	['mæjtə,mɑrk]
larve (de)	**larve** (m/f)	['lɑrvə]

221. Dieren. Lichaamsdelen

snavel (de)	**nebb** (n)	['nɛb]
vleugels (mv.)	**vinger** (m pl)	['viŋər]
poot (ov. een vogel)	**fot** (m)	['fʊt]
verenkleed (het)	**fjærdrakt** (m/f)	['fjær,drɑkt]
veer (de)	**fjær** (m/f)	['fjær]
kuifje (het)	**fjærtopp** (m)	['fjæ:ʈɔp]
kieuwen (mv.)	**gjeller** (m/f pl)	['jɛlər]
kuit, dril (de)	**rogn** (m/f)	['rɔŋn]

larve (de)	**larve** (m/f)	['lɑrvə]
vin (de)	**finne** (m)	['finə]
schubben (mv.)	**skjell** (n)	['ʂɛl]
slagtand (de)	**hoggtann** (m/f)	['hɔgˌtɑn]
poot (bijv. ~ van een kat)	**pote** (m)	['pɔːtə]
muil (de)	**snute** (m/f)	['snʉtə]
bek (mond van dieren)	**kjeft** (m)	['çɛft]
staart (de)	**hale** (m)	['hɑlə]
snorharen (mv.)	**værhår** (n)	['værˌhɔr]
hoef (de)	**klov, hov** (m)	['klɔv], ['hɔv]
hoorn (de)	**horn** (n)	['hʊːɳ]
schild (schildpad, enz.)	**ryggskjold** (n)	['rʏgˌʂɔl]
schelp (de)	**skall** (n)	['skɑl]
eierschaal (de)	**eggeskall** (n)	['ɛgəˌskɑl]
vacht (de)	**pels** (m)	['pɛls]
huid (de)	**skinn** (n)	['ʂin]

222. Acties van de dieren

vliegen (ww)	**å fly**	[ɔ 'fly]
cirkelen (vogel)	**å kretse**	[ɔ 'krɛtsə]
wegvliegen (ww)	**å fly bort**	[ɔ 'fly ˌbʊːʈ]
klapwieken (ww)	**å flakse**	[ɔ 'flɑksə]
pikken (vogels)	**å pikke**	[ɔ 'pikə]
broeden (de eend zit te ~)	**å ruge på eggene**	[ɔ 'rʉgə pɔ 'ɛgenə]
uitbroeden (ww)	**å klekkes**	[ɔ 'klekəs]
een nest bouwen	**å bygge reir**	[ɔ 'bʏgə 'ræir]
kruipen (ww)	**å krype**	[ɔ 'krypə]
steken (bij)	**å stikke**	[ɔ 'stikə]
bijten (de hond, enz.)	**å bite**	[ɔ 'bitə]
snuffelen (ov. de dieren)	**å snuse**	[ɔ 'snʉsə]
blaffen (ww)	**å gjø**	[ɔ 'jø]
sissen (slang)	**å hvese**	[ɔ 'vesə]
doen schrikken (ww)	**å skremme**	[ɔ 'skrɛmə]
aanvallen (ww)	**å overfalle**	[ɔ 'ɔvərˌfɑlə]
knagen (ww)	**å gnage**	[ɔ 'gnɑgə]
schrammen (ww)	**å klore**	[ɔ 'klɔrə]
zich verbergen (ww)	**å gjemme seg**	[ɔ 'jɛmə sæj]
spelen (ww)	**å leke**	[ɔ 'lekə]
jagen (ww)	**å jage**	[ɔ 'jɑgə]
winterslapen	**å ligge i dvale**	[ɔ 'ligə i 'dvɑlə]
uitsterven (dinosauriërs, enz.)	**å dø ut**	[ɔ 'dø ʉt]

223. Dieren. Leefomgevingen

leefgebied (het)	**habitat** (n)	[hɑbi'tɑt]
migratie (de)	**migrasjon** (m)	[migrɑ'ʂʊn]
berg (de)	**fjell** (n)	['fjɛl]
rif (het)	**rev** (n)	['rev]
klip (de)	**klippe** (m)	['klipə]
bos (het)	**skog** (m)	['skʊg]
jungle (de)	**jungel** (m)	['jʉŋəl]
savanne (de)	**savanne** (m)	[sɑ'vɑnə]
toendra (de)	**tundra** (m)	['tʉndrɑ]
steppe (de)	**steppe** (m)	['stɛpə]
woestijn (de)	**ørken** (m)	['œrkən]
oase (de)	**oase** (m)	[ʊ'ɑsə]
zee (de)	**hav** (n)	['hɑv]
meer (het)	**innsjø** (m)	['in'ʂø]
oceaan (de)	**verdenshav** (n)	[værdəns'hɑv]
moeras (het)	**myr** (m/f)	['myr]
zoetwater- (abn)	**ferskvanns-**	['fæʂkˌvɑns-]
vijver (de)	**dam** (m)	['dɑm]
rivier (de)	**elv** (m/f)	['ɛlv]
berenhol (het)	**hi** (n)	['hi]
nest (het)	**reir** (n)	['ræjr]
boom holte (de)	**trehull** (n)	['trɛˌhʉl]
hol (het)	**hule** (m/f)	['hʉlə]
mierenhoop (de)	**maurtue** (m/f)	['maʊːˌʈʉə]

224. Dierverzorging

dierentuin (de)	**zoo, dyrepark** (m)	['sʊː], [dyrə'pɑrk]
natuurreservaat (het)	**naturreservat** (n)	[nɑ'tʉr resɛr'vɑt]
fokkerij (de)	**oppdretter** (m)	['ɔpˌdrɛtər]
openluchtkooi (de)	**voliere** (m)	[vɔ'ljer]
kooi (de)	**bur** (n)	['bʉr]
hondenhok (het)	**kennel** (m)	['kɛnəl]
duiventil (de)	**duehus** (n)	['dʉəˌhʉs]
aquarium (het)	**akvarium** (n)	[ɑ'kvɑrium]
dolfinarium (het)	**delfinarium** (n)	[dɛlfi'nɑrium]
fokken (bijv. honden ~)	**å avle, å oppdrette**	[ɔ 'ɑvlə], [ɔ 'ɔpˌdrɛtə]
nakomelingen (mv.)	**avkom** (n)	['ɑvˌkɔm]
temmen (tam maken)	**å temme**	[ɔ 'tɛmə]
voeding (de)	**fôr** (n)	['fʊr]
voederen (ww)	**å utfore**	[ɔ 'ʉtˌfɔrə]
dresseren (ww)	**å dressere**	[ɔ drɛ'serə]

dierenwinkel (de)	**dyrebutikk** (m)	['dyrəbʉ'tik]
muilkorf (de)	**munnkurv** (m)	['mʉn,kʉrv]
halsband (de)	**halsbånd** (n)	['hɑls,bɔn]
naam (ov. een dier)	**navn** (n)	['nɑvn]
stamboom (honden met ~)	**stamtavle** (m/f)	['stɑm,tɑvlə]

225. Dieren. Diversen

meute (wolven)	**flokk** (m)	['flɔk]
zwerm (vogels)	**flokk** (m)	['flɔk]
school (vissen)	**stim** (m/n)	['stim]
kudde (wilde paarden)	**flokk** (m)	['flɔk]
mannetje (het)	**hann** (m)	['hɑn]
vrouwtje (het)	**hunn** (m)	['hʉn]
hongerig (bn)	**sulten**	['sʉltən]
wild (bn)	**vill**	['vil]
gevaarlijk (bn)	**farlig**	['fɑ:ɭi]

226. Paarden

paard (het)	**hest** (m)	['hɛst]
ras (het)	**rase** (m)	['rɑsə]
veulen (het)	**føll** (n)	['føl]
merrie (de)	**hoppe, merr** (m/f)	['hɔpə], ['mɛr]
mustang (de)	**mustang** (m)	['mʉstɑŋ]
pony (de)	**ponni** (m)	['pɔni]
koudbloed (de)	**kaldblodshest** (m)	['kɑlblʊds,hɛst]
manen (mv.)	**man** (m/f)	['mɑn]
staart (de)	**hale** (m)	['hɑlə]
hoef (de)	**hov** (m)	['hɔv]
hoefijzer (het)	**hestesko** (m)	['hɛstə,skʊ]
beslaan (ww)	**å sko**	[ɔ 'skʊ:]
paardensmid (de)	**smed, hovslager** (m)	['sme], ['hɔfs,lɑgər]
zadel (het)	**sal** (m)	['sɑl]
stijgbeugel (de)	**stigbøyle** (m)	['stig,bøjlə]
breidel (de)	**bissel** (n)	['bisəl]
leidsels (mv.)	**tømmer** (m pl)	['tœmər]
zweep (de)	**pisk** (m)	['pisk]
ruiter (de)	**rytter** (m)	['rʏtər]
zadelen (ww)	**å sale**	[ɔ 'sɑlə]
een paard bestijgen	**å stige opp på hesten**	[ɔ 'sti:ə ɔp pɔ 'hɛstən]
galop (de)	**galopp** (m)	[gɑ'lɔp]
galopperen (ww)	**å galoppere**	[ɔ gɑlɔ'perə]

draf (de)	**trav** (n)	['trɑv]
in draf (bw)	**i trav**	[i 'trɑv]
draven (ww)	**å trave**	[ɔ 'trɑvə]
renpaard (het)	**veddeløpshest** (m)	['vɛdeˌløps hɛst]
paardenrace (de)	**hesteveddeløp** (n)	['hɛstə 'vedeˌløp]
paardenstal (de)	**stall** (m)	['stɑl]
voederen (ww)	**å utfore**	[ɔ 'ʉtˌfɔrə]
hooi (het)	**høy** (n)	['høj]
water geven (ww)	**å vanne**	[ɔ 'vɑnə]
wassen (paard ~)	**å børste**	[ɔ 'bøʂtə]
paardenkar (de)	**hestevogn** (m/f)	['hɛstəˌvɔŋn]
grazen (gras eten)	**å beite**	[ɔ 'bæjtə]
hinniken (ww)	**å vrinske, å knegge**	[ɔ 'vrinskə], [ɔ 'knɛgə]
een trap geven	**å sparke bakut**	[ɔ 'sparkə 'bɑkˌʉt]

Flora

227. Bomen

boom (de)	**tre** (n)	['trɛ]
loof- (abn)	**løv-**	['løv-]
dennen- (abn)	**bar-**	['bɑr-]
groenblijvend (bn)	**eviggrønt**	['ɛvi,grœnt]
appelboom (de)	**epletre** (n)	['ɛplə,trɛ]
perenboom (de)	**pæretre** (n)	['pærə,trɛ]
zoete kers (de)	**morelltre** (n)	[mʊ'rɛl,trɛ]
zure kers (de)	**kirsebærtre** (n)	['çiʂəbær,trɛ]
pruimelaar (de)	**plommetre** (n)	['plʊmə,trɛ]
berk (de)	**bjørk** (f)	['bjœrk]
eik (de)	**eik** (f)	['æjk]
linde (de)	**lind** (m/f)	['lin]
esp (de)	**osp** (m/f)	['ɔsp]
esdoorn (de)	**lønn** (m/f)	['lœn]
spar (de)	**gran** (m/f)	['grɑn]
den (de)	**furu** (m/f)	['fʉrʉ]
lariks (de)	**lerk** (m)	['lærk]
zilverspar (de)	**edelgran** (m/f)	['ɛdəl,grɑn]
ceder (de)	**seder** (m)	['sedər]
populier (de)	**poppel** (m)	['pɔpəl]
lijsterbes (de)	**rogn** (m/f)	['rɔŋn]
wilg (de)	**pil** (m/f)	['pil]
els (de)	**or, older** (m/f)	['ʊr], ['ɔldər]
beuk (de)	**bøk** (m)	['bøk]
iep (de)	**alm** (m)	['ɑlm]
es (de)	**ask** (m/f)	['ɑsk]
kastanje (de)	**kastanjetre** (n)	[kɑ'stɑnje,trɛ]
magnolia (de)	**magnolia** (m)	[mɑŋ'nʊliɑ]
palm (de)	**palme** (m)	['pɑlmə]
cipres (de)	**sypress** (m)	[sʏ'prɛs]
mangrove (de)	**mangrove** (m)	[mɑŋ'grʊvə]
baobab (apenbroodboom)	**apebrødtre** (n)	['ɑpebrø,trɛ]
eucalyptus (de)	**eukalyptus** (m)	[ɛvkɑ'lyptʉs]
mammoetboom (de)	**sequoia** (m)	['sek,vɔja]

228. Heesters

struik (de)	**busk** (m)	['bʉsk]
heester (de)	**busk** (m)	['bʉsk]

wijnstok (de)	**vinranke** (m)	['vin,rankə]
wijngaard (de)	**vinmark** (m/f)	['vin,mark]
frambozenstruik (de)	**bringebærbusk** (m)	['briŋə,bær busk]
zwarte bes (de)	**solbærbusk** (m)	['sʊlbær,busk]
rode bessenstruik (de)	**ripsbusk** (m)	['rips,busk]
kruisbessenstruik (de)	**stikkelsbærbusk** (m)	['stikəlsbær,busk]
acacia (de)	**akasie** (m)	[ɑ'kɑsiə]
zuurbes (de)	**berberis** (m)	['bærberis]
jasmijn (de)	**sjasmin** (m)	[ʂɑs'min]
jeneverbes (de)	**einer** (m)	['æjnər]
rozenstruik (de)	**rosenbusk** (m)	['rʊsən,busk]
hondsroos (de)	**steinnype** (m/f)	['stæjn,nypə]

229. Champignons

paddenstoel (de)	**sopp** (m)	['sɔp]
eetbare paddenstoel (de)	**spiselig sopp** (m)	['spisəli ,sɔp]
giftige paddenstoel (de)	**giftig sopp** (m)	['jifti ,sɔp]
hoed (de)	**hatt** (m)	['hɑt]
steel (de)	**stilk** (m)	['stilk]
gewoon eekhoorntjesbrood (het)	**steinsopp** (m)	['stæjn,sɔp]
rosse populierenboleet (de)	**rødskrubb** (m/n)	['rø,skrub]
berkenboleet (de)	**brunskrubb** (m/n)	['brun,skrub]
cantharel (de)	**kantarell** (m)	[kɑntɑ'rel]
russula (de)	**kremle** (m/f)	['krɛmlə]
morille (de)	**morkel** (m)	['mɔrkəl]
vliegenzwam (de)	**fluesopp** (m)	['fluə,sɔp]
groene knolzwam (de)	**grønn fluesopp** (m)	['grœn 'fluə,sɔp]

230. Vruchten. Bessen

vrucht (de)	**frukt** (m/f)	['frukt]
vruchten (mv.)	**frukter** (m/f pl)	['fruktər]
appel (de)	**eple** (n)	['ɛplə]
peer (de)	**pære** (m/f)	['pærə]
pruim (de)	**plomme** (m/f)	['plʊmə]
aardbei (de)	**jordbær** (n)	['ju:r,bær]
zure kers (de)	**kirsebær** (n)	['çiʂə,bær]
zoete kers (de)	**morell** (m)	[mʊ'rɛl]
druif (de)	**drue** (m)	['druə]
framboos (de)	**bringebær** (n)	['briŋə,bær]
zwarte bes (de)	**solbær** (n)	['sʊl,bær]
rode bes (de)	**rips** (m)	['rips]
kruisbes (de)	**stikkelsbær** (n)	['stikəls,bær]

veenbes (de)	**tranebær** (n)	['tranə,bær]
sinaasappel (de)	**appelsin** (m)	[apel'sin]
mandarijn (de)	**mandarin** (m)	[manda'rin]
ananas (de)	**ananas** (m)	['ananas]
banaan (de)	**banan** (m)	[ba'nan]
dadel (de)	**daddel** (m)	['dadəl]
citroen (de)	**sitron** (m)	[si'trʊn]
abrikoos (de)	**aprikos** (m)	[apri'kʊs]
perzik (de)	**fersken** (m)	['fæʂkən]
kiwi (de)	**kiwi** (m)	['kivi]
grapefruit (de)	**grapefrukt** (m/f)	['grɛjp,frʉkt]
bes (de)	**bær** (n)	['bær]
bessen (mv.)	**bær** (n pl)	['bær]
vossenbes (de)	**tyttebær** (n)	['tʏtə,bær]
bosaardbei (de)	**markjordbær** (n)	['mark ju:r,bær]
bosbes (de)	**blåbær** (n)	['blɔ,bær]

231. Bloemen. Planten

bloem (de)	**blomst** (m)	['blɔmst]
boeket (het)	**bukett** (m)	[bʉ'kɛt]
roos (de)	**rose** (m/f)	['rʊsə]
tulp (de)	**tulipan** (m)	[tʉli'pan]
anjer (de)	**nellik** (m)	['nɛlik]
gladiool (de)	**gladiolus** (m)	[gladi'ɔlʉs]
korenbloem (de)	**kornblomst** (m)	['kʊ:ɳ,blɔmst]
klokje (het)	**blåklokke** (m/f)	['blɔ,klɔkə]
paardenbloem (de)	**løvetann** (m/f)	['løvə,tan]
kamille (de)	**kamille** (m)	[ka'milə]
aloë (de)	**aloe** (m)	['alʊe]
cactus (de)	**kaktus** (m)	['kaktʉs]
ficus (de)	**gummiplante** (m/f)	['gʉmi,plantə]
lelie (de)	**lilje** (m)	['liljə]
geranium (de)	**geranium** (m)	[ge'ranium]
hyacint (de)	**hyasint** (m)	[hia'sint]
mimosa (de)	**mimose** (m/f)	[mi'mɔsə]
narcis (de)	**narsiss** (m)	[na'ʂis]
Oostindische kers (de)	**blomkarse** (m)	['blɔm,kaʂə]
orchidee (de)	**orkidé** (m)	[ɔrki'de]
pioenroos (de)	**peon, pion** (m)	[pe'ʊn], [pi'ʊn]
viooltje (het)	**fiol** (m)	[fi'ʊl]
driekleurig viooltje (het)	**stemorsblomst** (m)	['stemʊʂ,blɔmst]
vergeet-mij-nietje (het)	**forglemmegei** (m)	[fɔr'glemə,jæj]
madeliefje (het)	**tusenfryd** (m)	['tʉsən,fryd]
papaver (de)	**valmue** (m)	['valmʉə]

hennep (de)	**hamp** (m)	['hamp]
munt (de)	**mynte** (m/f)	['mʏntə]
lelietje-van-dalen (het)	**liljekonvall** (m)	['liljə kɔn'val]
sneeuwklokje (het)	**snøklokke** (m/f)	['snøˌklɔkə]
brandnetel (de)	**nesle** (m/f)	['nɛslə]
veldzuring (de)	**syre** (m/f)	['syrə]
waterlelie (de)	**nøkkerose** (m/f)	['nøkəˌrʊse]
varen (de)	**bregne** (m/f)	['brɛjnə]
korstmos (het)	**lav** (m/n)	['lav]
oranjerie (de)	**drivhus** (n)	['drivˌhʉs]
gazon (het)	**gressplen** (m)	['grɛsˌplen]
bloemperk (het)	**blomsterbed** (n)	['blɔmstərˌbed]
plant (de)	**plante** (m/f), **vekst** (m)	['plantə], ['vɛkst]
gras (het)	**gras** (n)	['gras]
grasspriet (de)	**grasstrå** (n)	['grasˌstrɔ]
blad (het)	**blad** (n)	['bla]
bloemblad (het)	**kronblad** (n)	['krɔnˌbla]
stengel (de)	**stilk** (m)	['stilk]
knol (de)	**rotknoll** (m)	['rʊtˌknɔl]
scheut (de)	**spire** (m/f)	['spirə]
doorn (de)	**torn** (m)	['tʊːɳ]
bloeien (ww)	**å blomstre**	[ɔ 'blɔmstrə]
verwelken (ww)	**å visne**	[ɔ 'visnə]
geur (de)	**lukt** (m/f)	['lʉkt]
snijden (bijv. bloemen ~)	**å skjære av**	[ɔ 'ʂæːrə aː]
plukken (bloemen ~)	**å plukke**	[ɔ 'plʉkə]

232. Granen, graankorrels

graan (het)	**korn** (n)	['kʊːɳ]
graangewassen (mv.)	**cerealer** (n pl)	[sere'alər]
aar (de)	**aks** (n)	['aks]
tarwe (de)	**hvete** (m)	['vetə]
rogge (de)	**rug** (m)	['rʉg]
haver (de)	**havre** (m)	['havrə]
gierst (de)	**hirse** (m)	['hiʂə]
gerst (de)	**bygg** (m/n)	['bʏg]
maïs (de)	**mais** (m)	['mais]
rijst (de)	**ris** (m)	['ris]
boekweit (de)	**bokhvete** (m)	['bʊkˌvetə]
erwt (de)	**ert** (m/f)	['æːʈ]
boon (de)	**bønne** (m/f)	['bœnə]
soja (de)	**soya** (m)	['sɔja]
linze (de)	**linse** (m/f)	['linsə]
bonen (mv.)	**bønner** (m/f pl)	['bœnər]

233. Groenten. Groene groenten

groenten (mv.)	**grønnsaker** (m pl)	['grœnˌsakər]
verse kruiden (mv.)	**grønnsaker** (m pl)	['grœnˌsakər]
tomaat (de)	**tomat** (m)	[tʊ'mat]
augurk (de)	**agurk** (m)	[a'gʉrk]
wortel (de)	**gulrot** (m/f)	['gʉlˌrʊt]
aardappel (de)	**potet** (m/f)	[pʊ'tet]
ui (de)	**løk** (m)	['løk]
knoflook (de)	**hvitløk** (m)	['vitˌløk]
kool (de)	**kål** (m)	['kɔl]
bloemkool (de)	**blomkål** (m)	['blɔmˌkɔl]
spruitkool (de)	**rosenkål** (m)	['rʊsənˌkɔl]
broccoli (de)	**brokkoli** (m)	['brɔkɔli]
rode biet (de)	**rødbete** (m/f)	['røˌbetə]
aubergine (de)	**aubergine** (m)	[ɔbɛr'ʂin]
courgette (de)	**squash** (m)	['skvɔʂ]
pompoen (de)	**gresskar** (n)	['grɛskar]
knolraap (de)	**nepe** (m/f)	['nepə]
peterselie (de)	**persille** (m/f)	[pæ'ʂilə]
dille (de)	**dill** (m)	['dil]
sla (de)	**salat** (m)	[sa'lat]
selderij (de)	**selleri** (m/n)	[sɛleˌri]
asperge (de)	**asparges** (m)	[a'sparʂəs]
spinazie (de)	**spinat** (m)	[spi'nat]
erwt (de)	**erter** (m pl)	['æ:ʈər]
bonen (mv.)	**bønner** (m/f pl)	['bœnər]
maïs (de)	**mais** (m)	['mais]
boon (de)	**bønne** (m/f)	['bœnə]
peper (de)	**pepper** (m)	['pɛpər]
radijs (de)	**reddik** (m)	['rɛdik]
artisjok (de)	**artisjokk** (m)	[ˌa:ʈi'ʂɔk]

REGIONALE AARDRIJKSKUNDE

Landen. Nationaliteiten

234. West-Europa

Europa (het)	**Europa**	[ɛʉ'rʊpɑ]
Europese Unie (de)	**Den Europeiske Union**	[den ɛʉrʊ'pɛiskə ʉni'ɔn]
Europeaan (de)	**europeer** (m)	[ɛʉrʊ'peər]
Europees (bn)	**europeisk**	[ɛʉrʊ'pɛisk]
Oostenrijk (het)	**Østerrike**	['østəˌrikə]
Oostenrijker (de)	**østerriker** (m)	['østəˌrikər]
Oostenrijkse (de)	**østerriksk kvinne** (m/f)	['østəˌriksk ˌkvinə]
Oostenrijks (bn)	**østerriksk**	['østəˌriksk]
Groot-Brittannië (het)	**Storbritannia**	['stʊr briˌtɑniɑ]
Engeland (het)	**England**	['ɛŋlɑn]
Engelsman (de)	**brite** (m)	['britə]
Engelse (de)	**brite** (m)	['britə]
Engels (bn)	**engelsk, britisk**	['ɛŋelsk], ['britisk]
België (het)	**Belgia**	['bɛlgiɑ]
Belg (de)	**belgier** (m)	['bɛlgiər]
Belgische (de)	**belgisk kvinne** (m/f)	['bɛlgisk ˌkvinə]
Belgisch (bn)	**belgisk**	['bɛlgisk]
Duitsland (het)	**Tyskland**	['tʏsklɑn]
Duitser (de)	**tysker** (m)	['tʏskər]
Duitse (de)	**tysk kvinne** (m/f)	['tʏsk ˌkvinə]
Duits (bn)	**tysk**	['tʏsk]
Nederland (het)	**Nederland**	['nedəˌɭɑn]
Holland (het)	**Holland**	['hɔlɑn]
Nederlander (de)	**hollender** (m)	['hɔˌlendər]
Nederlandse (de)	**hollandsk kvinne** (m/f)	['hɔˌlɑnsk ˌkvinə]
Nederlands (bn)	**hollandsk**	['hɔˌlɑnsk]
Griekenland (het)	**Hellas**	['hɛlɑs]
Griek (de)	**greker** (m)	['grekər]
Griekse (de)	**gresk kvinne** (m/f)	['grɛsk ˌkvinə]
Grieks (bn)	**gresk**	['grɛsk]
Denemarken (het)	**Danmark**	['dɑnmɑrk]
Deen (de)	**danske** (m)	['dɑnskə]
Deense (de)	**dansk kvinne** (m/f)	['dɑnsk ˌkvinə]
Deens (bn)	**dansk**	['dɑnsk]
Ierland (het)	**Irland**	['irlɑn]
Ier (de)	**irlender, irlending** (m)	['irˌlenər], ['irˌleniŋ]

Ierse (de)	**irsk kvinne** (m/f)	['i:ʂk ˌkvinə]
Iers (bn)	**irsk**	['i:ʂk]
IJsland (het)	**Island**	['islɑn]
IJslander (de)	**islending** (m)	['isˌleniŋ]
IJslandse (de)	**islandsk kvinne** (m/f)	['isˌlɑnsk ˌkvinə]
IJslands (bn)	**islandsk**	['isˌlɑnsk]
Spanje (het)	**Spania**	['spɑniɑ]
Spanjaard (de)	**spanier** (m)	['spɑniər]
Spaanse (de)	**spansk kvinne** (m/f)	['spɑnsk ˌkvinə]
Spaans (bn)	**spansk**	['spɑnsk]
Italië (het)	**Italia**	[i'tɑliɑ]
Italiaan (de)	**italiener** (m)	[itɑ'ljɛnər]
Italiaanse (de)	**italiensk kvinne** (m/f)	[itɑ'ljɛnsk ˌkvinə]
Italiaans (bn)	**italiensk**	[itɑ'ljɛnsk]
Cyprus (het)	**Kypros**	['kʏprʊs]
Cyprioot (de)	**kypriot** (m)	[kʏpri'ʊt]
Cypriotische (de)	**kypriotisk kvinne** (m/f)	[kʏpri'ʊtisk ˌkvinə]
Cypriotisch (bn)	**kypriotisk**	[kʏpri'ʊtisk]
Malta (het)	**Malta**	['mɑltɑ]
Maltees (de)	**malteser** (m)	[mɑl'tesər]
Maltese (de)	**maltesisk kvinne** (m/f)	[mɑl'tesisk ˌkvinə]
Maltees (bn)	**maltesisk**	[mɑl'tesisk]
Noorwegen (het)	**Norge**	['nɔrgə]
Noor (de)	**nordmann** (m)	['nʊ:rmɑn]
Noorse (de)	**norsk kvinne** (m/f)	['nɔʂk ˌkvinə]
Noors (bn)	**norsk**	['nɔʂk]
Portugal (het)	**Portugal**	[pɔ:ʈʉ'gɑl]
Portugees (de)	**portugiser** (m)	[pɔ:ʈʉ'gisər]
Portugese (de)	**portugisisk kvinne** (m/f)	[pɔ:ʈʉ'gisisk ˌkvinə]
Portugees (bn)	**portugisisk**	[pɔ:ʈʉ'gisisk]
Finland (het)	**Finland**	['finlɑn]
Fin (de)	**finne** (m)	['finə]
Finse (de)	**finsk kvinne** (m/f)	['finsk ˌkvinə]
Fins (bn)	**finsk**	['finsk]
Frankrijk (het)	**Frankrike**	['frɑnkrikə]
Fransman (de)	**franskmann** (m)	['franskˌmɑn]
Française (de)	**fransk kvinne** (m/f)	['frɑnsk ˌkvinə]
Frans (bn)	**fransk**	['frɑnsk]
Zweden (het)	**Sverige**	['sværiə]
Zweed (de)	**svenske** (m)	['svɛnskə]
Zweedse (de)	**svensk kvinne** (m/f)	['svɛnsk ˌkvinə]
Zweeds (bn)	**svensk**	['svɛnsk]
Zwitserland (het)	**Sveits**	['svæjts]
Zwitser (de)	**sveitser** (m)	['svæjtsər]
Zwitserse (de)	**sveitsisk kvinne** (m/f)	['svæjtsisk ˌkvinə]

Zwitsers (bn)	**sveitsisk**	['svæjtsisk]
Schotland (het)	**Skottland**	['skɔtlɑn]
Schot (de)	**skotte** (m)	['skɔtə]
Schotse (de)	**skotsk kvinne** (m/f)	['skɔtsk ˌkvinə]
Schots (bn)	**skotsk**	['skɔtsk]
Vaticaanstad (de)	**Vatikanet**	['vɑtiˌkɑne]
Liechtenstein (het)	**Liechtenstein**	['lihtɛnʂtæjn]
Luxemburg (het)	**Luxembourg**	['lʉksɛmˌbʉrg]
Monaco (het)	**Monaco**	[mʊ'nɑkʊ]

235. Centraal- en Oost-Europa

Albanië (het)	**Albania**	[ɑl'bɑniɑ]
Albanees (de)	**albaner** (m)	[ɑl'bɑnər]
Albanese (de)	**albansk kvinne** (m)	[ɑl'bɑnsk ˌkvinə]
Albanees (bn)	**albansk**	[ɑl'bɑnsk]
Bulgarije (het)	**Bulgaria**	[bʉl'gɑriɑ]
Bulgaar (de)	**bulgarer** (m)	[bʉl'gɑrər]
Bulgaarse (de)	**bulgarsk kvinne** (m/f)	[bʉl'gɑʂk ˌkvinə]
Bulgaars (bn)	**bulgarsk**	[bʉl'gɑʂk]
Hongarije (het)	**Ungarn**	['ʉŋɑːɳ]
Hongaar (de)	**ungarer** (m)	['ʉŋɑrər]
Hongaarse (de)	**ungarsk kvinne** (m/f)	['ʉŋɑʂk ˌkvinə]
Hongaars (bn)	**ungarsk**	['ʉŋɑʂk]
Letland (het)	**Latvia**	['lɑtviɑ]
Let (de)	**latvier** (m)	['lɑtviər]
Letse (de)	**latvisk kvinne** (m/f)	['lɑtvisk ˌkvinə]
Lets (bn)	**latvisk**	['lɑtvisk]
Litouwen (het)	**Litauen**	['liˌtaʊən]
Litouwer (de)	**litauer** (m)	['liˌtaʊər]
Litouwse (de)	**litauisk kvinne** (m/f)	['liˌtaʊisk ˌkvinə]
Litouws (bn)	**litauisk**	['liˌtaʊisk]
Polen (het)	**Polen**	['pʊlen]
Pool (de)	**polakk** (m)	[pʊ'lɑk]
Poolse (de)	**polsk kvinne** (m/f)	['pʊlsk ˌkvinə]
Pools (bn)	**polsk**	['pʊlsk]
Roemenië (het)	**Romania**	[rʊ'mɑniɑ]
Roemeen (de)	**rumener** (m)	[rʉ'menər]
Roemeense (de)	**rumensk kvinne** (m/f)	[rʉ'mɛnsk ˌkvinə]
Roemeens (bn)	**rumensk**	[rʉ'mɛnsk]
Servië (het)	**Serbia**	['særbiɑ]
Serviër (de)	**serber** (m)	['særbər]
Servische (de)	**serbisk kvinne** (m/f)	['særbisk ˌkvinə]
Servisch (bn)	**serbisk**	['særbisk]
Slowakije (het)	**Slovakia**	[ʂlʊ'vɑkiɑ]
Slowaak (de)	**slovak** (m)	[ʂlʊ'vɑk]

Slowaakse (de)	**slovakisk kvinne** (m/f)	[ʂlʊ'vakisk ˌkvinə]
Slowaakse (bn)	**slovakisk**	[ʂlʊ'vakisk]
Kroatië (het)	**Kroatia**	[krʊ'atia]
Kroaat (de)	**kroat** (m)	[krʊ'at]
Kroatische (de)	**kroatisk kvinne** (m/f)	[krʊ'atisk ˌkvinə]
Kroatisch (bn)	**kroatisk**	[krʊ'atisk]
Tsjechië (het)	**Tsjekkia**	['tʂɛkija]
Tsjech (de)	**tsjekker** (m)	['tʂɛkər]
Tsjechische (de)	**tsjekkisk kvinne** (m/f)	['tʂɛkisk ˌkvinə]
Tsjechisch (bn)	**tsjekkisk**	['tʂɛkisk]
Estland (het)	**Estland**	['ɛstlan]
Est (de)	**estlender** (m)	['ɛstˌlendər]
Estse (de)	**estisk kvinne** (m/f)	['ɛstisk ˌkvinə]
Ests (bn)	**estisk**	['ɛstisk]
Bosnië en Herzegovina (het)	**Bosnia-Hercegovina**	['bɔsnia hersegɔˌvina]
Macedonië (het)	**Makedonia**	[make'dɔnia]
Slovenië (het)	**Slovenia**	[ʂlʊ'venia]
Montenegro (het)	**Montenegro**	['mɔntəˌnɛgrʊ]

236. Voormalige USSR landen

Azerbeidzjan (het)	**Aserbajdsjan**	[aserbajd'ʂan]
Azerbeidzjaan (de)	**aserbajdsjaner** (m)	[aserbajd'ʂanər]
Azerbeidjaanse (de)	**aserbajdsjansk kvinne** (m)	[aserbajd'ʂansk ˌkvinə]
Azerbeidjaans (bn)	**aserbajdsjansk**	[aserbajd'ʂansk]
Armenië (het)	**Armenia**	[ar'menia]
Armeen (de)	**armener** (m)	[ar'menər]
Armeense (de)	**armensk kvinne** (m)	[ar'mensk ˌkvinə]
Armeens (bn)	**armensk**	[ar'mensk]
Wit-Rusland (het)	**Hviterussland**	['vitəˌrʉslan]
Wit-Rus (de)	**hviterusser** (m)	['vitəˌrʉsər]
Wit-Russische (de)	**hviterussisk kvinne** (m/f)	['vitəˌrʉsisk ˌkvinə]
Wit-Russisch (bn)	**hviterussisk**	['vitəˌrʉsisk]
Georgië (het)	**Georgia**	[ge'ɔrgia]
Georgiër (de)	**georgier** (m)	[ge'ɔrgiər]
Georgische (de)	**georgisk kvinne** (m/f)	[ge'ɔrgisk ˌkvinə]
Georgisch (bn)	**georgisk**	[ge'ɔrgisk]
Kazakstan (het)	**Kasakhstan**	[ka'sakˌstan]
Kazak (de)	**kasakh** (m)	[ka'sak]
Kazakse (de)	**kasakhisk kvinne** (m/f)	[ka'sakisk ˌkvinə]
Kazakse (bn)	**kasakhisk**	[ka'sakisk]
Kirgizië (het)	**Kirgisistan**	[kir'gisiˌstan]
Kirgiziër (de)	**kirgiser** (m)	[kir'gisər]
Kirgizische (de)	**kirgisisk kvinne** (m/f)	[kir'gisisk ˌkvinə]
Kirgizische (bn)	**kirgisisk**	[kir'gisisk]

Moldavië (het)	**Moldova**	[mɔl'dɔva]
Moldaviër (de)	**moldover** (m)	[mɔl'dɔvər]
Moldavische (de)	**moldovsk kvinne** (m/f)	[mɔl'dɔvsk ˌkvinə]
Moldavisch (bn)	**moldovsk**	[mɔl'dɔvsk]
Rusland (het)	**Russland**	['rʉslan]
Rus (de)	**russer** (m)	['rʉsər]
Russin (de)	**russisk kvinne** (m/f)	['rʉsisk ˌkvinə]
Russisch (bn)	**russisk**	['rʉsisk]
Tadzjikistan (het)	**Tadsjikistan**	[ta'dʂikiˌstan]
Tadzjiek (de)	**tadsjik, tadsjiker** (m)	[ta'dʂik], [ta'dʂikər]
Tadzjiekse (de)	**tadsjikisk kvinne** (m/f)	[ta'dʂikisk ˌkvinə]
Tadzjieks (bn)	**tadsjikisk**	[ta'dʂikisk]
Turkmenistan (het)	**Turkmenistan**	[tʉrk'meniˌstan]
Turkmeen (de)	**turkmen** (m)	[tʉrk'men]
Turkmeense (de)	**turkmensk kvinne** (m/f)	[tʉrk'mensk ˌkvinə]
Turkmeens (bn)	**turkmensk**	[tʉrk'mensk]
Oezbekistan (het)	**Usbekistan**	[ʉs'bekiˌstan]
Oezbeek (de)	**usbek, usbeker** (m)	[ʉs'bek], [ʉs'bekər]
Oezbeekse (de)	**usbekisk kvinne** (m/f)	[ʉs'bekisk ˌkvinə]
Oezbeeks (bn)	**usbekisk**	[ʉs'bekisk]
Oekraïne (het)	**Ukraina**	[ʉkra'ina]
Oekraïner (de)	**ukrainer** (m)	[ʉkra'inər]
Oekraïense (de)	**ukrainsk kvinne** (m/f)	[ʉkra'insk ˌkvinə]
Oekraïens (bn)	**ukrainsk**	[ʉkra'insk]

237. Azië

Azië (het)	**Asia**	['asia]
Aziatisch (bn)	**asiatisk**	[asi'atisk]
Vietnam (het)	**Vietnam**	['vjɛtnam]
Vietnamees (de)	**vietnameser** (m)	[vjɛtna'mesər]
Vietnamese (de)	**vietnamesisk kvinne** (m/f)	[vjɛtna'mesisk ˌkvinə]
Vietnamees (bn)	**vietnamesisk**	[vjɛtna'mesisk]
India (het)	**India**	['india]
Indiër (de)	**inder** (m)	['indər]
Indische (de)	**indisk kvinne** (m/f)	['indisk ˌkvinə]
Indisch (bn)	**indisk**	['indisk]
Israël (het)	**Israel**	['israəl]
Israëliër (de)	**israeler** (m)	[isra'elər]
Israëlische (de)	**israelsk kvinne** (m/f)	[isra'elsk ˌkvinə]
Israëlisch (bn)	**israelsk**	[isra'elsk]
Jood (etniciteit)	**jøde** (m)	['jødə]
Jodin (de)	**jødisk kvinne** (m/f)	['jødisk ˌkvinə]
Joods (bn)	**jødisk**	['jødisk]
China (het)	**Kina**	['çina]

Chinees (de)	**kineser** (m)	[çi'nesər]
Chinese (de)	**kinesisk kvinne** (m/f)	[çi'nesisk ˌkvinə]
Chinees (bn)	**kinesisk**	[çi'nesisk]
Koreaan (de)	**koreaner** (m)	[kʊre'ɑnər]
Koreaanse (de)	**koreansk kvinne** (m/f)	[kʊre'ɑnsk ˌkvinə]
Koreaans (bn)	**koreansk**	[kʊre'ɑnsk]
Libanon (het)	**Libanon**	['libɑnɔn]
Libanees (de)	**libaneser** (m)	[libɑ'nesər]
Libanese (de)	**libanesisk kvinne** (m/f)	[libɑ'nesisk ˌkvinə]
Libanees (bn)	**libanesisk**	[libɑ'nesisk]
Mongolië (het)	**Mongolia**	[mʊŋ'guliɑ]
Mongool (de)	**mongol** (m)	[mʊŋ'gul]
Mongoolse (de)	**mongolsk kvinne** (m/f)	[mʊn'gɔlsk ˌkvinə]
Mongools (bn)	**mongolsk**	[mʊn'gɔlsk]
Maleisië (het)	**Malaysia**	[mɑ'lɑjsiɑ]
Maleisiër (de)	**malayer** (m)	[mɑ'lɑjər]
Maleisische (de)	**malayisk kvinne** (m/f)	[mɑ'lɑjisk ˌkvinə]
Maleisisch (bn)	**malayisk**	[mɑ'lɑjisk]
Pakistan (het)	**Pakistan**	['pɑkiˌstɑn]
Pakistaan (de)	**pakistaner** (m)	[pɑki'stɑnər]
Pakistaanse (de)	**pakistansk kvinne** (m/f)	[pɑki'stɑnsk ˌkvinə]
Pakistaans (bn)	**pakistansk**	[pɑki'stɑnsk]
Saoedi-Arabië (het)	**Saudi-Arabia**	['saʊdi ɑ'rɑbiɑ]
Arabier (de)	**araber** (m)	[ɑ'rɑbər]
Arabische (de)	**arabisk kvinne** (m)	[ɑ'rɑbisk ˌkvinə]
Arabisch (bn)	**arabisk**	[ɑ'rɑbisk]
Thailand (het)	**Thailand**	['tɑjlɑn]
Thai (de)	**thailender** (m)	['tɑjlendər]
Thaise (de)	**thailandsk kvinne** (m/f)	['tɑjlɑnsk ˌkvinə]
Thai (bn)	**thailandsk**	['tɑjlɑnsk]
Taiwan (het)	**Taiwan**	['tɑjˌvɑn]
Taiwanees (de)	**taiwaner** (m)	[tɑj'vɑnər]
Taiwanese (de)	**taiwansk kvinne** (m/f)	[tɑj'vɑnsk ˌkvinə]
Taiwanees (bn)	**taiwansk**	[tɑj'vɑnsk]
Turkije (het)	**Tyrkia**	[tyrkiɑ]
Turk (de)	**tyrker** (m)	['tyrkər]
Turkse (de)	**tyrkisk kvinne** (m/f)	['tyrkisk ˌkvinə]
Turks (bn)	**tyrkisk**	['tyrkisk]
Japan (het)	**Japan**	['jɑpɑn]
Japanner (de)	**japaner** (m)	[ja'pɑnər]
Japanse (de)	**japansk kvinne** (m/f)	['jɑpɑnsk ˌkvinə]
Japans (bn)	**japansk**	['jɑpɑnsk]
Afghanistan (het)	**Afghanistan**	[ɑf'gɑniˌstɑn]
Bangladesh (het)	**Bangladesh**	[bɑnglɑ'dɛʂ]
Indonesië (het)	**Indonesia**	[indʊ'nesiɑ]

Jordanië (het)	**Jordan**	['jɔrdɑn]
Irak (het)	**Irak**	['irɑk]
Iran (het)	**Iran**	['irɑn]
Cambodja (het)	**Kambodsja**	[kɑm'bɔdʂɑ]
Koeweit (het)	**Kuwait**	['kʉvɑjt]
Laos (het)	**Laos**	['lɑɔs]
Myanmar (het)	**Myanmar**	['mjænmɑ]
Nepal (het)	**Nepal**	['nepɑl]
Verenigde Arabische Emiraten	**Forente Arabiske Emiratene**	[fɔ'rentə ɑ'rɑbiskə ɛmi'rɑtenə]
Syrië (het)	**Syria**	['syriɑ]
Palestijnse autonomie (de)	**Palestina**	[pɑle'stinɑ]
Zuid-Korea (het)	**Sør-Korea**	['sør kʊˌreɑ]
Noord-Korea (het)	**Nord-Korea**	['nʊ:r kʊ'rɛɑ]

238. Noord-Amerika

Verenigde Staten van Amerika	**Amerikas Forente Stater**	[ɑ'merikɑs fɔ'rɛntə 'stɑtər]
Amerikaan (de)	**amerikaner** (m)	[ɑmeri'kɑnər]
Amerikaanse (de)	**amerikansk kvinne** (m)	[ɑmeri'kɑnsk ˌkvinə]
Amerikaans (bn)	**amerikansk**	[ɑmeri'kɑnsk]
Canada (het)	**Canada**	['kɑnɑdɑ]
Canadees (de)	**kanadier** (m)	[kɑ'nɑdiər]
Canadese (de)	**kanadisk kvinne** (m/f)	[kɑ'nɑdisk ˌkvinə]
Canadees (bn)	**kanadisk**	[kɑ'nɑdisk]
Mexico (het)	**Mexico**	['mɛksikʊ]
Mexicaan (de)	**meksikaner** (m)	[mɛksi'kɑnər]
Mexicaanse (de)	**meksikansk kvinne** (m/f)	[mɛksi'kɑnsk ˌkvinə]
Mexicaans (bn)	**meksikansk**	[mɛksi'kɑnsk]

239. Midden- en Zuid-Amerika

Argentinië (het)	**Argentina**	[ɑrgɛn'tinɑ]
Argentijn (de)	**argentiner** (m)	[ɑrgɛn'tinər]
Argentijnse (de)	**argentinsk kvinne** (m)	[ɑrgɛn'tinsk ˌkvinə]
Argentijns (bn)	**argentinsk**	[ɑrgɛn'tinsk]
Brazilië (het)	**Brasilia**	[brɑ'siliɑ]
Braziliaan (de)	**brasilianer** (m)	[brɑsili'ɑnər]
Braziliaanse (de)	**brasiliansk kvinne** (m/f)	[brɑsili'ɑnsk ˌkvinə]
Braziliaans (bn)	**brasiliansk**	[brɑsili'ɑnsk]
Colombia (het)	**Colombia**	[kɔ'lʊmbiɑ]
Colombiaan (de)	**colombianer** (m)	[kɔlʊmbi'ɑnər]
Colombiaanse (de)	**colombiansk kvinne** (m/f)	[kɔlʊmbi'ɑnsk ˌkvinə]
Colombiaans (bn)	**colombiansk**	[kɔlʊmbi'ɑnsk]
Cuba (het)	**Cuba**	['kʉbɑ]

Cubaan (de)	**kubaner** (m)	[kʉ'banər]
Cubaanse (de)	**kubansk kvinne** (m/f)	[kʉ'bansk ˌkvinə]
Cubaans (bn)	**kubansk**	[kʉ'bansk]
Chili (het)	**Chile**	['t̡silə]
Chileen (de)	**chilener** (m)	[t̡si'lenər]
Chileense (de)	**chilensk kvinne** (m/f)	[t̡si'lensk ˌkvinə]
Chileens (bn)	**chilensk**	[t̡si'lensk]
Bolivia (het)	**Bolivia**	[bɔ'livia]
Venezuela (het)	**Venezuela**	[venesʉ'ɛla]
Paraguay (het)	**Paraguay**	[parag'waj]
Peru (het)	**Peru**	[pe'ru:]
Suriname (het)	**Surinam**	['sʉriˌnam]
Uruguay (het)	**Uruguay**	[ʉrygʊ'aj]
Ecuador (het)	**Ecuador**	[ɛkʊa'dɔr]
Bahama's (mv.)	**Bahamas**	[ba'hamas]
Haïti (het)	**Haiti**	[ha'iti]
Dominicaanse Republiek (de)	**Dominikanske Republikken**	[dʊmini'kanskə repʉ'blikən]
Panama (het)	**Panama**	['panama]
Jamaica (het)	**Jamaica**	[s̡a'majka]

240. Afrika

Egypte (het)	**Egypt**	[ɛ'gypt]
Egyptenaar (de)	**egypter** (m)	[ɛ'gyptər]
Egyptische (de)	**egyptisk kvinne** (m/f)	[ɛ'gyptisk ˌkvinə]
Egyptisch (bn)	**egyptisk**	[ɛ'gyptisk]
Marokko (het)	**Marokko**	[ma'rɔkʊ]
Marokkaan (de)	**marokkaner** (m)	[marɔ'kanər]
Marokkaanse (de)	**marokkansk kvinne** (m/f)	[marɔ'kansk ˌkvinə]
Marokkaans (bn)	**marokkansk**	[marɔ'kansk]
Tunesië (het)	**Tunisia**	['tʉ'nisia]
Tunesiër (de)	**tuneser** (m)	[tʉ'nesər]
Tunesische (de)	**tunesisk kvinne** (m/f)	[tʉ'nesisk ˌkvinə]
Tunesisch (bn)	**tunesisk**	[tʉ'nesisk]
Ghana (het)	**Ghana**	['gana]
Zanzibar (het)	**Zanzibar**	['sansibar]
Kenia (het)	**Kenya**	['kenya]
Libië (het)	**Libya**	['libia]
Madagaskar (het)	**Madagaskar**	[mada'gaskar]
Namibië (het)	**Namibia**	[na'mibia]
Senegal (het)	**Senegal**	[sene'gal]
Tanzania (het)	**Tanzania**	['tansaˌnia]
Zuid-Afrika (het)	**Republikken Sør-Afrika**	[repʉ'bliken 'søˌafrika]
Afrikaan (de)	**afrikaner** (m)	[afri'kanər]
Afrikaanse (de)	**afrikansk kvinne** (m)	[afri'kansk ˌkvinə]
Afrikaans (bn)	**afrikansk**	[afri'kansk]

241. Australië. Oceanië

Australië (het)	**Australia**	[aʊ'strɑliɑ]
Australiër (de)	**australier** (m)	[aʊ'strɑliər]
Australische (de)	**australsk kvinne** (m/f)	[aʊ'strɑlsk ˌkvinə]
Australisch (bn)	**australsk**	[aʊ'strɑlsk]
Nieuw-Zeeland (het)	**New Zealand**	[njʉ'selɑn]
Nieuw-Zeelander (de)	**newzealender** (m)	[njʉ'selendər]
Nieuw-Zeelandse (de)	**newzealandsk kvinne** (m/f)	[njʉ'selɑnsk ˌkvinə]
Nieuw-Zeelands (bn)	**newzealandsk**	[njʉ'selɑnsk]
Tasmanië (het)	**Tasmania**	[tɑs'mɑniɑ]
Frans-Polynesië	**Fransk Polynesia**	['frɑnsk pɔly'nesiɑ]

242. Steden

Amsterdam	**Amsterdam**	['ɑmstɛrˌdɑm]
Ankara	**Ankara**	['ɑnkɑrɑ]
Athene	**Athen, Aten**	[ɑ'ten]
Bagdad	**Bagdad**	['bɑgdɑd]
Bangkok	**Bangkok**	['bɑnkɔk]
Barcelona	**Barcelona**	[bɑrsə'lunɑ]
Beiroet	**Beirut**	['bæjˌrʉt]
Berlijn	**Berlin**	[bɛr'lin]
Boedapest	**Budapest**	['bʉdɑpɛst]
Boekarest	**Bukarest**	['bʉkɑ'rɛst]
Bombay, Mumbai	**Bombay**	['bɔmbɛj]
Bonn	**Bonn**	['bɔn]
Bordeaux	**Bordeaux**	[bɔr'dɔ:]
Bratislava	**Bratislava**	[brɑti'slɑvɑ]
Brussel	**Brussel**	['brʉsɛl]
Caïro	**Kairo**	['kɑjrʊ]
Calcutta	**Calcutta**	[kɑl'kʉtɑ]
Chicago	**Chicago**	[ʂi'kɑgʊ]
Dar Es Salaam	**Dar-es-Salaam**	['dɑresɑˌlɑm]
Delhi	**Delhi**	['dɛli]
Den Haag	**Haag**	['hɑg]
Dubai	**Dubai**	['dʉbɑj]
Dublin	**Dublin**	['døblin]
Düsseldorf	**Düsseldorf**	['dʉsəlˌdɔrf]
Florence	**Firenze**	[fi'rɛnsə]
Frankfort	**Frankfurt**	['frɑnkfʉ:t]
Genève	**Genève**	[ʂe'nɛv]
Hamburg	**Hamburg**	['hɑmbʉrg]
Hanoi	**Hanoi**	['hɑnɔj]
Havana	**Havana**	[hɑ'vɑnɑ]
Helsinki	**Helsinki**	['hɛlsinki]

Hiroshima	**Hiroshima**	[hirʊ'ʂima]
Hongkong	**Hongkong**	['hɔn,kɔŋ]
Istanbul	**Istanbul**	['istanbʉl]
Jeruzalem	**Jerusalem**	[je'rʉsalem]
Kiev	**Kiev**	['ki:ef]
Kopenhagen	**København**	['çøbən,havn]
Kuala Lumpur	**Kuala Lumpur**	[kʉ'ala 'lʉmpʉr]
Lissabon	**Lisboa**	['lisbʊa]
Londen	**London**	['lɔndɔn]
Los Angeles	**Los Angeles**	[,lɔs'ændʒələs]
Lyon	**Lyon**	[li'ɔn]
Madrid	**Madrid**	[ma'drid]
Marseille	**Marseille**	[mar'sɛj]
Mexico-Stad	**Mexico City**	['mɛksikʊ 'siti]
Miami	**Miami**	[ma'jami]
Montreal	**Montreal**	[mɔntri'ɔl]
Moskou	**Moskva**	[mɔ'skva]
München	**München**	['mʉnhən]
Nairobi	**Nairobi**	[naj'rʊbi]
Napels	**Napoli**	['napʊli]
New York	**New York**	[njʉ 'jork]
Nice	**Nice**	['nis]
Oslo	**Oslo**	['ɔʂlʊ]
Ottawa	**Ottawa**	['ɔtava]
Parijs	**Paris**	[pa'ris]
Peking	**Peking, Beijing**	['pekiŋ], ['bɛjʒin]
Praag	**Praha**	['praha]
Rio de Janeiro	**Rio de Janeiro**	['riu de ʂa'næjrʊ]
Rome	**Roma**	['rʊma]
Seoel	**Seoul**	[se'u:l]
Singapore	**Singapore**	['siŋa'pɔr]
Sint-Petersburg	**Sankt Petersburg**	[,sankt 'petɛʂ,bʉrg]
Sjanghai	**Shanghai**	['ʂaŋhaj]
Stockholm	**Stockholm**	['stɔkhɔlm]
Sydney	**Sydney**	['sidni]
Taipei	**Taipei**	['tajpæj]
Tokio	**Tokyo**	['tɔkiʊ]
Toronto	**Toronto**	[tɔ'rɔntʊ]
Venetië	**Venezia**	[ve'netsia]
Warschau	**Warszawa**	[va'ʂava]
Washington	**Washington**	['vɔʂiŋtən]
Wenen	**Wien**	['vin]

243. Politiek. Overheid. Deel 1

politiek (de)	**politikk** (m)	[pʊli'tik]
politiek (bn)	**politisk**	[pʊ'litisk]

politicus (de)	**politiker** (m)	[pʊ'litikər]
staat (land)	**stat** (m)	['stɑt]
burger (de)	**statsborger** (m)	['stɑts,bɔrgər]
staatsburgerschap (het)	**statsborgerskap** (n)	['stɑtsbɔrgə,şkɑp]
nationaal wapen (het)	**riksvåpen** (n)	['riks,vɔpən]
volkslied (het)	**nasjonalsang** (m)	[nɑşʊ'nɑl,sɑŋ]
regering (de)	**regjering** (m/f)	[rɛ'jeriŋ]
staatshoofd (het)	**landets leder** (m)	['lɑnɛts ,ledər]
parlement (het)	**parlament** (n)	[pɑ:ɭɑ'mɛnt]
partij (de)	**parti** (n)	[pɑ:'ʈi]
kapitalisme (het)	**kapitalisme** (n)	[kɑpitɑ'lismə]
kapitalistisch (bn)	**kapitalistisk**	[kɑpitɑ'listisk]
socialisme (het)	**sosialisme** (m)	[sʊsiɑ'lismə]
socialistisch (bn)	**sosialistisk**	[sʊsiɑ'listisk]
communisme (het)	**kommunisme** (m)	[kʊmʉ'nismə]
communistisch (bn)	**kommunistisk**	[kʊmʉ'nistisk]
communist (de)	**kommunist** (m)	[kʊmʉ'nist]
democratie (de)	**demokrati** (n)	[demʊkrɑ'ti]
democraat (de)	**demokrat** (m)	[demʊ'krɑt]
democratisch (bn)	**demokratisk**	[demʊ'krɑtisk]
democratische partij (de)	**demokratisk parti** (n)	[demʊ'krɑtisk pɑ:'ʈi]
liberaal (de)	**liberaler** (m)	[libə'rɑlər]
liberaal (bn)	**liberal**	[libə'rɑl]
conservator (de)	**konservativ** (m)	[kʊn'sɛrvɑ,tiv]
conservatief (bn)	**konservativ**	[kʊn'sɛrvɑ,tiv]
republiek (de)	**republikk** (m)	[repʉ'blik]
republikein (de)	**republikaner** (m)	[repʉbli'kɑnər]
Republikeinse Partij (de)	**republikanske parti** (n)	[repʉbli'kɑnskə pɑ:'ʈi]
verkiezing (de)	**valg** (n)	['vɑlg]
kiezen (ww)	**å velge**	[ɔ 'vɛlgə]
kiezer (de)	**velger** (m)	['vɛlgər]
verkiezingscampagne (de)	**valgkampanje** (m)	['vɑlg kɑm'pɑnjə]
stemming (de)	**avstemning, votering** (m)	['ɑf,stɛmniŋ], ['vɔteriŋ]
stemmen (ww)	**å stemme**	[ɔ 'stɛmə]
stemrecht (het)	**stemmerett** (m)	['stɛmə,rɛt]
kandidaat (de)	**kandidat** (m)	[kɑndi'dɑt]
zich kandideren	**å kandidere**	[ɔ kɑndi'derə]
campagne (de)	**kampanje** (m)	[kɑm'pɑnjə]
oppositie- (abn)	**opposisjons-**	[ɔpʊsi'şʊns-]
oppositie (de)	**opposisjon** (m)	[ɔpʊsi'şʊn]
bezoek (het)	**besøk** (n)	[be'søk]
officieel bezoek (het)	**offisielt besøk** (n)	[ɔfi'sjɛlt be'søk]
internationaal (bn)	**internasjonal**	['intɛ:ɳɑşʊ,nɑl]

onderhandelingen (mv.)	**forhandlinger** (m pl)	[fɔr'handliŋər]
onderhandelen (ww)	**å forhandle**	[ɔ fɔr'handlə]

244. Politiek. Overheid. Deel 2

maatschappij (de)	**samfunn** (n)	['sam,fʉn]
grondwet (de)	**grunnlov** (m)	['grʉn,lɔv]
macht (politieke ~)	**makt** (m)	['makt]
corruptie (de)	**korrupsjon** (m)	[kʊrʉp'ʂʊn]
wet (de)	**lov** (m)	['lɔv]
wettelijk (bn)	**lovlig**	['lɔvli]
rechtvaardigheid (de)	**rettferdighet** (m)	[rɛt'færdi,het]
rechtvaardig (bn)	**rettferdig**	[rɛt'færdi]
comité (het)	**komité** (m)	[kʊmi'te]
wetsvoorstel (het)	**lovforslag** (n)	['lɔv,fɔʂlag]
begroting (de)	**budsjett** (n)	[bʉd'ʂɛt]
beleid (het)	**politikk** (m)	[pʊli'tik]
hervorming (de)	**reform** (m/f)	[rɛ'fɔrm]
radicaal (bn)	**radikal**	[radi'kal]
macht (vermogen)	**kraft** (m/f)	['kraft]
machtig (bn)	**mektig**	['mɛkti]
aanhanger (de)	**tilhenger** (m)	['til,hɛŋər]
invloed (de)	**innflytelse** (m)	['in,flytəlse]
regime (het)	**regime** (n)	[rɛ'ʂimə]
conflict (het)	**konflikt** (m)	[kʊn'flikt]
samenzwering (de)	**sammensvergelse** (m)	['samən,sværgəlsə]
provocatie (de)	**provokasjon** (m)	[prʊvʊka'ʂʊn]
omverwerpen (ww)	**å styrte**	[ɔ 'sty:ʈə]
omverwerping (de)	**styrting** (m/f)	['sty:ʈiŋ]
revolutie (de)	**revolusjon** (m)	[revʊlʉ'ʂʊn]
staatsgreep (de)	**statskupp** (n)	['stats,kʉp]
militaire coup (de)	**militærkupp** (n)	[mili'tær,kʉp]
crisis (de)	**krise** (m/f)	['krisə]
economische recessie (de)	**økonomisk nedgang** (m)	[økʊ'nɔmisk 'ned,gaŋ]
betoger (de)	**demonstrant** (m)	[demɔn'strant]
betoging (de)	**demonstrasjon** (m)	[demɔnstra'ʂʊn]
krijgswet (de)	**krigstilstand** (m)	['krigstil,stan]
militaire basis (de)	**militærbase** (m)	[mili'tær,basə]
stabiliteit (de)	**stabilitet** (m)	[stabili'tet]
stabiel (bn)	**stabil**	[sta'bil]
uitbuiting (de)	**utbytting** (m/f)	['ʉt,bʏtiŋ]
uitbuiten (ww)	**å utbytte**	[ɔ 'ʉt,bʏtə]
racisme (het)	**rasisme** (m)	[ra'sismə]
racist (de)	**rasist** (m)	[ra'sist]

fascisme (het)	**fascisme** (m)	[fɑ'ʂismə]
fascist (de)	**fascist** (m)	[fɑ'ʂist]

245. Landen. Diversen

vreemdeling (de)	**utlending** (m)	['ʉtˌleniŋ]
buitenlands (bn)	**utenlandsk**	['ʉtənˌlɑnsk]
in het buitenland (bw)	**i utlandet**	[i 'ʉtˌlɑnə]
emigrant (de)	**emigrant** (m)	[ɛmi'grɑnt]
emigratie (de)	**emigrasjon** (m)	[ɛmigrɑ'ʂʊn]
emigreren (ww)	**å emigrere**	[ɔ ɛmi'grɛrə]
Westen (het)	**Vesten**	['vɛstən]
Oosten (het)	**Østen**	['østən]
Verre Oosten (het)	**Det fjerne østen**	['de 'fjæ:ɳə ˌøstɛn]
beschaving (de)	**sivilisasjon** (m)	[sivilisɑ'ʂʊn]
mensheid (de)	**menneskehet** (m)	['mɛnəskeˌhet]
wereld (de)	**verden** (m)	['værdən]
vrede (de)	**fred** (m)	['frɛd]
wereld- (abn)	**verdens-**	['værdəns-]
vaderland (het)	**fedreland** (n)	['fædrəˌlɑn]
volk (het)	**folk** (n)	['fɔlk]
bevolking (de)	**befolkning** (m)	[be'fɔlkniŋ]
mensen (mv.)	**folk** (n)	['fɔlk]
natie (de)	**nasjon** (m)	[nɑ'ʂʊn]
generatie (de)	**generasjon** (m)	[generɑ'ʂʊn]
gebied (bijv. bezette ~en)	**territorium** (n)	[tɛri'tʊrium]
regio, streek (de)	**region** (m)	[rɛgi'ʊn]
deelstaat (de)	**delstat** (m)	['delˌstɑt]
traditie (de)	**tradisjon** (m)	[trɑdi'ʂʊn]
gewoonte (de)	**skikk, sedvane** (m)	['ʂik], ['sɛdˌvɑnə]
ecologie (de)	**økologi** (m)	[økʊlʊ'gi]
Indiaan (de)	**indianer** (m)	[indi'ɑnər]
zigeuner (de)	**sigøyner** (m)	[si'gøjnər]
zigeunerin (de)	**sigøynerske** (m/f)	[si'gøjnəʂkə]
zigeuner- (abn)	**sigøynersk**	[si'gøjnəʂk]
rijk (het)	**imperium, keiserrike** (n)	['im'perium], ['kæjsəˌrike]
kolonie (de)	**koloni** (m)	[kʊlu'ni]
slavernij (de)	**slaveri** (n)	[slɑvɛ'ri]
invasie (de)	**invasjon** (m)	[invɑ'ʂʊn]
hongersnood (de)	**hungersnød** (m/f)	['hʉŋɛʂˌnød]

246. Grote religieuze groepen. Bekentenissen

religie (de)	**religion** (m)	[religi'ʊn]
religieus (bn)	**religiøs**	[reli'gjøs]

geloof (het)	**tro** (m)	['trʊ]
geloven (ww)	**å tro**	[ɔ 'trʊ]
gelovige (de)	**troende** (m)	['trʊenə]
atheïsme (het)	**ateisme** (m)	[ɑte'ismə]
atheïst (de)	**ateist** (m)	[ɑte'ist]
christendom (het)	**kristendom** (m)	['kristən͵dɔm]
christen (de)	**kristen** (m)	['kristən]
christelijk (bn)	**kristelig**	['kristəli]
katholicisme (het)	**katolisisme** (m)	[kɑtʊli'sismə]
katholiek (de)	**katolikk** (m)	[kɑtʊ'lik]
katholiek (bn)	**katolsk**	[kɑ'tʊlsk]
protestantisme (het)	**protestantisme** (m)	[prʊtɛstɑn'tismə]
Protestante Kerk (de)	**den protestantiske kirke**	[den prʊtɛ'stɑntiskə ͵çirkə]
protestant (de)	**protestant** (m)	[prʊtɛ'stɑnt]
orthodoxie (de)	**ortodoksi** (m)	[ɔ:ʈʊdʊk'si]
Orthodoxe Kerk (de)	**den ortodokse kirke**	[den ɔ:ʈʊ'dɔksə ͵çirkə]
orthodox	**ortodoks** (n)	[ɔ:ʈʊ'dɔks]
presbyterianisme (het)	**presbyterianisme** (m)	[prɛsbytæriɑ'nismə]
Presbyteriaanse Kerk (de)	**den presbyterianske kirke**	[den prɛsbyteri'ɑnskə ͵çirkə]
presbyteriaan (de)	**presbyterianer** (m)	[prɛsbytæri'ɑnər]
lutheranisme (het)	**lutherdom** (m)	[lʉtər'dɔm]
lutheraan (de)	**lutheraner** (m)	[lʉtə'rɑnər]
baptisme (het)	**baptisme** (m)	[bɑp'tismə]
baptist (de)	**baptist** (m)	[bɑp'tist]
Anglicaanse Kerk (de)	**den anglikanske kirke**	[den ɑŋli'kɑnskə ͵çirkə]
anglicaan (de)	**anglikaner** (m)	[ɑŋli'kɑnər]
mormonisme (het)	**mormonisme** (m)	[mɔrmɔ'nismə]
mormoon (de)	**mormon** (m)	[mʊr'mʊn]
Jodendom (het)	**judaisme** (m)	['jʉdɑ͵ismə]
jood (aanhanger van het Jodendom)	**judeer** (m)	['jʉ'deər]
boeddhisme (het)	**buddhisme** (m)	[bʉ'dismə]
boeddhist (de)	**buddhist** (m)	[bʉ'dist]
hindoeïsme (het)	**hinduisme** (m)	[hindʉ'ismə]
hindoe (de)	**hindu** (m)	['hindʉ]
islam (de)	**islam**	['islɑm]
islamiet (de)	**muslim** (m)	[mʉ'slim]
islamitisch (bn)	**muslimsk**	[mʉ'slimsk]
sjiisme (het)	**sjiisme** (m)	[ʂi'ismə]
sjiiet (de)	**sjiitt** (m)	[ʂi'it]
soennisme (het)	**sunnisme** (m)	[sʉ'nismə]
soenniet (de)	**sunnimuslim** (m)	['sʉni mʉs͵lim]

247. Religies. Priesters

priester (de)	prest (m)	['prɛst]
paus (de)	Paven	['pɑvən]
monnik (de)	munk (m)	['muŋk]
non (de)	nonne (m/f)	['nɔnə]
pastoor (de)	pastor (m)	['pɑstʊr]
abt (de)	abbed (m)	['ɑbed]
vicaris (de)	sogneprest (m)	['sɔŋnə‚prɛst]
bisschop (de)	biskop (m)	['biskɔp]
kardinaal (de)	kardinal (m)	[kɑːɖiˈnɑl]
predikant (de)	predikant (m)	[prɛdiˈkɑnt]
preek (de)	preken (m)	['prɛkən]
kerkgangers (mv.)	menighet (m/f)	['meni‚het]
gelovige (de)	troende (m)	['trʊenə]
atheïst (de)	ateist (m)	[ateˈist]

248. Geloof. Christendom. Islam

Adam	Adam	['ɑdɑm]
Eva	Eva	['ɛvɑ]
God (de)	Gud (m)	['gud]
Heer (de)	Herren	['hærən]
Almachtige (de)	Den Allmektige	[den alˈmɛktiə]
zonde (de)	synd (m/f)	['sʏn]
zondigen (ww)	å synde	[ɔ 'sʏnə]
zondaar (de)	synder (m)	['sʏnər]
zondares (de)	synderinne (m)	['sʏnə‚rinə]
hel (de)	helvete (n)	['hɛlvetə]
paradijs (het)	paradis (n)	['pɑrɑ‚dis]
Jezus	Jesus	['jesus]
Jezus Christus	Jesus Kristus	['jesus ‚kristus]
Heilige Geest (de)	Den Hellige Ånd	[dən 'hɛliə ‚on]
Verlosser (de)	Frelseren	['frelserən]
Maagd Maria (de)	Jomfru Maria	['jɔmfru mɑ‚riɑ]
duivel (de)	Djevel (m)	['djevəl]
duivels (bn)	djevelsk	['djevəlsk]
Satan	Satan	['sɑtɑn]
satanisch (bn)	satanisk	[sɑˈtɑnisk]
engel (de)	engel (m)	['ɛŋəl]
beschermengel (de)	skytsengel (m)	['sʏts‚ɛŋəl]
engelachtig (bn)	engle-	['ɛŋlə-]

apostel (de)	**apostel** (m)	[ɑ'pɔstəl]
aartsengel (de)	**erkeengel** (m)	['ærkə,æŋəl]
antichrist (de)	**Antikrist**	['ɑnti,krist]
Kerk (de)	**kirken** (m)	['çirkən]
bijbel (de)	**bibel** (m)	['bibəl]
bijbels (bn)	**bibelsk**	['bibəlsk]
Oude Testament (het)	**Det Gamle Testamente**	[de 'gɑmlə tɛstɑ'mentə]
Nieuwe Testament (het)	**Det Nye Testamente**	[de 'nye tɛstɑ'mentə]
evangelie (het)	**evangelium** (n)	[ɛvɑn'gelium]
Heilige Schrift (de)	**Den Hellige Skrift**	[dən 'hɛliə ,skrift]
Hemel, Hemelrijk (de)	**Himmerike** (n)	['himə,rikə]
gebod (het)	**bud** (n)	['bʉd]
profeet (de)	**profet** (m)	[prʊ'fet]
profetie (de)	**profeti** (m)	[prʊfe'ti]
Allah	**Allah**	['ɑlɑ]
Mohammed	**Muhammed**	[mʉ'hɑmed]
Koran (de)	**Koranen**	[kʊ'rɑnən]
moskee (de)	**moské** (m)	[mʊ'ske]
moellah (de)	**mulla** (m)	['mʉlɑ]
gebed (het)	**bønn** (m)	['bœn]
bidden (ww)	**å be**	[ɔ 'be]
pelgrimstocht (de)	**pilegrimsreise** (m/f)	['piləgrims,ræjsə]
pelgrim (de)	**pilegrim** (m)	['piləgrim]
Mekka	**Mekka**	['mɛkɑ]
kerk (de)	**kirke** (m/f)	['çirkə]
tempel (de)	**tempel** (n)	['tɛmpəl]
kathedraal (de)	**katedral** (m)	[kɑte'drɑl]
gotisch (bn)	**gotisk**	['gɔtisk]
synagoge (de)	**synagoge** (m)	[synɑ'gʊgə]
moskee (de)	**moské** (m)	[mʊ'ske]
kapel (de)	**kapell** (n)	[kɑ'pɛl]
abdij (de)	**abbedi** (n)	['ɑbedi]
nonnenklooster (het)	**kloster** (n)	['klɔstər]
mannenklooster (het)	**kloster** (n)	['klɔstər]
klok (de)	**klokke** (m/f)	['klɔkə]
klokkentoren (de)	**klokketårn** (n)	['klɔkə,to:ɳ]
luiden (klokken)	**å ringe**	[ɔ 'riŋə]
kruis (het)	**kors** (n)	['kɔ:ʂ]
koepel (de)	**kuppel** (m)	['kʉpəl]
icoon (de)	**ikon** (m/n)	[i'kʊn]
ziel (de)	**sjel** (m)	['ʂɛl]
lot, noodlot (het)	**skjebne** (m)	['ʂɛbnə]
kwaad (het)	**ondskap** (n)	['ʊn,skɑp]
goed (het)	**godhet** (m)	['gʊ,het]
vampier (de)	**vampyr** (m)	[vɑm'pyr]

heks (de)	**heks** (m)	['hɛks]
demoon (de)	**demon** (m)	[de'mʊn]
geest (de)	**ånd** (m)	['ɔn]
verzoeningsleer (de)	**forløsning** (m/f)	[fɔ:'ḷøsniŋ]
vrijkopen (ww)	**å sone**	[ɔ 'sʊnə]
mis (de)	**gudstjeneste** (m)	['gʉts,tjenɛstə]
de mis opdragen	**å holde gudstjeneste**	[ɔ 'hɔldə 'gʉts,tjenɛstə]
biecht (de)	**skriftemål** (n)	['skriftə,mol]
biechten (ww)	**å skrifte**	[ɔ 'skriftə]
heilige (de)	**helgen** (m)	['hɛlgən]
heilig (bn)	**hellig**	['hɛli]
wijwater (het)	**vievann** (n)	['viə,vɑn]
ritueel (het)	**ritual** (n)	[ritʉ'ɑl]
ritueel (bn)	**rituell**	[ritʉ'ɛl]
offerande (de)	**ofring** (m/f)	['ɔfriŋ]
bijgeloof (het)	**overtro** (m)	['ɔvə,ṭrʊ]
bijgelovig (bn)	**overtroisk**	['ɔvə,ṭrʊisk]
hiernamaals (het)	**livet etter dette**	['livə ,ɛtər 'dɛtə]
eeuwige leven (het)	**det evige liv**	[de ,eviə 'liv]

DIVERSEN

249. Diverse nuttige woorden

achtergrond (de)	**bakgrunn** (m)	['bɑk,grʉn]
balans (de)	**balanse** (m)	[bɑ'lɑnsə]
basis (de)	**basis** (n)	['bɑsis]
begin (het)	**begynnelse** (m)	[be'jinəlsə]
beurt (wie is aan de ~?)	**tur** (m)	['tʉr]
categorie (de)	**kategori** (m)	[kɑtegʊ'ri]
comfortabel (~ bed, enz.)	**bekvem**	[be'kvem]
compensatie (de)	**kompensasjon** (m)	[kʊmpɛnsɑ'ʂʊn]
deel (gedeelte)	**del** (m)	['del]
deeltje (het)	**partikel** (m)	[pɑ:'ʈikəl]
ding (object, voorwerp)	**ting** (m)	['tiŋ]
dringend (bn, urgent)	**omgående**	['ɔm,gɔ:nə]
dringend (bw, met spoed)	**omgående**	['ɔm,gɔ:nə]
effect (het)	**effekt** (m)	[ɛ'fɛkt]
eigenschap (kwaliteit)	**egenskap** (m)	['ɛgən,skɑp]
einde (het)	**slutt** (m)	['ʂlʉt]
element (het)	**element** (n)	[ɛle'mɛnt]
feit (het)	**faktum** (n)	['fɑktum]
fout (de)	**feil** (m)	['fæjl]
geheim (het)	**hemmelighet** (m/f)	['hɛməli,het]
graad (mate)	**grad** (m)	['grɑd]
groei (ontwikkeling)	**vekst** (m)	['vɛkst]
hindernis (de)	**hinder** (n)	['hindər]
hinderpaal (de)	**hindring** (m/f)	['hindriŋ]
hulp (de)	**hjelp** (m)	['jɛlp]
ideaal (het)	**ideal** (n)	[ide'ɑl]
inspanning (de)	**anstrengelse** (m)	['ɑn,strɛŋəlsə]
keuze (een grote ~)	**valg** (n)	['vɑlg]
labyrint (het)	**labyrint** (m)	[lɑby'rint]
manier (de)	**måte** (m)	['mo:tə]
moment (het)	**moment** (n)	[mɔ'mɛnt]
nut (bruikbaarheid)	**nytte** (m/f)	['nʏtə]
onderscheid (het)	**skilnad, forskjell** (m)	['ʂilnɑd], ['fɔ:ʂɛl]
ontwikkeling (de)	**utvikling** (m/f)	['ʉt,vikliŋ]
oplossing (de)	**løsning** (m)	['løsniŋ]
origineel (het)	**original** (m)	[ɔrigi'nɑl]
pauze (de)	**pause** (m)	['paʊsə]
positie (de)	**posisjon** (m)	[pɔsi'ʂʊn]
principe (het)	**prinsipp** (n)	[prin'sip]

probleem (het)	**problem** (n)	[prʊ'blem]
proces (het)	**prosess** (m)	[prʊ'sɛs]
reactie (de)	**reaksjon** (m)	[rɛak'ʂʊn]
reden (om ~ van)	**årsak** (m/f)	['o:ˌʂak]
risico (het)	**risiko** (m)	['risikʊ]
samenvallen (het)	**sammenfall** (n)	['samənˌfal]
serie (de)	**serie** (m)	['seriə]
situatie (de)	**situasjon** (m)	[sitʉa'ʂʊn]
soort (bijv. ~ sport)	**slags** (n)	['ʂlaks]
standaard (bn)	**standard-**	['stanˌdar-]
standaard (de)	**standard** (m)	['stanˌdar]
stijl (de)	**stil** (m)	['stil]
stop (korte onderbreking)	**stopp** (m), **hvile** (m/f)	['stɔp], ['vilə]
systeem (het)	**system** (n)	[sʏ'stem]
tabel (bijv. ~ van Mendelejev)	**tabell** (m)	[ta'bɛl]
tempo (langzaam ~)	**tempo** (n)	['tɛmpʊ]
term (medische ~en)	**term** (m)	['tɛrm]
type (soort)	**type** (m)	['typə]
variant (de)	**variant** (m)	[vari'ant]
veelvuldig (bn)	**hyppig**	['hʏpi]
vergelijking (de)	**sammenlikning** (m)	['samənˌlikniŋ]
voorbeeld (het goede ~)	**eksempel** (n)	[ɛk'sɛmpəl]
voortgang (de)	**fremskritt** (n)	['frɛmˌskrit]
voorwerp (ding)	**objekt** (n)	[ɔb'jɛkt]
vorm (uiterlijke ~)	**form** (m/f)	['fɔrm]
waarheid (de)	**sannhet** (m)	['sanˌhet]
zone (de)	**sone** (m/f)	['sʊnə]

250. Beperkende bijwoorden. Bijvoeglijke naamwoorden. Deel 1

accuraat (uurwerk, enz.)	**nøyaktig**	['nøjakti]
achter- (abn)	**bak-**	['bak-]
additioneel (bn)	**ytterligere**	['ytəˌliərə]
anders (bn)	**ulike**	['ʉlikə]
arm (bijv. ~e landen)	**fattig**	['fati]
begrijpelijk (bn)	**klar**	['klar]
belangrijk (bn)	**viktig**	['vikti]
belangrijkst (bn)	**viktigste**	['viktigstə]
beleefd (bn)	**høflig**	['høfli]
beperkt (bn)	**begrenset**	[be'grɛnsət]
betekenisvol (bn)	**betydelig**	[be'tydəli]
bijziend (bn)	**nærsynt**	['næˌʂynt]
binnen- (abn)	**indre**	['indrə]
bitter (bn)	**bitter**	['bitər]
blind (bn)	**blind**	['blin]
breed (een ~e straat)	**bred**	['bre]

breekbaar (porselein, glas)	**skjør**	['ʂør]
buiten- (abn)	**ytre**	['ytrə]
buitenlands (bn)	**utenlandsk**	['ʉtən,lansk]
burgerlijk (bn)	**sivil**	[si'vil]
centraal (bn)	**sentral**	[sɛn'tral]
dankbaar (bn)	**takknemlig**	[tak'nɛmli]
dicht (~e mist)	**tykk**	['tʏk]
dicht (bijv. ~e mist)	**tykk**	['tʏk]
dicht (in de ruimte)	**nær**	['nær]
dichtbij (bn)	**nær**	['nær]
dichtstbijzijnd (bn)	**nærmeste**	['nærmɛstə]
diepvries (~product)	**frossen, dypfryst**	['frɔsən], ['dyp,frʏst]
dik (bijv. muur)	**tykk**	['tʏk]
dof (~ licht)	**svak**	['svak]
dom (dwaas)	**dum**	['dʉm]
donker (bijv. ~e kamer)	**mørk**	['mœrk]
dood (bn)	**død**	['dø]
doorzichtig (bn)	**transparent**	['transpa,raŋ]
droevig (~ blik)	**trist**	['trist]
droog (bn)	**tørr**	['tœr]
dun (persoon)	**slank, tynn**	['ʂlank], ['tʏn]
duur (bn)	**dyr**	['dyr]
eender (bn)	**samme, lik**	['samə], ['lik]
eenvoudig (bn)	**lett**	['let]
eenvoudig (bn)	**enkel**	['ɛnkəl]
eeuwenoude (~ beschaving)	**oldtidens, antikkens**	['ɔl,tidəns], [an'tikəns]
enorm (bn)	**enorm**	[ɛ'nɔrm]
geboorte- (stad, land)	**hjem-**	['jɛm-]
gebruind (bn)	**solbrent**	['sʊl,brɛnt]
gelijkend (bn)	**lik**	['lik]
gelukkig (bn)	**lykkelig**	['lʏkəli]
gesloten (bn)	**stengt**	['stɛŋt]
getaand (bn)	**mørkhudet**	['mœrk,hʉdət]
gevaarlijk (bn)	**farlig**	['fa:ɭi]
gewoon (bn)	**vanlig**	['vanli]
gezamenlijk (~ besluit)	**felles**	['fɛləs]
glad (~ oppervlak)	**glatt**	['glat]
glad (~ oppervlak)	**jevn**	['jɛvn]
goed (bn)	**bra**	['bra]
goedkoop (bn)	**billig**	['bili]
gratis (bn)	**gratis**	['gratis]
groot (bn)	**stor**	['stʊr]
hard (niet zacht)	**hard**	['har]
heel (volledig)	**hel**	['hel]
heet (bn)	**het, varm**	['het], ['varm]
hongerig (bn)	**sulten**	['sʉltən]

hoofd- (abn)	**hoved-**	['hɔvəd-]
hoogste (bn)	**høyest**	['højɛst]
huidig (courant)	**nåværende**	['nɔˌværenə]
jong (bn)	**ung**	['ʉŋ]
juist, correct (bn)	**riktig**	['rikti]
kalm (bn)	**rolig**	['rʊli]
kinder- (abn)	**barne-**	['bɑ:ɳə-]
klein (bn)	**liten**	['litən]
koel (~ weer)	**kjølig**	['çœli]
kort (kortstondig)	**kortvarig**	['kʊ:ʈˌvɑri]
kort (niet lang)	**kort**	['kʊ:ʈ]
koud (~ water, weer)	**kald**	['kɑl]
kunstmatig (bn)	**kunstig**	['kʉnsti]
laatst (bn)	**sist**	['sist]
lang (een ~ verhaal)	**lang**	['lɑŋ]
langdurig (bn)	**langvarig**	['lɑŋˌvɑri]
lastig (~ probleem)	**komplisert**	[kʊmpli'sɛ:ʈ]
leeg (glas, kamer)	**tom**	['tɔm]
lekker (bn)	**lekker**	['lekər]
licht (kleur)	**lys**	['lys]
licht (niet veel weegt)	**lett**	['let]
linker (bn)	**venstre**	['vɛnstrə]
luid (bijv. ~e stem)	**høy**	['høj]
mager (bn)	**benete, mager**	['benetə], ['mɑgər]
mat (bijv. ~ verf)	**matt**	['mɑt]
moe (bn)	**trett**	['trɛt]
moeilijk (~ besluit)	**svær**	['svær]
mogelijk (bn)	**mulig**	['mʉli]
mooi (bn)	**vakker**	['vɑkər]
mysterieus (bn)	**mystisk**	['mʏstisk]
naburig (bn)	**nabo-**	['nɑbʊ-]
nalatig (bn)	**slurvet**	['ʂlʉrvət]
nat (~te kleding)	**våt**	['vɔt]
nerveus (bn)	**nervøs**	[nær'vøs]
niet groot (bn)	**liten, ikke stor**	['litən], [ˌikə 'stʊr]
niet moeilijk (bn)	**lett**	['let]
nieuw (bn)	**ny**	['ny]
nodig (bn)	**nødvendig**	['nødˌvɛndi]
normaal (bn)	**normal**	[nɔr'mɑl]

251. Beperkende bijwoorden. Bijvoeglijke naamwoorden. Deel 2

onbegrijpelijk (bn)	**uforståelig**	[ʉfɔ'ʂtɔəli]
onbelangrijk (bn)	**ubetydelig**	[ʉbe'tydəli]
onbeweeglijk (bn)	**ubevegelig, urørlig**	[ʉbe'vɛgli], [ʉ'rø:ɭi]
onbewolkt (bn)	**skyfri**	['ʂyˌfri]

ondergronds (geheim)	**hemmelig**	['hɛməli]
ondiep (bn)	**grunn**	['grʉn]
onduidelijk (bn)	**uklar**	['ʉˌklɑr]
onervaren (bn)	**uerfaren**	[ʉer'fɑrən]
onmogelijk (bn)	**umulig**	[ʉ'mʉli]
onontbeerlijk (bn)	**nødvendig**	['nødˌvɛndi]
onophoudelijk (bn)	**uavbrutt**	[ʉ:'avˌbrʉt]
ontkennend (bn)	**negativ**	['negɑˌtiv]
open (bn)	**åpen**	['ɔpən]
openbaar (bn)	**offentlig**	['ɔfentli]
origineel (ongewoon)	**original**	[ɔrigi'nɑl]
oud (~ huis)	**gammel**	['gɑməl]
overdreven (bn)	**overdreven**	['ɔveˌɖrevən]
passend (bn)	**egnet**	['æjnət]
permanent (bn)	**fast, permanent**	['fɑst], ['pɛrmɑˌnɛnt]
persoonlijk (bn)	**personlig**	[pæ'ʂʊnli]
plat (bijv. ~ scherm)	**flat**	['flɑt]
prachtig (~ paleis, enz.)	**vakker**	['vɑkər]
precies (bn)	**presis, eksakt**	[prɛ'sis], [ɛk'sɑkt]
prettig (bn)	**trivelig, behagelig**	['trivli], [be'hɑgli]
privé (bn)	**privat**	[pri'vɑt]
punctueel (bn)	**punktlig**	['pʉnktli]
rauw (niet gekookt)	**rå**	['rɔ]
recht (weg, straat)	**rett**	['rɛt]
rechter (bn)	**høyre**	['højrə]
rijp (fruit)	**moden**	['mʊdən]
riskant (bn)	**risikabel**	[risi'kɑbəl]
ruim (een ~ huis)	**rommelig**	['rʊmeli]
rustig (bn)	**rolig**	['rʊli]
scherp (bijv. ~ mes)	**skarp**	['skɑrp]
schoon (niet vies)	**ren**	['ren]
slecht (bn)	**dårlig**	['do:ɭi]
slim (verstandig)	**klok**	['klʊk]
smal (~le weg)	**smal**	['smɑl]
snel (vlug)	**hastig**	['hɑsti]
somber (bn)	**mørk**	['mœrk]
speciaal (bn)	**spesial**	[spesi'ɑl]
sterk (bn)	**sterk**	['stærk]
stevig (bn)	**solid, holdbar**	[sʊ'lid], ['hɔlˌbɑr]
straatarm (bn)	**utfattig**	['ʉtˌfɑti]
strak (schoenen, enz.)	**trange**	['trɑŋə]
teder (liefderijk)	**øm**	['øm]
tegenovergesteld (bn)	**motsatt**	['mʊtˌsɑt]
tevreden (bn)	**nøgd, tilfreds**	['nøgd], [til'frɛds]
tevreden (klant, enz.)	**fornøyd, tilfreds**	[fɔr'nøjd], [til'frɛds]
treurig (bn)	**sørgmodig**	[sør'mʊdi]
tweedehands (bn)	**brukt, secondhand**	['brʉkt], ['sekɔnˌhɛŋ]
uitstekend (bn)	**utmerket**	['ʉtˌmærkət]

uitstekend (bn)	**utmerket**	['ʉt,mærkət]
uniek (bn)	**unik**	[ʉ'nik]
veilig (niet gevaarlijk)	**sikker**	['sikər]
ver (in de ruimte)	**fjern**	['fjæ:ɳ]
verenigbaar (bn)	**forenelig**	[fɔ'renli]
vermoeiend (bn)	**trøttende**	['trœtɛnə]
verplicht (bn)	**obligatorisk**	[ɔbliga'tʊrisk]
vers (~ brood)	**fersk**	['fæʂk]
verschillende (bn)	**forskjellig**	[fɔ'ʂɛli]
verst (meest afgelegen)	**fjern**	['fjæ:ɳ]
vettig (voedsel)	**fet**	['fet]
vijandig (bn)	**fiendtlig**	['fjɛntli]
vloeibaar (bn)	**flytende**	['flytnə]
vochtig (bn)	**fuktig**	['fʉkti]
vol (helemaal gevuld)	**full**	['fʉl]
volgend (~ jaar)	**neste**	['nɛstə]
voorbij (bn)	**forrige**	['fɔriə]
voornaamste (bn)	**hoved-, prinsipal**	['hɔvəd-], ['prinsi,pal]
vorig (~ jaar)	**forrige**	['fɔriə]
vorig (bijv. ~e baas)	**foregående**	['fɔrə,go:ŋə]
vriendelijk (aardig)	**snill**	['snil]
vriendelijk (goedhartig)	**god**	['gʊ]
vrij (bn)	**fri**	['fri]
vrolijk (bn)	**glad, munter**	['gla], ['mʉntər]
vruchtbaar (~ land)	**fruktbar**	['frʉkt,bar]
vuil (niet schoon)	**skitten**	['ʂitən]
waarschijnlijk (bn)	**sannsynlig**	[san'sʏnli]
warm (bn)	**varm**	['varm]
wettelijk (bn)	**lovlig**	['lɔvli]
zacht (bijv. ~ kussen)	**bløt**	['bløt]
zacht (bn)	**lav**	['lav]
zeldzaam (bn)	**sjelden**	['ʂɛlən]
ziek (bn)	**syk**	['syk]
zoet (~ water)	**fersk-**	['fæʂk-]
zoet (bn)	**søt**	['søt]
zonnig (~e dag)	**solrik**	['sʊl,rik]
zorgzaam (bn)	**omsorgsfull**	['ɔm,sɔrgsfʉl]
zout (de soep is ~)	**salt**	['salt]
zuur (smaak)	**sur**	['sʉr]
zwaar (~ voorwerp)	**tung**	['tʉŋ]

DE 500 BELANGRIJKSTE WERKWOORDEN

252. Werkwoorden A-C

aaien (bijv. een konijn ~)	**å stryke**	[ɔ 'strykə]
aanbevelen (ww)	**å anbefale**	[ɔ 'anbe,falə]
aandringen (ww)	**å insistere**	[ɔ insi'sterə]
aankomen (ov. de treinen)	**å ankomme**	[ɔ 'an,kɔmə]
aanleggen (bijv. bij de pier)	**å fortøye**	[ɔ fɔ:'ʈøjə]
aanraken (met de hand)	**å røre**	[ɔ 'rørə]
aansteken (kampvuur, enz.)	**å tenne**	[ɔ 'tɛnə]
aanstellen (in functie plaatsen)	**å utnevne**	[ɔ 'ʉt,nɛvnə]
aanvallen (mil.)	**å angripe**	[ɔ 'an,gripə]
aanvoelen (gevaar ~)	**å kjenne**	[ɔ 'çɛnə]
aanvoeren (leiden)	**å lede**	[ɔ 'ledə]
aanwijzen (de weg ~)	**å peke**	[ɔ 'pekə]
aanzetten (computer, enz.)	**å slå på**	[ɔ 'ʂlɔ pɔ]
ademen (ww)	**å ånde**	[ɔ 'ɔŋdə]
adverteren (ww)	**å reklamere**	[ɔ rɛkla'merə]
adviseren (ww)	**å råde**	[ɔ 'ro:də]
afdalen (on.ww.)	**å gå ned**	[ɔ 'gɔ ne]
afgunstig zijn (ww)	**å misunne**	[ɔ 'mis,ʉnə]
afhakken (ww)	**å hugge av**	[ɔ 'hʉgə ɑ:]
afhangen van ...	**å avhenge av ...**	[ɔ 'av,heŋə ɑ: ...]
afluisteren (ww)	**å tyvlytte**	[ɔ 'tyv,lʏtə]
afnemen (verwijderen)	**å ta ned**	[ɔ 'ta ne]
afrukken (ww)	**å rive av**	[ɔ 'rivə ɑ:]
afslaan (naar rechts ~)	**å svinge**	[ɔ 'sviŋə]
afsnijden (ww)	**å skjære av**	[ɔ 'ʂæ:rə ɑ:]
afzeggen (ww)	**å avlyse, å annullere**	[ɔ 'av,lysə], [ɔ anʉ'lerə]
amputeren (ww)	**å amputere**	[ɔ ampʉ'terə]
amuseren (ww)	**å underholde**	[ɔ 'ʉnər,hɔlə]
antwoorden (ww)	**å svare**	[ɔ 'svarə]
applaudisseren (ww)	**å applaudere**	[ɔ aplau'derə]
aspireren (iets willen worden)	**å aspirere**	[ɔ aspi'rerə]
assisteren (ww)	**å assistere**	[ɔ asi'sterə]
bang zijn (ww)	**å frykte**	[ɔ 'frʏktə]
barsten (plafond, enz.)	**å sprekke**	[ɔ 'sprɛkə]
bedienen (in restaurant)	**å betjene**	[ɔ be'tjenə]
bedreigen (bijv. met een pistool)	**å true**	[ɔ 'trʉə]

bedriegen (ww)	**å fuske**	[ɔ 'fʉskə]
beduiden (betekenen)	**å bety**	[ɔ 'bety]
bedwingen (ww)	**å avholde**	[ɔ 'ɑvˌhɔlə]
beëindigen (ww)	**å slutte**	[ɔ 'ʂlʉtə]
begeleiden (vergezellen)	**å følge**	[ɔ 'følə]
begieten (water geven)	**å vanne**	[ɔ 'vɑnə]
beginnen (ww)	**å begynne**	[ɔ be'jinə]
begrijpen (ww)	**å forstå**	[ɔ fɔ'ʂtɔ]
behandelen (patiënt, ziekte)	**å behandle**	[ɔ be'hɑndlə]
beheren (managen)	**å styre, å lede**	[ɔ 'styrə], [ɔ 'ledə]
beïnvloeden (ww)	**å påvirke**	[ɔ 'poˌvirkə]
bekennen (misdadiger)	**å tilstå**	[ɔ 'tilˌstɔ]
beledigen (met scheldwoorden)	**å fornærme**	[ɔ fɔ:'ɳærmə]
beledigen (ww)	**å fornærme**	[ɔ fɔ:'ɳærmə]
beloven (ww)	**å love**	[ɔ 'lɔvə]
beperken (de uitgaven ~)	**å begrense**	[ɔ be'grɛnsə]
bereiken (doel ~, enz.)	**å oppnå**	[ɔ 'ɔpnɔ]
bereiken (plaats van bestemming ~)	**å nå**	[ɔ 'nɔ:]
beschermen (bijv. de natuur ~)	**å beskytte**	[ɔ be'ʂytə]
beschuldigen (ww)	**å anklage**	[ɔ 'ɑnˌklɑgə]
beslissen (~ iets te doen)	**å beslutte**	[ɔ be'ʂlʉtə]
besmet worden (met ...)	**å bli smittet**	[ɔ 'bli 'smitət]
besmetten (ziekte overbrengen)	**å smitte**	[ɔ 'smitə]
bespreken (spreken over)	**å diskutere**	[ɔ diskʉ'terə]
bestaan (een ~ voeren)	**å leve**	[ɔ 'levə]
bestellen (eten ~)	**å bestille**	[ɔ be'stilə]
bestraffen (een stout kind ~)	**å straffe**	[ɔ 'strɑfə]
betalen (ww)	**å betale**	[ɔ be'tɑlə]
betekenen (beduiden)	**å bety**	[ɔ 'bety]
betreuren (ww)	**å beklage**	[ɔ be'klɑgə]
bevallen (prettig vinden)	**å like**	[ɔ 'likə]
bevelen (mil.)	**å beordre**	[ɔ be'ɔrdrə]
bevredigen (ww)	**å tilfredsstille**	[ɔ 'tilfrɛdsˌstilə]
bevrijden (stad, enz.)	**å befri**	[ɔ be'fri]
bewaren (oude brieven, enz.)	**å beholde**	[ɔ be'hɔlə]
bewaren (vrede, leven)	**å bevare**	[ɔ be'vɑrə]
bewijzen (ww)	**å bevise**	[ɔ be'visə]
bewonderen (ww)	**å beundre**	[ɔ be'ʉndrə]
bezitten (ww)	**å besidde, å eie**	[ɔ bɛ'sidə], [ɔ 'æje]
bezorgd zijn (ww)	**å bekymre seg**	[ɔ be'çymrə sæj]
bezorgd zijn (ww)	**å uroe seg**	[ɔ 'ʉ:rʊə sæj]
bidden (praten met God)	**å be**	[ɔ 'be]
bijvoegen (ww)	**å tilføye**	[ɔ 'tilˌføjə]

binden (ww)	**å binde**	[ɔ 'binə]
binnengaan (een kamer ~)	**å komme inn**	[ɔ 'kɔmə in]
blazen (ww)	**å blåse**	[ɔ 'blo:sə]
blozen (zich schamen)	**å rødme**	[ɔ 'rødmə]
blussen (brand ~)	**å slokke**	[ɔ 'ʂløkə]
boos maken (ww)	**å gjøre sint**	[ɔ 'jørə ˌsint]
boos zijn (ww)	**å være vred på ...**	[ɔ 'værə vred pɔ ...]
breken (on.ww., van een touw)	**å gå i stykker**	[ɔ 'gɔ i 'stʏkər]
breken (speelgoed, enz.)	**å bryte**	[ɔ 'brytə]
brengen (iets ergens ~)	**å bringe**	[ɔ 'briŋə]
charmeren (ww)	**å sjarmere**	[ɔ 'ʂarˌmerə]
citeren (ww)	**å sitere**	[ɔ si'terə]
compenseren (ww)	**å kompensere**	[ɔ kʊmpen'serə]
compliceren (ww)	**å komplisere**	[ɔ kʊmpli'serə]
componeren (muziek ~)	**å komponere**	[ɔ kʊmpʊ'nerə]
compromitteren (ww)	**å kompromittere**	[ɔ kʊmprʊmi'terə]
concurreren (ww)	**å konkurrere**	[ɔ kʊnkʉ'rerə]
controleren (ww)	**å kontrollere**	[ɔ kʊntrɔ'lerə]
coöpereren (samenwerken)	**å samarbeide**	[ɔ 'samarˌbæjdə]
coördineren (ww)	**å koordinere**	[ɔ kɔ:ɖi'nerə]
corrigeren (fouten ~)	**å rette**	[ɔ 'rɛtə]
creëren (ww)	**å opprette**	[ɔ 'ɔpˌrɛtə]

253. Werkwoorden D-K

danken (ww)	**å takke**	[ɔ 'takə]
de was doen	**å vaske**	[ɔ 'vaskə]
de weg wijzen	**å vise vei**	[ɔ 'visə væj]
deelnemen (ww)	**å delta**	[ɔ 'dɛlta]
delen (wisk.)	**å dividere**	[ɔ divi'derə]
denken (ww)	**å tenke**	[ɔ 'tɛnkə]
doden (ww)	**å døde, å myrde**	[ɔ 'pødə], [ɔ 'mʏ:ɖə]
doen (ww)	**å gjøre**	[ɔ 'jørə]
dresseren (ww)	**å dressere**	[ɔ drɛ'serə]
drinken (ww)	**å drikke**	[ɔ 'drikə]
drogen (klederen, haar)	**å tørke**	[ɔ 'tœrkə]
dromen (in de slaap)	**å drømme**	[ɔ 'drœmə]
dromen (over vakantie ~)	**å drømme**	[ɔ 'drœmə]
duiken (ww)	**å dykke**	[ɔ 'dʏkə]
durven (ww)	**å våge**	[ɔ 'vo:gə]
duwen (ww)	**å skubbe, å støte**	[ɔ 'skʉbə], [ɔ 'støtə]
een auto besturen	**å kjøre bil**	[ɔ 'çœ:rə ˌbil]
een bad geven	**å bade**	[ɔ 'badə]
een bad nemen	**å vaske seg**	[ɔ 'vaskə sæj]
een conclusie trekken	**å konkludere**	[ɔ kʊnklʉ'derə]

een foto maken (ww)	**å fotografere**	[ɔ fɔtɔgrɑ'ferə]
eisen (met klem vragen)	**å kreve**	[ɔ 'krevə]
erkennen (schuld)	**å erkjenne**	[ɔ ær'çɛnə]
erven (ww)	**å arve**	[ɔ 'ɑrvə]
eten (ww)	**å spise**	[ɔ 'spisə]
excuseren (vergeven)	**å unnskylde**	[ɔ 'ʉn,ʂylə]
existeren (bestaan)	**å eksistere**	[ɔ ɛksi'sterə]
feliciteren (ww)	**å gratulere**	[ɔ grɑtʉ'lerə]
gaan (te voet)	**å gå**	[ɔ 'gɔ]
gaan slapen	**å gå til sengs**	[ɔ 'gɔ til 'sɛŋs]
gaan zitten (ww)	**å sette seg**	[ɔ 'sɛtə sæj]
gaan zwemmen	**å bade**	[ɔ 'bɑdə]
garanderen (garantie geven)	**å garantere**	[ɔ gɑrɑn'terə]
gebruiken (bijv. een potlood ~)	**å anvende**	[ɔ 'ɑn,vɛnə]
gebruiken (woord, uitdrukking)	**å anvende**	[ɔ 'ɑn,vɛnə]
geconserveerd zijn (ww)	**å bevares**	[ɔ be'vɑrəs]
gedateerd zijn (ww)	**å datere seg**	[ɔ dɑ'terə sæj]
gehoorzamen (ww)	**å underordne seg**	[ɔ 'ʉnər,ɔrdnə sæj]
gelijken (op elkaar lijken)	**å ligne, å likne**	[ɔ 'linə], [ɔ 'liknə]
geloven (vinden)	**å tro**	[ɔ 'trʊ]
genoeg zijn (ww)	**å være nok**	[ɔ 'værə ,nɔk]
geven (ww)	**å gi**	[ɔ 'ji]
gieten (in een beker ~)	**å helle opp**	[ɔ 'hɛlə ɔp]
glimlachen (ww)	**å smile**	[ɔ 'smilə]
glimmen (glanzen)	**å skinne**	[ɔ 'ʂinə]
gluren (ww)	**å kikke**	[ɔ 'çikə]
goed raden (ww)	**å gjette**	[ɔ 'jɛtə]
gooien (een steen, enz.)	**å kaste**	[ɔ 'kɑstə]
grappen maken (ww)	**å spøke**	[ɔ 'spøkə]
graven (tunnel, enz.)	**å grave**	[ɔ 'grɑvə]
haasten (iemand ~)	**å skynde**	[ɔ 'ʂynə]
hebben (ww)	**å ha**	[ɔ 'hɑ]
helpen (hulp geven)	**å hjelpe**	[ɔ 'jɛlpə]
herhalen (opnieuw zeggen)	**å gjenta**	[ɔ 'jɛntɑ]
herinneren (ww)	**å huske**	[ɔ 'hʉskə]
herinneren aan ... (afspraak, opdracht)	**å påminne**	[ɔ 'po,minə]
herkennen (identificeren)	**å gjenkjenne**	[ɔ 'jen,çɛnə]
herstellen (repareren)	**å reparere**	[ɔ repɑ'rerə]
het haar kammen	**å kamme**	[ɔ 'kɑmə]
hopen (ww)	**å håpe**	[ɔ 'ho:pə]
horen (waarnemen met het oor)	**å høre**	[ɔ 'hørə]
houden van (muziek, enz.)	**å elske**	[ɔ 'ɛlskə]
huilen (wenen)	**å gråte**	[ɔ 'gro:tə]
huiveren (ww)	**å gyse**	[ɔ 'jisə]

huren (een boot ~)	**å leie**	[ɔ 'læjə]
huren (huis, kamer)	**å leie**	[ɔ 'læjə]
huren (personeel)	**å ansette**	[ɔ 'ɑnˌsɛtə]
imiteren (ww)	**å imitere**	[ɔ imi'terə]
importeren (ww)	**å importere**	[ɔ impɔ:'ʈerə]
inenten (vaccineren)	**å vaksinere**	[ɔ vɑksi'nerə]
informeren (informatie geven)	**å informere**	[ɔ infɔr'merə]
informeren naar ... (navraag doen)	**å få vite**	[ɔ 'fɔ 'vitə]
inlassen (invoegen)	**å sette inn**	[ɔ 'sɛtə in]
inpakken (in papier)	**å pakke inn**	[ɔ 'pɑkə in]
inspireren (ww)	**å inspirere**	[ɔ inspi'rerə]
instemmen (akkoord gaan)	**å samtykke**	[ɔ 'sɑmˌtʏkə]
interesseren (ww)	**å interessere**	[ɔ intərə'serə]
irriteren (ww)	**å irritere**	[ɔ iri'terə]
isoleren (ww)	**å isolere**	[ɔ isʊ'lerə]
jagen (ww)	**å jage**	[ɔ 'jagə]
kalmeren (kalm maken)	**å berolige**	[ɔ be'rʊliə]
kennen (kennis hebben van iemand)	**å kjenne**	[ɔ 'çɛnə]
kennismaken (met ...)	**å stifte bekjentskap med ...**	[ɔ 'stiftə be'çɛnˌskɑp me ...]
kiezen (ww)	**å velge**	[ɔ 'vɛlgə]
kijken (ww)	**å se**	[ɔ 'se]
klaarmaken (een plan ~)	**å forberede**	[ɔ 'fɔrbəˌredə]
klaarmaken (het eten ~)	**å lage**	[ɔ 'lɑgə]
klagen (ww)	**å klage**	[ɔ 'klɑgə]
kloppen (aan een deur)	**å knakke**	[ɔ 'knɑkə]
kopen (ww)	**å kjøpe**	[ɔ 'çœ:pə]
kopieën maken	**å kopiere**	[ɔ kʊ'pjerə]
kosten (ww)	**å koste**	[ɔ 'kɔstə]
kunnen (ww)	**å kunne**	[ɔ 'kʉnə]
kweken (planten ~)	**å avle**	[ɔ 'ɑvlə]

254. Werkwoorden L-R

lachen (ww)	**å le, å skratte**	[ɔ 'le], [ɔ 'skrɑtə]
laden (geweer, kanon)	**å lade**	[ɔ 'lɑdə]
laden (vrachtwagen)	**å laste**	[ɔ 'lɑstə]
laten vallen (ww)	**å tappe**	[ɔ 'tɑpə]
lenen (geld ~)	**å låne**	[ɔ 'lo:nə]
leren (lesgeven)	**å undervise**	[ɔ 'ʉnərˌvisə]
leven (bijv. in Frankrijk ~)	**å bo**	[ɔ 'bʊ]
lezen (een boek ~)	**å lese**	[ɔ 'lesə]
lid worden (ww)	**å tilslutte seg ...**	[ɔ 'tilˌʂlʉtə sæj ...]
liefhebben (ww)	**å elske**	[ɔ 'ɛlskə]
liegen (ww)	**å lyve**	[ɔ 'lyvə]

liggen (op de tafel ~)	**å ligge**	[ɔ 'ligə]
liggen (persoon)	**å ligge**	[ɔ 'ligə]
lijden (pijn voelen)	**å lide**	[ɔ 'lidə]
losbinden (ww)	**å løse opp**	[ɔ 'løsə ɔp]
luisteren (ww)	**å lye, å lytte**	[ɔ 'lye], [ɔ 'lʏtə]
lunchen (ww)	**å spise lunsj**	[ɔ 'spisə ˌlʉnʂ]
markeren (op de kaart, enz.)	**å markere**	[ɔ mɑr'kerə]
melden (nieuws ~)	**å meddele**	[ɔ 'mɛdˌdelə]
memoriseren (ww)	**å memorere**	[ɔ memʊ'rerə]
mengen (ww)	**å blande**	[ɔ 'blɑnə]
mikken op (ww)	**å sikte på ...**	[ɔ 'siktə pɔ ...]
minachten (ww)	**å forakte**	[ɔ fɔ'rɑktə]
moeten (ww)	**å måtte**	[ɔ 'mo:tə]
morsen (koffie, enz.)	**å spille**	[ɔ 'spilə]
naderen (dichterbij komen)	**å nærme seg**	[ɔ 'nærmə sæj]
neerlaten (ww)	**å heise ned**	[ɔ 'hæjsə ne]
nemen (ww)	**å ta**	[ɔ 'tɑ]
nodig zijn (ww)	**å være behøv**	[ɔ 'værə be'høv]
noemen (ww)	**å kalle**	[ɔ 'kɑlə]
noteren (opschrijven)	**å notere**	[ɔ nʊ'terə]
omhelzen (ww)	**å omfavne**	[ɔ 'ɔmˌfɑvnə]
omkeren (steen, voorwerp)	**å vende**	[ɔ 'vɛnə]
onderhandelen (ww)	**å forhandle**	[ɔ fɔr'hɑndlə]
ondernemen (ww)	**å foreta**	[ɔ 'fɔrəˌtɑ]
onderschatten (ww)	**å undervurdere**	[ɔ 'ʉnərvʉ:ˌɖerə]
onderscheiden (een ereteken geven)	**å belønne**	[ɔ be'lœnə]
onderstrepen (ww)	**å understreke**	[ɔ 'ʉnəˌʂtrekə]
ondertekenen (ww)	**å underskrive**	[ɔ 'ʉnəˌʂkrivə]
onderwijzen (ww)	**å instruere**	[ɔ instrʉ'erə]
onderzoeken (alle feiten, enz.)	**å undersøke**	[ɔ 'ʉnəˌʂøkə]
ongerust maken (ww)	**å bekymre, å uroe**	[ɔ be'çymrə], [ɔ 'ʉ:rʊə]
onmisbaar zijn (ww)	**å være nødvendig**	[ɔ 'værə 'nødˌvɛndi]
ontbijten (ww)	**å spise frokost**	[ɔ 'spisə ˌfrʊkɔst]
ontdekken (bijv. nieuw land)	**å oppdage**	[ɔ 'ɔpˌdɑgə]
ontkennen (ww)	**å fornekte**	[ɔ fɔ:'ɳɛktə]
ontlopen (gevaar, taak)	**å unngå**	[ɔ 'ʉŋˌgɔ]
ontnemen (ww)	**å berøve**	[ɔ be'røvə]
ontwerpen (machine, enz.)	**å prosjektere**	[ɔ prʊʂɛk'terə]
oorlog voeren (ww)	**å være i krig**	[ɔ 'værə i ˌkrig]
op orde brengen	**å bringe orden**	[ɔ 'briŋə 'ɔrdən]
opbergen (in de kast, enz.)	**å stue unna**	[ɔ 'stʉə 'ʉnɑ]
opduiken (ov. een duikboot)	**å dykke opp**	[ɔ 'dʏkə ɔp]
openen (ww)	**å åpne**	[ɔ 'ɔpnə]
ophangen (bijv. gordijnen ~)	**å henge**	[ɔ 'hɛŋə]

ophouden (ww)	**å slutte**	[ɔ 'ʂlʉtə]
oplossen (een probleem ~)	**å løse**	[ɔ 'løsə]
opmerken (zien)	**å bemerke**	[ɔ be'mærkə]
opmerken (zien)	**å bemerke**	[ɔ be'mærkə]
opscheppen (ww)	**å prale**	[ɔ 'prɑlə]
opschrijven (op een lijst)	**å skrive inn**	[ɔ 'skrivə in]
opschrijven (ww)	**å skrive ned**	[ɔ 'skrivə ne]
opstaan (uit je bed)	**å stå opp**	[ɔ 'stɔ: ɔp]
opstarten (project, enz.)	**å starte**	[ɔ 'stɑ:ʈə]
opstijgen (vliegtuig)	**å løfte**	[ɔ 'lœftə]
optreden (resoluut ~)	**å handle**	[ɔ 'hɑndlə]
organiseren (concert, feest)	**å arrangere**	[ɔ ɑrɑŋ'ʂerə]
overdoen (ww)	**å gjøre om**	[ɔ 'jørə ɔm]
overheersen (dominant zijn)	**å dominere**	[ɔ dʊmi'nerə]
overschatten (ww)	**å overvurdere**	[ɔ 'ɔvərvʉ:ˌɖerə]
overtuigd worden (ww)	**å være overbevist**	[ɔ 'værə 'ɔvərbeˌvist]
overtuigen (ww)	**å overbevise**	[ɔ 'ɔvərbeˌvisə]
passen (jurk, broek)	**å passe**	[ɔ 'pɑsə]
passeren (~ mooie dorpjes, enz.)	**å passere**	[ɔ pɑ'serə]
peinzen (lang nadenken)	**å gruble**	[ɔ 'grʉblə]
penetreren (ww)	**å trenge inn**	[ɔ 'trɛŋə in]
plaatsen (ww)	**å legge**	[ɔ 'legə]
plaatsen (zetten)	**å plassere**	[ɔ plɑ'serə]
plannen (ww)	**å planlegge**	[ɔ 'plɑnˌlegə]
plezier hebben (ww)	**å more seg**	[ɔ 'mʊrə sæj]
plukken (bloemen ~)	**å plukke**	[ɔ 'plʉkə]
prefereren (verkiezen)	**å foretrekke**	[ɔ 'fɔrəˌtrɛkə]
proberen (trachten)	**å prøve**	[ɔ 'prøvə]
proberen (trachten)	**å forsøke**	[ɔ fɔ'ʂøkə]
protesteren (ww)	**å protestere**	[ɔ prʊte'sterə]
provoceren (uitdagen)	**å provosere**	[ɔ prʊvʊ'serə]
raadplegen (dokter, enz.)	**å konsultere**	[ɔ kʊnsʉl'terə]
rapporteren (ww)	**å rapportere**	[ɔ rɑpɔ:'ʈerə]
redden (ww)	**å redde**	[ɔ 'rɛdə]
regelen (conflict)	**å løse**	[ɔ 'løsə]
reinigen (schoonmaken)	**å rengjøre**	[ɔ rɛn'jørə]
rekenen op ...	**å regne med ...**	[ɔ 'rɛjnə me ...]
rennen (ww)	**å løpe**	[ɔ 'løpə]
reserveren (een hotelkamer ~)	**å reservere**	[ɔ resɛr'verə]
rijden (per auto, enz.)	**å kjøre**	[ɔ 'çœ:rə]
rillen (ov. de kou)	**å skjelve**	[ɔ 'ʂɛlvə]
riskeren (ww)	**å risikere**	[ɔ risi'kerə]
roepen (met je stem)	**å kalle**	[ɔ 'kɑlə]
roepen (om hulp)	**å tilkalle**	[ɔ 'tilˌkɑlə]

ruiken (bepaalde geur verspreiden)	**å lukte**	[ɔ 'lʉktə]
ruiken (rozen)	**å lukte**	[ɔ 'lʉktə]
rusten (verpozen)	**å hvile**	[ɔ 'vilə]

255. Verbs S-V

samenstellen, maken (een lijst ~)	**å sammenstille**	[ɔ 'samən,stilə]
schieten (ww)	**å skyte**	[ɔ 'ʂytə]
schoonmaken (bijv. schoenen ~)	**å rense**	[ɔ 'rɛnsə]
schoonmaken (ww)	**å rydde**	[ɔ 'rʏdə]
schrammen (ww)	**å klore**	[ɔ 'klɔrə]
schreeuwen (ww)	**å skrike**	[ɔ 'skrikə]
schrijven (ww)	**å skrive**	[ɔ 'skrivə]
schudden (ww)	**å riste**	[ɔ 'ristə]
selecteren (ww)	**å velge ut**	[ɔ 'vɛlgə ʉt]
simplificeren (ww)	**å forenkle**	[ɔ fɔ'rɛnklə]
slaan (een hond ~)	**å slå**	[ɔ 'ʂlɔ]
sluiten (ww)	**å lukke**	[ɔ 'lʉkə]
smeken (bijv. om hulp ~)	**å bønnefalle**	[ɔ 'bœnə,falə]
souperen (ww)	**å spise middag**	[ɔ 'spisə 'mi,da]
spelen (bijv. filmacteur)	**å spille**	[ɔ 'spilə]
spelen (kinderen, enz.)	**å leke**	[ɔ 'lekə]
spreken met ...	**å tale med ...**	[ɔ 'talə me ...]
spuwen (ww)	**å spytte**	[ɔ 'spʏtə]
stelen (ww)	**å stjele**	[ɔ 'stjelə]
stemmen (verkiezing)	**å stemme**	[ɔ 'stɛmə]
steunen (een goed doel, enz.)	**å støtte**	[ɔ 'stœtə]
stoppen (pauzeren)	**å stoppe**	[ɔ 'stɔpə]
storen (lastigvallen)	**å forstyrre**	[ɔ fɔ'ʂtʏrə]
strijden (tegen een vijand)	**å kjempe**	[ɔ 'çɛmpə]
strijden (ww)	**å kjempe**	[ɔ 'çɛmpə]
strijken (met een strijkbout)	**å stryke**	[ɔ 'strykə]
studeren (bijv. wiskunde ~)	**å studere**	[ɔ stʉ'derə]
sturen (zenden)	**å sende**	[ɔ 'sɛnə]
tellen (bijv. geld ~)	**å telle**	[ɔ 'tɛlə]
terugkeren (ww)	**å komme tilbake**	[ɔ 'kɔmə til'bakə]
terugsturen (ww)	**å sende tilbake**	[ɔ 'sɛnə til'bakə]
toebehoren aan ...	**å tilhøre ...**	[ɔ 'til,hørə ...]
toegeven (zwichten)	**å gi etter**	[ɔ 'ji 'ɛtər]
toenemen (on. ww)	**å øke**	[ɔ 'økə]
toespreken (zich tot iemand richten)	**å tiltale**	[ɔ 'til,talə]

toestaan (goedkeuren)	**å tillate**	[ɔ 'ti,latə]
toestaan (ww)	**å tillate**	[ɔ 'ti,latə]
toewijden (boek, enz.)	**å tilegne**	[ɔ 'til,egnə]
tonen (uitstallen, laten zien)	**å vise**	[ɔ 'visə]
trainen (ww)	**å trene**	[ɔ 'trenə]
transformeren (ww)	**å transformere**	[ɔ transfɔr'merə]
trekken (touw)	**å trekke**	[ɔ 'trɛkə]
trouwen (ww)	**å gifte seg**	[ɔ 'jiftə sæj]
tussenbeide komen (ww)	**å intervenere**	[ɔ intərve'nerə]
twijfelen (onzeker zijn)	**å tvile**	[ɔ 'tvilə]
uitdelen (pamfletten ~)	**å dele ut**	[ɔ 'delə ʉt]
uitdoen (licht)	**å slokke**	[ɔ 'ʂløkə]
uitdrukken (opinie, gevoel)	**å uttrykke**	[ɔ 'ʉt,rʏkə]
uitgaan (om te dineren, enz.)	**å gå ut**	[ɔ 'gɔ ʉt]
uitlachen (bespotten)	**å håne**	[ɔ 'ho:nə]
uitnodigen (ww)	**å innby, å invitere**	[ɔ 'inby], [ɔ invi'terə]
uitrusten (ww)	**å utstyre**	[ɔ 'ʉt,styrə]
uitsluiten (wegsturen)	**å uteslutte**	[ɔ 'ʉtə,ʂlʉtə]
uitspreken (ww)	**å uttale**	[ɔ 'ʉt,talə]
uittorenen (boven ...)	**å rage over**	[ɔ 'rage 'ɔvər]
uitvaren tegen (ww)	**å skjelle**	[ɔ 'ʂɛ:lə]
uitvinden (machine, enz.)	**å oppfinne**	[ɔ 'ɔp,finə]
uitwissen (ww)	**å viske ut**	[ɔ 'viskə ʉt]
vangen (ww)	**å fange**	[ɔ 'faŋə]
vastbinden aan ...	**å binde fast**	[ɔ 'binə 'fast]
vechten (ww)	**å slåss**	[ɔ 'ʂlɔs]
veranderen (bijv. mening ~)	**å endre**	[ɔ 'ɛndrə]
verbaasd zijn (ww)	**å bli forundret**	[ɔ 'bli fɔ'rʉndrət]
verbazen (verwonderen)	**å forundre**	[ɔ fɔ'rʉndrə]
verbergen (ww)	**å gjemme**	[ɔ 'jɛmə]
verbieden (ww)	**å forby**	[ɔ fɔr'by]
verblinden (andere chauffeurs)	**å blende**	[ɔ 'blenə]
verbouwereerd zijn (ww)	**å være forvirret**	[ɔ 'værə fɔr'virət]
verbranden (bijv. papieren ~)	**å brenne**	[ɔ 'brɛnə]
verdedigen (je land ~)	**å forsvare**	[ɔ fɔ'ʂvarə]
verdenken (ww)	**å mistenke**	[ɔ 'mis,tɛnkə]
verdienen (een complimentje, enz.)	**å fortjene**	[ɔ fɔ'tjenə]
verdragen (tandpijn, enz.)	**å tåle**	[ɔ 'to:lə]
verdrinken (in het water omkomen)	**å drukne**	[ɔ 'drʉknə]
verdubbelen (ww)	**å fordoble**	[ɔ fɔr'dɔblə]
verdwijnen (ww)	**å forsvinne**	[ɔ fɔ'ʂvinə]
verenigen (ww)	**å forene**	[ɔ fɔ'renə]
vergelijken (ww)	**å sammenlikne**	[ɔ 'samən,liknə]

vergeten (achterlaten)	å glemme	[ɔ 'glemə]
vergeten (ww)	å glemme	[ɔ 'glemə]
vergeven (ww)	å tilgi	[ɔ 'tilˌji]
vergroten (groter maken)	å øke	[ɔ 'økə]
verklaren (uitleggen)	å forklare	[ɔ fɔr'klɑrə]

verklaren (volhouden)	å påstå	[ɔ 'pɔˌstɔ]
verklikken (ww)	å angi	[ɔ 'anˌji]
verkopen (per stuk ~)	å selge	[ɔ 'sɛlə]
verlaten (echtgenoot, enz.)	å forlate, å etterlate	[ɔ fɔ'lɑtə], [ɔ ɛtə'lɑtə]
verlichten (gebouw, straat)	å belyse	[ɔ be'lysə]

verlichten (gemakkelijker maken)	å lette	[ɔ 'letə]
verliefd worden (ww)	å forelske seg i ...	[ɔ fɔ'rɛlskə sæj i ...]
verliezen (bagage, enz.)	å miste	[ɔ 'mistə]
vermelden (praten over)	å omtale, å nevne	[ɔ 'ɔmˌtalə], [ɔ 'nɛvnə]

vermenigvuldigen (wisk.)	å multiplisere	[ɔ mʉltipli'serə]
verminderen (ww)	å minske	[ɔ 'minskə]
vermoeid raken (ww)	å bli trett	[ɔ 'bli 'trɛt]
vermoeien (ww)	å trette	[ɔ 'trɛtə]

256. Verbs V-Z

vernietigen (documenten, enz.)	å ødelegge	[ɔ 'ødəˌlegə]
veronderstellen (ww)	å anta, å formode	[ɔ 'anˌta], [ɔ fɔr'mʉdə]
verontwaardigd zijn (ww)	å bli indignert	[ɔ 'bli indi'gnɛːt]
veroordelen (in een rechtszaak)	å dømme	[ɔ 'dœmə]

veroorzaken ... (oorzaak zijn van ...)	å forårsake	[ɔ fɔrɔ:'ṣakə]
verplaatsen (ww)	å flytte	[ɔ 'flʏtə]
verpletteren (een insect, enz.)	å knuse	[ɔ 'knʉsə]

| verplichten (ww) | å tvinge | [ɔ 'tviŋə] |
| verschijnen (bijv. boek) | å komme ut | [ɔ 'kɔmə ʉt] |

verschijnen (in zicht komen)	å dukke opp	[ɔ 'dʉkə ɔp]
verschillen (~ van iets anders)	å skille seg fra ...	[ɔ 'ṣilə sæj frɑ ...]
versieren (decoreren)	å pryde	[ɔ 'prydə]
verspreiden (pamfletten, enz.)	å dele ut	[ɔ 'delə ʉt]

verspreiden (reuk, enz.)	å spre, å sprede	[ɔ 'spre], [ɔ 'spredə]
versterken (positie ~)	å styrke	[ɔ 'styrkə]
verstommen (ww)	å slutte å snakke	[ɔ 'ṣlʉtə ɔ 'snakə]
vertalen (ww)	å oversette	[ɔ 'ɔvəˌṣɛtə]
vertellen (verhaal ~)	å fortelle	[ɔ fɔː'ʈɛlə]
vertrekken (bijv. naar Mexico ~)	å afrejse	[ɔ 'afˌræjsə]

vertrouwen (ww)	**å stole på**	[ɔ 'stʊlə pɔ]
vervolgen (ww)	**å fortsette**	[ɔ 'fɔrtˌʂɛtə]
verwachten (ww)	**å forvente**	[ɔ fɔr'vɛntə]
verwarmen (ww)	**å varme**	[ɔ 'vɑrmə]
verwarren (met elkaar ~)	**å forveksle**	[ɔ fɔr'vɛkʂlə]
verwelkomen (ww)	**å hilse**	[ɔ 'hilsə]
verwezenlijken (ww)	**å realisere**	[ɔ reɑli'serə]
verwijderen (een obstakel)	**å fjerne**	[ɔ 'fjæ:ɳə]
verwijderen (een vlek ~)	**å fjerne**	[ɔ 'fjæ:ɳə]
verwijten (ww)	**å bebreide**	[ɔ be'bræjdə]
verwisselen (ww)	**å veksle**	[ɔ 'vɛkslə]
verzoeken (ww)	**å be**	[ɔ 'be]
verzuimen (school, enz.)	**å skulke**	[ɔ 'skʉlkə]
vies worden (ww)	**å skitne seg til**	[ɔ 'ʂitnə sæj til]
vinden (denken)	**å tro**	[ɔ 'trʊ]
vinden (ww)	**å finne**	[ɔ 'finə]
vissen (ww)	**å fiske**	[ɔ 'fiskə]
vleien (ww)	**å smigre**	[ɔ 'smigrə]
vliegen (vogel, vliegtuig)	**å fly**	[ɔ 'fly]
voederen (een dier voer geven)	**å mate**	[ɔ 'mɑtə]
volgen (ww)	**å følge etter ...**	[ɔ 'følə 'ɛtər ...]
voorstellen (introduceren)	**å presentere**	[ɔ presen'terə]
voorstellen (Mag ik jullie ~)	**å presentere**	[ɔ presen'terə]
voorstellen (ww)	**å foreslå**	[ɔ 'fɔrəˌʂlɔ]
voorzien (verwachten)	**å forutse**	[ɔ 'fɔrʉtˌsə]
vorderen (vooruitgaan)	**å gå framover**	[ɔ 'gɔ ˌfrɑm'ɔvər]
vormen (samenstellen)	**å danne, å forme**	[ɔ 'dɑnə], [ɔ 'fɔrmə]
vullen (glas, fles)	**å fylle**	[ɔ 'fʏlə]
waarnemen (ww)	**å observere**	[ɔ ɔbsɛr'verə]
waarschuwen (ww)	**å advare**	[ɔ 'ɑdˌvɑrə]
wachten (ww)	**å vente**	[ɔ 'vɛntə]
wassen (ww)	**å vaske**	[ɔ 'vɑskə]
weerspreken (ww)	**å innvende**	[ɔ 'inˌvɛnə]
wegdraaien (ww)	**å vende seg bort**	[ɔ 'vɛnə sæj bʊ:ʈ]
wegdragen (ww)	**å fjerne**	[ɔ 'fjæ:ɳə]
wegen (gewicht hebben)	**å veie**	[ɔ 'væje]
wegjagen (ww)	**å jage bort**	[ɔ 'jagə 'bʊ:ʈ]
weglaten (woord, zin)	**å utelate**	[ɔ 'ʉtəˌlɑtə]
wegvaren (uit de haven vertrekken)	**å kaste loss**	[ɔ 'kɑstə lɔs]
weigeren (iemand ~)	**å avslå**	[ɔ 'ɑfˌslɔ]
wekken (ww)	**å vekke**	[ɔ 'vɛkə]
wensen (ww)	**å ønske**	[ɔ 'ønskə]
werken (ww)	**å arbeide**	[ɔ 'ɑrˌbæjdə]
weten (ww)	**å vite**	[ɔ 'vitə]

willen (verlangen)	**å ville**	[ɔ 'vilə]
wisselen (omruilen, iets ~)	**å utveksle**	[ɔ 'ʉtˌvɛkslə]
worden (bijv. oud ~)	**å bli**	[ɔ 'bli]
worstelen (sport)	**å bryte**	[ɔ 'brytə]
wreken (ww)	**å hevne**	[ɔ 'hɛvnə]
zaaien (zaad strooien)	**å så**	[ɔ 'sɔ]
zeggen (ww)	**å si**	[ɔ 'si]
zich baseerd op	**å være basert på …**	[ɔ 'værə bɑ'sɛːʈ pɔ …]
zich bevrijden van … (afhelpen)	**å bli kvitt …**	[ɔ 'bli 'kvit …]
zich concentreren (ww)	**å konsentrere seg**	[ɔ kʊnsen'trerə sæj]
zich ergeren (ww)	**å bli irritert**	[ɔ 'bli iri'tɛːʈ]
zich gedragen (ww)	**å oppføre seg**	[ɔ 'ɔpˌførə sæj]
zich haasten (ww)	**å skynde seg**	[ɔ 'ʂynə sæj]
zich herinneren (ww)	**å huske**	[ɔ 'hʉskə]
zich herstellen (ww)	**å bli frisk**	[ɔ 'bli 'frisk]
zich indenken (ww)	**å forestille seg**	[ɔ 'fɔrəˌstilə sæj]
zich interesseren voor …	**å interessere seg**	[ɔ intəre'serə sæj]
zich scheren (ww)	**å barbere seg**	[ɔ bɑr'berə sæj]
zich trainen (ww)	**å trene**	[ɔ 'trenə]
zich verdedigen (ww)	**å forsvare seg**	[ɔ fɔ'ʂvɑrə sæj]
zich vergissen (ww)	**å gjøre feil**	[ɔ 'jørə ˌfæjl]
zich verontschuldigen	**å unnskylde seg**	[ɔ 'ʉnˌʂylə sæj]
zich verspreiden (meel, suiker, enz.)	**å bli spilt**	[ɔ 'bli 'spilt]
zich vervelen (ww)	**å kjede seg**	[ɔ 'çedə sæj]
zijn (ww)	**å være**	[ɔ 'værə]
zinspelen (ww)	**å insinuere**	[ɔ insinʉ'erə]
zitten (ww)	**å sitte**	[ɔ 'sitə]
zoeken (ww)	**å søke …**	[ɔ 'søkə …]
zondigen (ww)	**å synde**	[ɔ 'sʏnə]
zuchten (ww)	**å sukke**	[ɔ 'sʉkə]
zwaaien (met de hand)	**å vinke**	[ɔ 'vinkə]
zwemmen (ww)	**å svømme**	[ɔ 'svœmə]
zwijgen (ww)	**å tie**	[ɔ 'tie]

www.ingramcontent.com/pod-product-compliance
Lightning Source LLC
Chambersburg PA
CBHW071324090426
42738CB00012B/2786
9781784922818